청동기시대 전기 호서지역 취락 연구 II

● 지은이

공민규_孔敏奎

1970년 인천 출생
1996년 고려대학교 고고미술사학과 졸업
2003년 숭실대학교 대학원 사학과 고고미술사전공(석사)
2013년 숭실대학교 대학원 사학과 고고미술사전공(박사)
현재 한국고고환경연구소 부소장

논저
2004, 「可樂洞類型의 成立」, 『崇實史學』第17輯, 崇實大學校 史學會.
2005, 「中部地域 無文土器文化 前期 環濠聚落의 檢討-淸原 大栗里 環濠聚落의 性格」, 『研究論文集』創刊號, 中央文化財研究院.
2005, 「中部內陸地域 可樂洞類型의 展開」, 『송국리문화를 통해 본 농경사회의 문화체계』고려대학교 고고환경 연구소 학술총서 제1집.
2006, 「無文土器文化 前期 磨製石器의 檢討(1)」, 『崇實史學』第19輯, 崇實大學校 史學會.
2010, 「중부 서해안지역 신석기시대 유적의 입지 고찰」, 『崇實史學』第25輯, 崇實大學校 史學會.
2011, 「금강 중류역 청동기시대 전기취락의 검토」, 『韓國靑銅器學報』8, 韓國靑銅器學會.
2012, 「錦江中流域靑銅器時代前期集落의 成長」, 『日韓集落の研究』最終 報告書, 日韓集落研究會.
2013, 「충청 남동지역의 청동기시대 조기~전기 편년」, 『한국 청동기시대 편년』, 한국청동기학회.
2014, 「錦江流域 屯山式住居址 再檢討」, 『湖西考古學』30, 湖西考古學會.
2014, 「靑銅器時代 前期 可樂洞類型 聚落의 變遷」, 『韓國靑銅器學報』第14號, 韓國靑銅器學會.

한국고고환경연구소 학술총서 14

청동기시대 전기
호서지역 취락 연구 Ⅱ

초판인쇄일   2014년 12월 15일
초판발행일   2014년 12월 17일
지 은 이   공민규
발 행 인   김선경
책 임 편 집   김윤희, 김소라
발 행 처   도서출판 서경문화사
            주소 : 서울시 종로구 이화장길 70-14(동숭동) 105호
            전화 : 743-8203, 8205 / 팩스 : 743-8210
            메일 : sk8203@chol.com
인   쇄   바른글인쇄
제   책   반도제책사
등 록 번 호   제 300-1994-41호
ISBN   978-89-6062-175-6   94910
ⓒ공민규, 2014

정가 16,000

청동기시대 전기 호서지역 취락 연구 II

공민규 지음

서경문화사

책 머 리 에

　　필자가 고고학에 입문하게 된 계기는 뚜렷하지 않다. 1990년 대학 2학년 여름 방학 때 분당지구의 발굴조사에 참가하였는데 그 시절에는 단순한 호기심 정도였고 락과 무협을 좋아하는 평범한 청년일 뿐이었다. 이후 2학년 추운 겨울방학에 연기 송정리의 분청사기요지의 조사에 참여하고, 이어서 다음해 봄에는 군 입대 관계로 휴학한 후 입대 열흘 전까지 미사리유적의 발굴현장에서 처음으로 청동기시대 주거지를 조사할 수 있었다. 아마 이때의 경험이 후일 이 길을 선택하는데 크게 작용하였던 것 같다.

　　군대를 마치고 복학한 이후 필자는 평범하게 살겠다는 생각에 의식적으로 학교 매장문화재연구소를 멀리했고 야간에는 술집 아르바이트를 구해 접근할 길을 스스로 차단해버렸다.

　　그렇게 아무 일 없이 필자는 한 한기를 지내고 6월 말의 어느 날 저녁 고향에서의 아르바이트를 구한 후 인천으로 가기 위해 짐정리를 하고 있었다. 그런데 후배 둘이 자취방으로 찾아와서 대천에 발굴조사 현장이 있다고 하는데 한 일주일만 가서 일하고 술도 좀 얻어먹고 하자는 유혹(?)을 받았다. 마침 여름방학 아르바이트까지 시간이 좀 남아서 다음날 인천이 아닌 보령 관산리유적 발굴현장으로 셋이 출발하였는데 일주일 후 후배 둘은 가고 필자는 여름방학 내내 현장에 있게 되었다. 이후 학기 중 주말에는 계속 관산리유적 조사에 참여하였고, 그러한 생활은 관창리유적의 조사가 시작되면서 그 다음해까지 계속 이어지게 되었다. 귀신에 홀린 것도 아니고 멀어지려고 노력했던 것에서 떠나지 못하게 된 것이다.

　　관산리유적의 조사는 미숙하게 보내버렸으나 관창리유적의 조사에서는 많은 것을 배우게 되었다. 현장에 같이 있던 동기들과 조사방법에 대한 치기어린 토론도 하고, 많은 주거지를 조사하면서 실수도 여러 번 있었다. 그리고 관창리유적 현장에서 같이 있던 동기들이 대학 4학년 2학기부터 하나둘씩 각자의 길을 찾아 떠나고 현장에는 필자와 후배 몇 명만 남게 되었다. 어처구니없게 가장 고고학을 하기 싫었던 필자가 현장의 마무리를 맡게 되어 버린 것이다. 그 때는 정말 열심히 한 것으로 기억된다.

　　관창리유적이 한참일 때 은사이신 이홍종선생님께서 동기 몇 명을 앉혀놓고 개인의 향후 진로를 물으신 적이 있다. 그 때 필자는 취직을 시켜주면 열심히 하겠다는 대답을 했고, 학부 졸업 후 학교에 남아 매장문화재연구소 조교로서 사회에 첫발을 딛게 되었다. 이후 이홍종선생님의 주선으로 매장문화재 조사기관으로 이직하여 현재에 이르고 있다.

　　학교를 떠나 사회에 나오게 되면 많은 부분에서 어색하고 두려운 순간을 겪게 되고, 그 과정에서 새로운 사람들을 만나 조금씩 성장해가는 스스로의 모습을 발견할 수 있었다. 그리고 그 때 10년 넘게 천착하게 되는 유적의 조사에 참여하게 되면서 필자는 고고학공부를 시작해보고자 노력하게 되었다. 청주 용암유적의 조사는 필자에게 행운이었고 이후 호서지역의 많은 가락동유형 관계유적을 조사하고 그와 관련된 공부를 시작하는 전환점이 되었다.

　　이 책의 중심주제인 가락동유형은 필자가 많은 활동을 했던 지역에서 집중되었던 관계로 석사와 박사과정을 거치면서 계속 집중하게 되었고 그 결과물로 이 책을 간행하게 되었다. 이 책은 필자의 박사학위논문을 기본으로 하여 새로운 자료를 첨가하고 일부의 견해는 삭제한 후 필자의 평소 생각에 맞게 재편집한 것이다.

필자가 고고학을 공부하면서 여러 선생님들과 동학. 후배들에게 정말 많은 도움을 받았다. 대학 1학년 시절 잠깐 학생운동에 기웃거린 적이 있었는데 학과사무실에서 스티로폼을 깔고 밤을 보낸 어느 날 아침 윤세영선생님께서 필자를 발견하고는 선생님의 연구실에서 면담을 한 적이 있었다. 그런데 혼을 내시는게아니라 고고학을 하려면 추리소설 종류를 많이 읽어야한다는 말씀과 함께 따뜻한 차를 주셨다. 이후 20년 넘게 선생님을 학교에서 그리고 사회의 조사기관에서 모시면서 과분한 내리사랑을 받았다.

필자는 대학원을 학부와 다른 곳으로 진학하게 되었는데 많이 부족한 얼치기 고고학도를 흔쾌히 제자로 받아주시고 석사와 박사로 이끌어주신 최병현 선생님께 항상 면목이 없다. 선생님의 기대에 한참 못 미치는 결과를 수차례 보여드렸지만 계속 신뢰해주시는 선생님 앞에 죄송한 마음이 앞서게 된다.

이홍종 선생님은 대학 1학년에 처음 뵈었는데 우여곡절 끝에 현재도 선생님의 품안에서 보살핌을 받고 있다. 선생님께는 고고학의 조사방법은 물론이고 여러 방면에서 많은 가르침을 받았고 필자의 오늘이 있게 만들어 주신 고마운 분이다.

조상기 선생님은 필자에게 특별하다. 사회에 처음 나왔을 때 이끌어주시고 넘치는 대우를 해주신 점. 그리고 필자의 여러 고민을 해결하는데 많은 도움을 주셨다. 결국 죄송스럽게 다른 곳으로 옮기게 되었지만 아직도 필자의 인생 멘토이다.

그 외에도 필자의 부족한 학위논문을 심사해주신 권영국·김정렬·권오영 선생님께도 감사의 인사를 드리고 싶다. 힘들었던 조사현장에서 10년 가까이 같이 고민했던 오재진·홍지윤 선생님 등 중앙문화재연구원의 여러분들한테 많은 도움을 받았다. 그리고 무엇보다도 필자를 이 길에 들어서도록 직접적으로 이끌어 준 조윤재 선생님과 동기 오규진·성재현, 항상 옆에서 도와주고 자극을 주는 손준호·강원표·허의행·현대환·박성희선생에게도 항상 고마운 마음이다. 또한 필자의 미숙함을 보완해 준 연구소 동료이자 후배인 이인학·박상윤·민소리에게도 필자의 고마움을 전한다.

끝으로 사랑하는 가족들이 있다. 필자와 결혼 후 주말부부도 모자라 먼 타국에서 홀로 아이들과 생활 중인 사랑하는 아내 유지숙에게는 항상 미안한 마음이며 수민이와 범준이는 못난 아빠가 세상을 살아가는 가장 큰 힘이다. 그리고 품을 떠나 타향에 살며 자주 찾아뵙지 못하는 사랑하고 존경하는 나의 아버지께 죄송하고 감사하는 마음이며. 어머니와 장인·장모님께도 마찬가지의 죄송함과 감사함을 드린다. 부족한 필자의 글을 흔쾌히 책으로 만들어주신 서경문화사의 김선경사장님을 비롯하여 편집자분들께도 감사의 인사를 드린다.

차 례

I
머리말

　한국의 청동기시대는 본격적인 농경의 시작과 정주취락의 발전, 무문토기와 마제석기의 보편적 제작과 사용, 사회 복합도가 증가한 시기로 규정할 수 있다.(한국고고학회 2010) 한국 청동기시대에 대한 고고학적 연구는 1970년대부터 본격화되었으며 현재까지 한국 고고학계에서 가장 비약적인 연구의 진전이 이루어진 분야이다.(李榮文 1995) 한국 청동기시대에 관한 대표적인 연구주제는 주거지와 분묘 등의 개별 유구와 거기서 출토되는 청동기·토기·석기 등에 대한 분석·고찰이 있으며, 취락이나 농경 등 사회조직과 경제체제 분야로 연구의 폭이 넓어지고 있다.(이건무 2001)

　청동기시대 취락의 연구는 당시 사회에 대한 종합적인 접근을 하는 데 있어 기본적이면서 중요한 연구주제이다. 취락의 영역내에는 인간 활동의 다양한 결과물이 담겨 있으며, 취락을 둘러싼 주변의 환경까지도 취락고고학의 관심과 연구의 대상에 포함된다. 일반적으로 청동기시대의 취락은 기본 단위라고 할 수 있는 주거의 집합체를 일컫는 협의적 개념과 주거를 비롯하여 경작지, 쏲地, 墓域, 교통로, 저장공간, 취락을 둘러싼 주변 환경 등 인간이 생활을 영위하거나 일상생활에 수반되는 제요소가 통합된 광의적 개념으로 나눌 수 있다.(추연식 1997, 홍경희 1999) 그런데 현재까지 확인되는 고고학 자료에서 대부분의 청동기시대 전기 취락은 전자의 개념을 반영하는 모습이 주로 나타나며, 후자의 개념을 충족시키는 취락은 주로 후기에 이르러서야 제한적으로 출현한다. 필자는 청동기시대 취락 연구가 후자의 개념에 기반하여 이루어지는 것이 보다 올바른 것이라 판단하고 있으나, 실제 고고학 자료에서 나타나는 여러 취락의 특징은 시기와 지역에 따라 다양하게 나타날 수 있으므로 일괄적으로 접근하기 어려운 것도 사실이다. 또한 취락의 기능

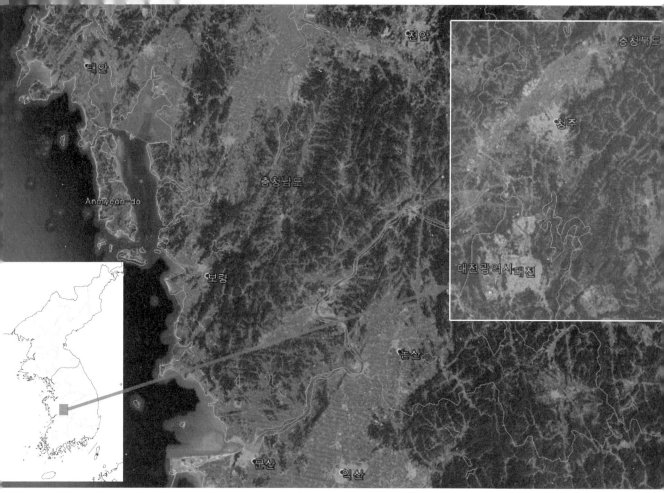

그림 1_연구대상지역의 위치(원도 : Google earth)

또는 위계에 따라 그 요소는 다르게 구성될 수 있고 과거의 비물질적 양상이 반영된 요소의 경우 이를 현재의 잣대로 온전히 파악하기 어렵다는 점도 지적할 수 있다. 따라서 복합적 요소로 구성된 취락이든지 아니면 특정 유구의 결집체로서 취락인지의 여부를 떠나 일차적으로 고고학 자료의 세밀한 분석과정을 통해 당대 취락의 실체에 접근하기 위해 노력하는 것이 상기의 한계를 넘어 청동기시대 전기 취락에 대한 진전된 이해를 가능케 하는 첫걸음이라 판단하고 있다.

II
취락의 연구 현황과 시·공적 범위

　우리나라의 청동기시대 취락 연구는 1994년 '마을의 고고학'이라는 주제로 개최된 한국고고학전국대회를 기점으로 그 관심과 연구가 본격화 되었다.(韓國考古學會 1994) 그러나 당시에는 기존의 연구성과를 소개하거나 해외의 사례를 소개하는 데 그치고 있어 본격적인 취락 연구로 영역이 확장되지 못하였다. 이것은 당시까지 고고학조사에서 취락의 전모를 확인할 수 있는 유적의 부재도 중요한 요인이었으며, 주거지 등 개별 유구에 치중한 연구경향이 큰 몫을 차지했다고 생각된다. 이러한 과정에 단위 유적에 대하여 전면 발굴을 실시하는 고고학 조사 방법의 변화로 보령 관창리유적과 울산 검단리유적 등 청동기시대 대규모 취락유적의 조사결과가 학계에 제시되었으며 이후 많은 유적에서 취락의 다양한 형태를 확인할 수 있게 되었다.

　이와 같은 상황을 기점으로 1990년대 중반 이후 본격적인 청동기시대 취락연구가 시작되면서 '취락'이라는 주제를 표명하며 다양한 연구가 시작되었다. 동아시아의 환호취락을 소개하고 각 취락에서 주거의 배치와 세대공동체에 대해 언급한 鄭漢德의 연구(鄭漢德 1995)를 필두로 주거지와 취락의 변천과정을 통해 사회상의 규명을 시도한 安在晧의 연구(安在晧 1996)는 본격적인 취락 연구의 효시가 되었다. 이후 안재호는 2000년의 논문에서 청동기시대 농경사회의 형성을 주제로 취락의 입지유형을 평지형, 산지형, 구릉형으로 구분한 후 석부류의 분석과 연결하여 각각 田作·火田·水田의 농경방식을 대응시키고 있다.(安在晧 2000) 또한 초기 농경의 유입루트로 요동반도를 지목하고 이 지역에서 田作과 稻作이 결합된 형태로 남부지역에 전파되었을 것으로 주장하고 있다. 특히 2000년의 연구에서 주목할 수 있는 것은 이후 많은 논의를 생산해 낸 소위 '미사리유형 조기론'이라고 할 수 있다. 1990년대 중반 이후 시작된 취락 연구에서 나타나는 중요한 경향은 지형·지리학적 관점에 기반한 취락 입지차원의 분석과 이를 바탕으로 당시 사회의 생계경제체계를 설명하고자 하는 노력이었다.(金賢峻 1996, 金度憲·李在熙 2004, 김권구 2005, 이홍종·허의행 2010) 그런데 상기의 취락 입지유형 분석은 低地性·丘陵性·高地性으로 구분한 후 각 입지와 관련된 생계경제의 배경을 논한 鄭澄元의 연구(鄭澄元 1991)와 취락이 입지한 지형에 따라 다섯 유형으로 구분한 후 농업생산과의 관련성을 검토한 後藤直의 연구(後藤直 1995)가 기반이 되었다고 볼 수 있다. 한편 甲元眞之는 한반도 북부지역의 신석기시대와 청동기시대의 유적에 대한 분석을 통해 초기농경사회에서 세대 단위의 취락 기본구조를 상정하고 있다.(甲元眞之 1997)

2000년대에 들어와서 청동기시대 취락의 연구는 더욱 심화되어 취락의 구조와 사회체계에 대한 다양한 연구가 제시되었다. 그 중 대표적인 몇몇 연구결과를 정리하면 다음과 같다.

宋滿榮은 청동기시대 취락의 구조와 변화라는 주제의 연구에서 전기와 중기를 각각 전·후반으로 편년하고, 주거유형을 분류한 후 주거지의 변화과정을 살피고 있다. 그리고 이를 토대로 취락의 형성과정과 규모에 대한 분석을 실시하여 본격적인 정주성 취락의 출현을 흔암리유형Ⅱ기로 추정하고 있다. 또한 취락의 위계와 구조에 대한 검토 역시 몇몇 사례를 제시하면서 소·중·대형의 중층구조의 위계를 갖는 취락으로 구분하였다.(宋滿榮 2001) 이 연구는 청동기시대 취락의 형성과 구조, 위계 등에 대해 본격적인 접근이 최초로 시도된 것으로 평가할 수 있다. 한편 최근에 제출된 그의 박사학위논문에서는 취락 연구의 영역을 확장하여 청동기시대에서 한성백제기에 이르는 넓은 시간단위에서 취락의 발전과 계층화, 정치체의 형성과 성장과정을 다루고 있다.(宋滿榮 2010)

安在晧는 2006년의 박사학위논문에서 청동기시대의 시기구분, 주거지와 주거군의 분석, 취락의 구조, 농경취락의 성립 등에 대한 기왕의 연구를 종합하고 있다.(安在晧 2006) 특히 각 유구와 취락단위에 대한 세밀한 분석과 검토를 통해 이루어진 연구는 한국 청동기시대 취락의 연구를 대표한다고 볼 수 있다.

김장석은 한국 청동기시대 취락 연구에서 취락 내 또는 취락간 위계화 등의 문제점을 밝히면서, 이론적·방법론적 고찰이 선행되어야 함을 지적하였다. 또한 그 발전적 대안으로 서구 취락고고학의 연구경향을 소개하고, 세밀한 편년의 중요성을 강조하고 있다.(김장석 2008)

李亨源은 청동기시대의 취락에 대해 통시적으로 접근하였다. 기왕의 제유형에 대한 검토를 시작으로 시기구분에서 미사리유형 조기론을 지지하고 있으며 전기를 3기로 편년한 후 유형별 병행관계를 밝히고 있다. 그리고 유형별 취락의 양상을 분명하게 밝힌 후 입지와 생계방식, 주거와 주거군 등에 대한 검토를 진행하고, 나아가 취락의 구조와 이에 따른 사회조직을 고찰하고 있다.(李亨源 2009)

2000년대 이후 청동기시대 취락의 연구경향 중 중요한 부분으로는 한반도 또는 남한 전체를 대상으로 하던 이전과는 다르게 지역별 연구의 심화가 이루어지고 있는 것이다.

중부지역에서는 영동지역의 취락에 대한 박영구의 연구(박영구 2007)와 영서지역 취락에 대한 金權中의 연구(金權中 2008)가 있다. 호서지역에서는 許義行이 최근 제출한 박사학위논문을 통해 동지역 전기단계의 취락에 대해 새로운 방법론을 적용하여 연구를 실시하였으며,(許義行 2013) 필자 역시 금강유역의 청동기시대 전기 취락에 대한 검토를 실시한 바 있다.(공민규 2011) 호남지역의 청동기시대 취락은 金奎正에 의한 연구(金奎正 2011)가 대표적이며 영남지역은 이수홍에 의해 동지역 청동기시대 후기의 검단리유형에 대한 연구를 통해 취락의 구조변화와 계층화의 문제가 검토되었다.(李秀鴻 2012)

이상에서 살펴본 바와 같이 1990년대 중반 이후 본격적으로 시작된 청동기시대 취락의 연구는 질적으로나 양적으로 괄목할 만한 성장이 이루어진 것으로 평가된다. 필자는 기존에 이루어져왔던 청동기시대 취락 연구의 경향이나 방법론에 대해 대부분 수긍 또는 동조하는 입장이지만 ①통시적인 분석경향과 ②동시기성의 문제에 대해서는 고민이 필요하다고 생각한다.

①은 취락연구에 있어 시간적 범위의 설정과 관련된 문제로서, 청동기시대의 시기구분 또는 획기의 설정에 있어 기왕의 연구는 통시성에 기반하여 연구가 이루어져 왔다는 점이다. 즉, 청동기시대 전기라는 상대적인 특정 시간대를 최대 3단계로 구분하더라도 각 단계의 연대폭은 200년을 상회하게 된다. 취락을 구성하는 기본 단위인 개별 가옥은 그 使用年限이 약 25~30년 내외로 지적(김권구 2001, 安在晧 2011)되는데 이렇게되면 한 단계내에 시간을 달리하는 많은 주거지가 포함되는 문제점이 나타나게 된다.

②는 위에서 제기한 문제의 연장선에서 장기간 존속한 취락이나 단기존속의 취락에서 주거지간 동시기성(김권구 2001 : 119, 이건무 2013)의 문제이다. 주거지간의 동시기성은 취락이 운영되던 시점에서 취락의 규모·기능·성격·위계 등을 결정하는데 있어 중요한 요소로 판단된다. 따라서 동시기성을 전제하지 않고 이루어지는 취락에 대한 제반 분석은 설득력이 떨어진다.

이러한 문제점을 극복하기 위한 대안으로 이 책에서는 기존의 3단계의 편년(공민규

2011)을 재검토하여 세분된 편년안을 제시할 것이며, 이를 단위취락의 분석에 적용하여 각 단계별 취락의 구조와 특징을 밝히고, 단위취락의 변천을 포함하여 전반적인 취락의 형성과 성장과정을 살피는 초석으로 삼고자 한다.

다음으로 이 책의 시공적 범위와 그 안에서 나타나는 고고학적 양상을 살펴보도록 한다. 첫 번째로 이 책의 시간적 범위는 청동기시대 전기를 대상으로 한다. 한국 청동기시대의 시기구분은 전·후의 2단계(李弘鍾 1996)와 3단계로 나누는 것이 일반적인데, 3단계는 다시 조·전·후기(安在晧 2006, 李亨源 2009)와 전·중·후기(宋滿榮 1996)의 두 갈래로 나누어진다. 결론부터 밝히면 이 책에서의 청동기시대 전기는 전·후 2단계 구분안의 전기에 해당되는 것으로, 도작을 중심으로하는 농경사회로의 변화를 획기로 설정한 이홍종의 견해를 수용한 것이다. 3단계의 구분 중 조기의 설정(안재호 2000, 천선행 2007, 김현식 2008, 김병섭 2009, 한국청동기학회 2012)과 관련하여 어느 정도 학계의 합의가 도출되고 있으나 이에 대한 비판적 견해(김장석 2008)도 상존하고 있다. 전·중·후기의 3분기 안은 주로 송국리유형의 중기 설정(송만영 1995)과 관련이 있으며, 한편으로는 북한

그림 2_금강유역의 지역 구분(原圖 修整)

그림 3_금강 중류의 수계와 주요 취락유적의 위치(원도 : Google earth)

강유역 등에서의 지역편년(김권중 2008)과도 관련이 있다.

두 번째로 이 책의 공간적 범위인 금강유역은 한반도의 중서부지역에 위치하고 있는데, 중심을 이루는 금강은 전라북도 장수군의 神舞山(897m)에서 발원하여 충청북도·대전시·세종시·충청남도 등을 거쳐 서해로 유입되고, 유로의 연장은 401km에 달하며, 우리나라에서 세 번째로 큰 하천이다.

금강은 [그림 2]와 같이 지역권을 나눌 수 있는데(대전지방국토관리청 2011), 이 중 금강 상류와 중상류지역, 금강 하류와 금강 중하류지역에서는 청동기시대 전기 문화의 양상이 뚜렷하게 나타나지 않으므로 금강 본류의 중류역과 갑천유역, 미호천유역의 주변에서 확인되는 취락유적이 주요 검토대상이다.

세 번째로 시공적 범위내의 고고학적 양상에 대해 간략하게 살펴보도록 하겠다. 금강유역의 청동기시대 전기 문화는 가락동유형과 미사리유형으로 대표되는데, 현재까지의 성과로 볼 때 구릉성 취락 위주의 가락동유형이 중심을 이루고 있다. 가락동유형을 비롯한 청동기시대 유형의 개념은 李清圭에 의해 최초로 제시(李清圭 1988)되었는데, 이후의 청동기시대 문화상을 설명하거나 연구하는데 지대한 영향을 준 연구로 평가된다. 이청규가 1988년의 논문에서 제시한 유형의 개념은 '일정의 〈무문토기군〉을 표식으로 한 토기·석기 등의 유물 복합군을 말하며, 이를 일정 〈유형〉의 〈무문토기문화〉로 받아들인다.'라고 설명한 점에서 알 수 있듯이 고고학적 문화와 동일한 것으로 판단할 수 있다. 한편 朴淳發은 유형을 '同質的 文化傳統을 가지고 있으면서 考古學的 同時間帶로 包括될 수 있는 製作·使用集團에 의해 제작·사용된 一連의 遺構 및 遺物群'으로 정의하고 있으며 역시 유형을 고고학적 문화와 동일시하고 있다.(朴淳發 1999) 兩人이 제시한 유형의 개념은 고고학적으로 인식할 수 있는 하나의 문화와 동류의 개념으로서 금강유역에서 강한 지역성을 나타내는 가락동유형을 고려해본다면 동일한 문화적 전통을 갖는 집단에 의해 지역에서 지속적으로 유지·발전된 것으로 판단된다. 한편 가락동유형의 중심요소인 가락동식토기 또는 이중구연단사선문토기는 과거 대동강유역 팽이형토기의 남하과정에서 한강유역화된 것이라는 견해가 李白圭에 의해 최초로 제기(李白圭 1974)되었으며, 이후 李清圭 역시 동일한 계통론을 주장하였다.(李清圭 1988) 그러나 朴淳發은 대동강유역의 팽이형토기와 청천강 이북지역의 이중구연단사선문토기 사이의 문양시문방식 차이를 지적한 大貫靜夫의 견해(大貫靜夫 1996)를 수용하여 가락동식토기의 기존 팽이형토기 관련설을 부정하고 압록강 신암리 제2문화층 단계의 이중구연단사선문토기가 팽이형토기문화권을 우회하여 임진강 상류지역을 통해 정착되었을 가능성을 제시하고 있다.(朴淳發 1999) 또한 흔암리유형 토기의 한강유역 발생설 역시 부정하고, 그 기원지를 원산만 일원으로 설정한 것도 새로운 견해였다.(朴淳發 1999) 이후 가락동식토기에 대한 직접적인 계보론을 상정한 것은 아니지만 금강유역의 청동기시대 전기 집단의 기원을 서북한지역의 청천강 이북지역으로 보고, 주민의 직접적인 이주 가능성을 제기한 김장석의 연구(金壯錫 2001)도 주목할 수 있다. 필자는 금강유역 청동기시대 전기의 표지를 이루는 가락동유형의 기원을 김장석의 견해와 같이 청천강 이북지역으로 판단하고 있으며, 남하의 루트로는 대동강유역을 우회하여 경기 서남부지역을 거쳐 금강유역에 유입된 것으로 추정하고 있다.(孔敏奎 2005)

이상과 같이 이 책의 시공적 범위와 그 안에 포함되는 고고학적 양상에 대해 개략적으로 검토하였다. 이하에서는 이 책의 구성에 대해 어떠한 부분과 방향성으로 분석·연구를 진행할 것인지 각 장별로 소개하고자 한다.

Ⅲ장에서는 가락동유형의 토기를 분석하고, 주거지 자료 역시도 시계열적으로 구성

이 가능하도록 기초적인 분석을 실시할 것이다. 최근 새로운 편년 방법을 통해 청동기시대의 한 시기—예를 들면 전기—10단계 이상으로 세분된 편년안이 작성·발표되고 있다.(安在晧 2011, 柳善英 2012, 金賢敬 2012) 본고에서도 이러한 속성배열법(安在晧 2007)의 방법론을 적용하여 토기의 문양에 대한 분류와 검토를 통해 세분된 편년을 도출할 것이다. 그리고 주거지에 대한 기초분석을 통해 새로운 형식분류를 실시하고자 한다. 이것은 토기의 세분된 편년에 대응하여 단계별 변화과정을 조금 더 분명히 하고, 취락의 구조분석에 있어서도 동시기성과 위계화의 문제에 선명하게 접근할 수 있는 단초를 마련키 위함이다.

Ⅳ장에서는 취락의 입지와 형태에 대한 분류를 실시하고 금강유역의 여러 취락유적들에 대한 구조를 분석할 것이다. 취락의 구조분석은 앞 장에서의 편년을 기초로 개별 취락 내에서 단계를 나누고 각 단계별 취락의 규모, 구조, (세대)공동체의 단위 설정 등의 문제를 조명할 것이다.

Ⅴ장에서는 Ⅲ·Ⅳ장의 분석결과를 기초로 단계에 의거한 취락의 지역별 변천과정을 살펴보고, 취락의 형성과 성장과정에 대하여 각 지역내에서 단계별 취락의 분포상과 중심취락·배후·주변취락의 설정에 대해 연구할 것이다. 특히 각 지역의 대규모 취락을 중심으로 한 중심과 주변의 관계 등을 통해 취락 전성기의 특징을 밝히는데 집중할 것이다.

III
가락동식토기와 둔산식주거지

1. 가락동식토기

1) 개념과 특징

가락동식토기[1]는 이중구연단사선문토기와 동류의 개념이면서 한편으로는 다른 의미도 갖고 있다. 즉 과거의 인식에 기반을 둔다면 가락동식토기=이중구연단사선문토기가 인정되지만 한반도와 중국 동북지역에서 출토되는 모든 이중구연단사선문계의 토기를 가락동식토기로 이해하기는 어렵다. 따라서 본고에서는 가락동유형 주거지 출토자료로 한정해서 동토기의 특징을 살펴보고자 한다.

가락동식토기는 주지하다시피 이중구연단사선문이라는 고유의 구연부 장식속성을 중심으로 한다. 이러한 이중구연과 단사선문은 각각 개별적으로 토기에 채용되기도 하는데 중서부지역의 여러 자료를 볼 때 단사선문이 비교적 늦은 시기까지 존속하는 것으로 판단된다. 그 외에 거치문이나 구순각목의 요소는 한정적이다. 이중구연단사선문토기가 채용되는 토기의 기형은 심발·호·발 등 다양하지만 심발형과 호형토기가 주를 이룬다. 가락동식토기와 공반되는 기타 토기로는 적색마연토기, 횡대구획문계토기, 고배형토기의 대각류 등과 홑구연의 무문심발형토기류도 다수 확인된다.

---

1) 가락동식토기에 대해 이형원은 이중구연단사선문토기, 이중구연단사선문+구순각목, 이중구연+거치문, 이중구연+구순각목, 이중구연+구순각목+거치문, 이중구연, 단사선, 단사선문+구순각목토기 모두가 포함된다고 하였다.(이형원, 2001)

표 1_가락동식토기의 기형 분류

심발형(Ⅰ)	심발형(Ⅱ)	호형(Ⅲ)
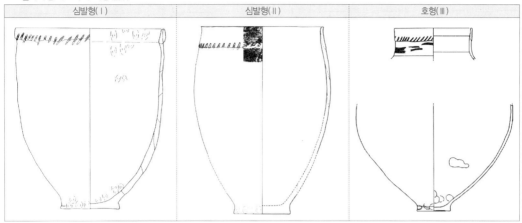		

　가락동식토기의 주요소로 인정되는 이중구연단사선문 등이 시문된 토기의 기종은 크게 [표 1]과 같이 나눠볼 수 있다. 심발형의 양 기종 중 발달된 장동의 동체와 동체상부에서 구연부가 내만하는 것(심발형Ⅱ)을 별도로 분리하여 옹형토기로 규정할 수 있지만, 분류기준이 모호하고 출토자료가 적어 추후의 과제로 남겨둔다. 아울러 이러한 예는 대전 둔산 2호, 대전 노은동(충) 3호, 청주 용정동 1-1호, 진천 사양리 4호주거지 출토품이 있다.

　다음으로 가락동식토기와 공반되는 여러 토기의 문양속성을 살펴보기로 한다. 각 문양 속성은 출현 순서에 있어 이중구연단사선문과 이중구연거치문 또는 단독거치문 사이에 큰 차이는 없을 것이나 기원지로 판단되는 서북한지역의 세죽리·구룡강유적 등 압록강 이남~청천강 이북지역에서의 이중구연계 문양 속성을 볼 때 이중구연+단사선문이 압도적이어서 잠정적으로 거치문보다 이를 가능성이 있다. 거치문계의 문양은 가락동유형의 모체가 남하하는 과정에서 결합된 것으로 추정되는데 거치문은 청천강유역의 구룡강유적에서는 보이지 않고 세죽리유적 3호주거지 출토품 중 공렬문과 결합된 유사문양이 확인되는데 홑구연으로 나타난다. 또한 뚜렷한 거치문은 대동강유역의 표대유적에서 2기로 편년되는(서국태 1996 : 20) 3호의 호형토기와 23호의 심발형토기에서 확인되는데 전자는 이중구연, 후자는 홑구연이다. 황주 고연리유적의 3호주거지에서도 이중구연거치문의 호형토기가 출토되었다. 대전 용산동(충)-2호의 심발형토기(그림1-3)에서 확인되는 이중구연+구순각목의 문양속성은 일견 각목돌대문토기와 유사한 면을 보이는데 최근 금강유역 충적지에 위치한 주거지 출토자료에서 유례가 확인되고 있다. 이 이중구연구순각목토기와 이중구연단사선문의 선후관계에 대해 확신할 수 없으나 역시 후자가 선행할 것으로 판단해 두고자 한다.

최근 일련의 연구결과를 통해 각목돌대문토기로 대표되는 미사리유형의 조기설정론이 힘을 얻고 있다. 이에 대해 필자 역시 일부 찬동하지만 이중구연단사선문토기 또는 가락동유형과 미사리유형을 선후관계로 파악하려는 것에는 현재까지 수긍하지 않는 입장을 견지하고 있다. 압록강 상류역의 심귀리와 공귀리유적 그리고 청천강유역의 구룡강과 세죽리유적에서의 양상을 토대로, 그리고 북한강유역이나 금강중류역에서 이중구연단사선문토기는 적어도 절상돌대와 공반되는 것은 확실하고, 또한 구룡강 1문화층에서의 토기상을 볼 때 일주하는 각목돌대문토기와 이중구연단사선문토기가 공반되고 있어 양자는 이 지역에서 시차를 두지 않고 존재하는 것으로 볼 여지가 있기 때문이다. 물론 한반도 서북부 지역에서의 출현순서에 있어 양자 간의 선후관계는 필자의 능력 밖이라 확신할 수 없다. 그러나 구순각목문의 출현이 돌대문토기의 최후양상이라는 견해(안재호 2009)를 수용한다면 이중구연에 구순각목이 결합되는 양상이 이중구연단사선문토기보다 늦을 것이라는 점은 확실해 보인다.

끝으로 금강중류역 가락동식토기에서 구순각목문의 출현은 현재의 자료를 고려할 때 가락동유형의 빠른 단계(공민규 2003)로 볼 수 있는 자료가 확인되지 않으므로 이중구연단사선문에 후행하는 것으로 판단된다.

표 2_이중구연과 제문양간의 관계

	단사선문(1)	거치문(2)	단사선+구순각목(3)	구순각목(4)
이중구연(a)	44(78.6%)	6(10.7%)	5(8.9%)	1(1.8%)
단일구연(b)	4(15.4%)	2(7.7%)	2(7.7%)	18(69.2%)

표 3_기형과 문양의 결합관계

기형 \ 문양	이중구연 단사선문	이중+단사+구순각목	이중구연 거치문	구순각목+단사선문	구순각목
I	16	·	2	1	4
II	4	·	·	·	·
III	2	1	1	·	1

이중구연토기와 결합되는 문양은 단사선문이 압도적이며 거치문이 그 다음을 이룬다. 역시 가락동유형의 주류토기는 이중구연단사선문토기 즉 종래의 가락동식토기로 이해할 수 있다. 홑구연의 토기는 구순각목과의 결합이 다수 확인되고 기타의 문양은 소수이다. 이러한 결과는 금강유역에서 구순각목의 출현 그리고 가락동유형과 기타유형간의 병존관계를 판단하는 데 도움이 될 수 있다. 구연과 문양 그리고 기형의 조합은 소편으로 보

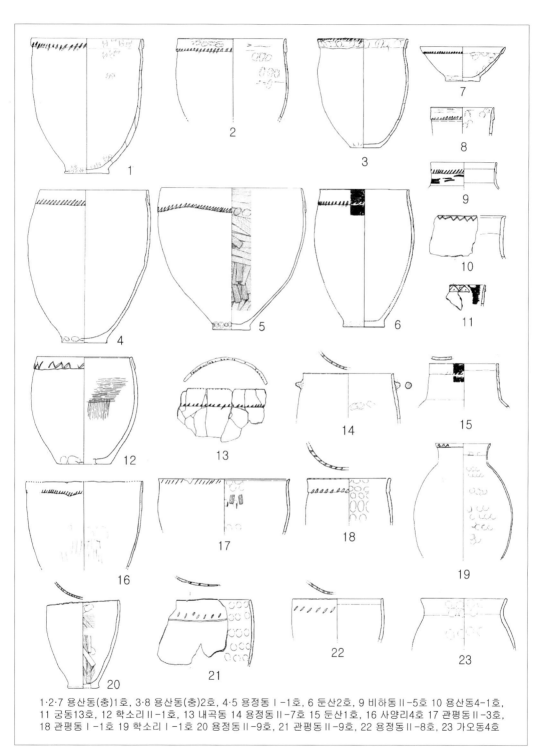

1·2·7 용산동(충)1호, 3·8 용산동(충)2호, 4·5 용정동Ⅰ-1호, 6 둔산2호, 9 비하동Ⅱ-5호 10 용산동4-1호,
11 궁동13호, 12 학소리Ⅱ-1호, 13 내곡동 14 용정동Ⅱ-7호 15 둔산1호, 16 사양리4호 17 관평동Ⅱ-3호,
18 관평동Ⅰ-1호 19 학소리Ⅰ-1호 20 용정동Ⅱ-9호, 21 관평동Ⅱ-9호, 22 용정동Ⅱ-8호, 23 가오동4호

그림 4_금강유역 출토 가락동식토기(縮尺 不同)

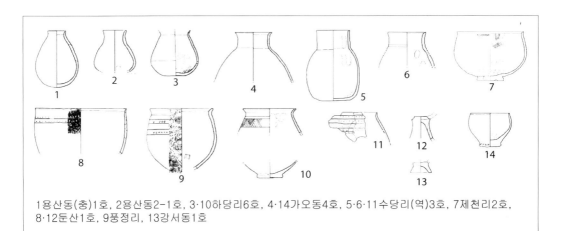

1용산동(충)1호, 2용산동2-1호, 3·10하당리6호, 4·14가오동4호, 5·6·11수당리(역)3호, 7제천리2호,
8·12둔산1호, 9풍정리, 13강서동1호

그림 5_가락동유형 소호 · 마연토기 · 토기대각편 외(縮尺不同)

고된 자료가 다수를 차지하여 확실한 판단은 어려우며, 아래와 같은 결과를 제시한다. 심
발형토기에서 이중구연단사선문과의 결합도가 높게 나타나며 호형토기는 판단하기 어
렵다.

　기타 적색마연토기류와 乳突形파수부토기, 대각편의 출토상에 대해 검토해보자. 적
색마연토기는 짧은 경부를 갖는 小壺와 盌이 있으며 이 중에는 동체부에 횡대구획 후 삼
각집선문(음성 하당리 6호, 그림 3-10)·점열문(그림 3-8·9·11)·거치문(대전 용산
동 IV-2호, 진천 사양리 4호, 청원 송대리) 등을 시문한 토기도 일부 확인된다. 유돌형파
수부토기는 기형상 대부분 심발형토기로 판단되는데 청주 비하동유적 II-5호, 청주 용
암유적 II-7호, 익산 영등동 II-7호의 출토예가 있다. 용암 II-7호와 영등동 II-7호
는 구연 외측의 약간 아래쪽에 파수가 부착되어 있다. 대각편은 대부분 소편이어서 기형
을 파악할 수 없으나 둔산 1호와 금산 수당리(충) 1호 주거지 출토품은 거의 동형에 가깝
다. 이들의 기형상 압록강 하류역의 신암리II기에서 보이는 고배형토기류와 연결될 가능
성이 있다. 청주 강서동 1호 출토품은 낮은 대각으로 대부완 또는 대부발로 추정된다.

2) 편년

　금강유역 청동기시대 문화의 개시기에 해당되는 토기문화의 특징은 과거 '가락동식
토기'로 지칭되던 일군의 이중구연단사선문계토기이다.(金廷鶴 1963) 이것은 1960년대
의 경기도 광주군 가락리유적(현 서울시 송파구 가락동)의 발굴조사에서 출토된 토기를

일컫는 협의의 개념(가락식토기)에서 출발한다. 그리고 1970~1980년대에는 서북한 지역의 팽이형토기문화가 남하하여 한강유역화된 것으로 보는 견해(이백규 1974, 이청규 1988)가 일반적으로 받아들여졌었으나 1990년대 이후 신출 자료의 증가와 서북한지역의 유적에 대한 재검토가 병행되어 새로운 이해의 틀이 마련되었다.(이형원 2001, 공민규 2003) 이후 가락동유형의 이중구연단사선문토기는 한반도 중부 이남지역의 청동기시대 전기 문화의 핵심적인 요소로서 최근까지 다양한 접근이 이루어지고 있다.(김현식 2008, 이형원 2009, 공민규 2011·2012) 그렇다면 가락동식토기와 이중구연단사선문토기는 동일한 개념인 것인가? 이형원(이형원 2009)에 의해 종합된 견해를 수용한다면 가락동식토기〉이중구연단사선문토기일 것이다. 즉 이중구연을 포함하여 여러 문양요소를 채용한 토기로서 종합적으로는 가락동유형의 범주에서 확인할 수 있는 대부분의 문양요소가 반영된 토기로 확대되는데 필자 역시 이와 유사한 견해로 정리한 바 있다.(공민규 2011) 최근에는 이중구연의 형태에 주목하여 기존의 가락동계 이중구연토기에 비해 짧고 뚜렷한 이중구연부를 갖춘 자료에 대해 '용산동식'(김병섭 2003), '상마석계'(안재호 2009), '요동계'(배진성 2012) '미사리계'(공민규 2012) 이중구연토기로 구분하는 경향이 나타나고 있다. 그런데 상마석계 또는 요동계로 대표되는 연구의 핵심은 외래기원으로서 이중구연의 형태에 주목하는 것이다. 물론 가락동유형에서 확인되는 토기를 비롯한 중부 이남지역의 이중구연단사선문토기는 그 출현과 계보를 구함에 있어 한반도에서 중국 동북지역에 이르기까지 범위를 넓힐 필요가 있다.(공민규 2003, 배진성 2012)

이글에서는 금강유역의 가락동유형 관련 주거지에서 출토되는 이중구연단사선문토기를 비롯한 다양한 토기자료들에 대한 검토를 실시하여 편년문제에 접근하고자 한다. 토기에 대한 분석 또는 검토에 있어서 일차적으로 기종에 따른 기형변화라든지 단위 주거지 내의 기종구성 등을 통해 접근하는 방법이 있다. 그러나 주거지라는 유구의 특성상 파손품이나 소편으로 출토되어 기종이나 기형의 복원이 어려운 경우가 대부분이다. 그런데 청동기시대의 이른 단계에 제작·사용된 토기에는 장식속성으로서 문양이 구연 외부에 시문된 예가 빈번하게 확인됨으로써 문양을 이용한 편년이 다수 행해져 왔다. 이 특정의 문양은 고유의 문화를 대표하는 것으로까지 이해되기도 하며 현재까지 청동기시대 전기 편년의 핵심을 이루고 있다.(이형원 2002, 김현식 2008, 김병섭 2009, 이홍종·허의행 2012, 김현경 2012) 그러므로 현재까지 청동기시대 전기의 편년을 실시함에 있어 토기의 구연 문양이 가장 적합한 것으로 판단되며, 이를 토대로 편년에 대한 검토를 실시하고자 한다.

(1) 토기의 속성과 문양

가락동식토기의 구연부 처리기법은 이중구연과 홑구연으로 구분할 수 있으나 홑구연은 별도의 형식을 부여할 의미가 없다고 판단된다. 이 이중구연의 분류에 대한 다양한 견해가 제기되어 왔는데 이중구연부의 폭이 좁은 것에서 넓은 것, 이중구연이 두껍거나 뚜렷한 것에서 얇거나 또는 희미하게 퇴화된 것으로 변화해 나가는 것에 대해서는 대체로 이견이 없을 것이며,(이형원 2002, 공민규 2003, 김현식 2008, 이홍종·허의행 2012, 김현경 2012) 필자도 일정 부분 동의하고 있다. 그러나 한편으로 이중구연의 폭과 관련된 부분은 단순한 수치의 비교가 아닌 토기의 기형과 기고 등 전체적인 틀에서 접근해야 할 부분이라고 판단된다.

구연부를 장식하는 문양은 단사선문, 거치문, 사격자문, 점열문, 공렬문, 절상돌대문, 유상돌대문, 구순각목문 등으로 분류할 수 있으며 각 세부 속성의 내용은 다음과 같다.

이중구연1은 이중구연부가 뚜렷하게 형성된 것으로서 그 폭은 대부분 5cm 이내이며 3cm를 전후한 값에 집중되는 경향이 있다.

이중구연2는 이중구연 하단과 동체부의 연결부위가 거의 차이 없이 연결되는 형식이다. 이외에도 완전히 퇴화되어 그 흔적만 남거나 횡선을 통해 이중구연의 효과를 노리는 형식이 호서 서부지역을 중심으로 다수 출토되고 있으나 가락동유형과의 직접적인 연결은 어려울 것으로 판단된다.

다음으로 구연단과 외면을 장식하는 속성을 살펴보면 대표적인 단사선문과 구순각목문을 비롯하여 거치문, 점열문, 사격자문, 횡침선문, 절상돌대문, 유상돌대문, 공렬문 등이 있다.

단사선문은 이중구연과 복합되어 시문되는 것이 일반적이나 단독문으로 시문되는 토기도 일부 확인된다. 복합문으로서 단사선문은 a·b의 2개로 구분된다.

단사선문a는 주로 이중구연부에 鋸齒狀으로 시문되며 시문기법은 압인과 음각이 확인되는데 압인계 문양이 중심이다.

단사선문b는 이중구연부와 동체상부를 가로질러 시문되며, 시문기법은 음각으로 새긴 선문계 문양이 중심이다. 따라서 a에 비해 문양길이가 길고 일정하지 않은 편이다.

그런데 최근 가락동식토기 또는 이중구연단사선문토기의 일부(상기의 단사선문a)에 대하여 각목돌대문의 각목과 같이 압날에 의한 시문이 대부분이므로 이중구연각목문으로 명명하고 있다.(배진성 2012) 물론 가락동식토기의 일부에서 압날 등의 시문기법에 의한 거치상의 문양이 이중구연부 하단을 장식하는 자료가 일부 있는 것도 사실이다. 그러나 금강유역에서 확인되는 이중구연단사선문토기의 시문에는 압날뿐만 아니라 음각에 의한 선문계의 문양도 다수 확인되고 있다.

다음으로 복합문에서 단사선문a와 거의 같은 위치에 시문되는 거치문, 점열문, 사격자문이 있다.

거치문(c)은 단사선문과 함께 청동기시대 이른 단계에 가장 많이 출현하는 문양이다. 소위 '삼각거치문'으로서 '∧'형태의 문양이 이중구연부에 연속적으로 시문되는 것인데 한편으로는 단독문으로서 구연 상부에 시문되며 횡대구획문의 중심문으로 나타나기도 한다.

점열문(d) 역시 복합문으로 이중구연부에 시문되는데 금강유역에서는 청원 대율리유적 2호주거지 출토품이 유일하다. 중부 이남지역에서는 철원 와수리유적이나 사천 본촌리유적 등에서 유사한 형식의 토기자료가 보고되었다. 단독문으로의 출토는 연기 송담리유적 29-1지점 2호주거지의 예가 알려져 있으며 횡대구획문의 중심문으로도 일부 확인된다.

사격자문(e)은 그물문으로 볼 수도 있으며, 복합문으로서 청원 대율리유적 7호주거지와 연기 보통리유적 4호주거지에서 각각 1예가 확인되었다. 거치문·점열문과 같이 횡대구획문의 중심문으로도 채택되고 있다.

돌대문계토기는 일반적으로 미사리유형의 중심요소로 인식되는 경향이 강하며(천선행 2005, 안재호 2006, 이형원 2007) 실제 조사 결과 역시 이를 반영한다. 미사리유형에서 확인되는 돌대문토기는 구연을 일주하는 각목돌대문토기와 절상돌대문토기, 유상돌대문토기로 구분되는데 일주각목돌대문-절상돌대문-유상돌대문으로의 시간적흐름이 상정되고 있다.(천선행 2005, 안재호 2006) 현재까지 금강유역의 가락동유형에서 일주하는 각목돌대문토기의 출토예는 뚜렷하게 확인되지 않는다.

절상돌대문(f)은 단독문으로의 출토예가 3곳에서 확인되며, 이중구연단사선문과의 복합문 역시 3곳의 주거지에서 출토되고 있다. 금산 수당리 6호주거지 출토품을 제외하면 대부분 길이가 짧은 특징을 갖고 있다.

유상돌대문(g)은 기존에 유돌형파수 또는 유상파수, 꼭지형파수 등으로 지칭되던 것으로서 미사리유형의 한 요소로 인식되었으나(천선행 2005) 최근의 연구(정원철 2012)를 수용하여 유상돌대문으로 분류하였다.

공렬문(h)은 역삼동유형의 표지적 문양으로 가락동유형에서는 제한적으로 확인된다. 현재까지 확인된 예로는 연기 송원리유적 32호주거지에서 구순각목문과 복합되어 출토

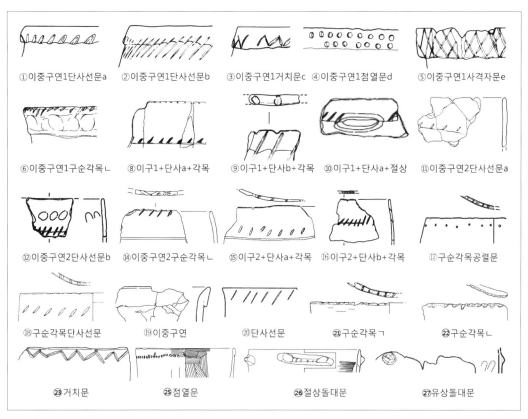

①이중구연1단사선문a ②이중구연1단사선문b ③이중구연1거치문c ④이중구연1점열문d ⑤이중구연1사격자문e

⑥이중구연1구순각목ㄴ ⑧이구1+단사a+각목 ⑨이구1+단사b+각목 ⑩이구1+단사a+절상 ⑪이중구연2단사선문a

⑫이중구연2단사선문b ⑭이중구연2구순각목ㄴ ⑮이구2+단사a+각목 ⑯이구2+단사b+각목 ⑰구순각목공렬문

⑱구순각목단사선문 ⑲이중구연 ⑳단사선문 ㉑구순각목ㄱ ㉒구순각목ㄴ

㉓거치문 ㉕점열문 ㉖절상돌대문 ㉗유상돌대문

그림 6_가락동유형 토기 구연형식과 문양의 조합

되었으며, 대전 노은동유적과 신대동유적에서 단독문의 출토예가 알려져 있다.(이형원 2002)

끝으로 구순부에 시문되는 각목문은 2개 형식으로 구분된다.

각목ㄱ문은 구연단의 첨단에 시문되는 것으로서 전·후기를 막론하고 청동기시대에 가장 일반적으로 확인되는 형식이다. 청동기시대 전기의 이른 단계에는 주로 복합문으로서 이중구연단사선문토기나 공렬문토기, 흔암리계이중구연토기 등에 시문되며, 늦은 단계로 갈수록 그 시문예가 늘어난다.

각목ㄴ문은 각목돌대문의 퇴화형식으로 지적되며(안재호 2009) 복합문의 일부를 구성하거나 또는 단독문으로 시문되는 예도 확인된다.

이상과 같이 분류된 문양을 복합문과 단독문으로 구분하여 정리할 수 있으며, 최근 청동기시대 토기에 대한 편년의 한 방법으로 제시되고 있는 속성배열법(안재호

2007 · 2011, 김현경 2012, 유선영 2012)과 기왕의 편년안(이형원 2002, 공민규 2003, 김현식 2008) 등을 참고하여 필자 나름의 금강유역 청동기시대 전기 토기에 대한 편년틀을 수립하고자 한다.

(2) 문양을 통한 토기의 편년

금강유역에서 가락동유형을 포함하여 구릉지에 입지한 청동기시대 전기 주거지에서 출토된 토기의 구연 형태와 시문되는 문양속성을 조합하면 복합문 18개, 단독문 9개가 확인되며 이 중 복합문의 ⑦이중구연1절상돌대f는 확인되지 않으며 단독문의 사격자문도 확인되지 않는다.

표 4_복합문과 단독문의 주거지 출토빈도

속성	이구 1a	이구 1b	이구 1거	이구 1사	이구 1점	이구 1ㄱ	이구 1a절	이구 1bㄱ	이구 1절	이구 2a	이구 2b	이구 2ㄱ	이구 2ㄴ	이구 2aㄱ	이구 2bㄱ	각목공렬	각목단사	이중구연	단사선문	구순각목a	구순각목b	거치문	점열	절상돌대	유상돌대	횡대구획
No.	1	2	3	4	5	6	8	9	10	11	12	13	14	15	16	17	18	19	20	21	22	23	25	26	27	
빈도	41	16	5	2	1	1	5	7	3	3	3	2	6	1	2	1	3	6	8	25	1	3	1	3	6	13

표 5_속성의 개수별 주거지 출토빈도

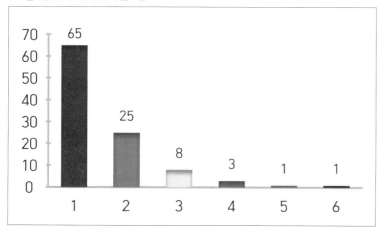

속성개수	1	2	3	4	5	6
출토빈도	65	25	8	3	1	1
비율	63.1%	24.3%	7.8%	2.9%	0.95%	0.95%

[표 4]는 금강유역의 가락동유형 관계 주거지에서 각 문양속성의 출토 빈도를 나타낸 것이다. 가장 많은 출토 빈도를 나타내는 것은 전통적인 가락동식토기로 볼 수 있는 복합문의 문양 1 · 2(이중구연1단사선문a, 이중구연1단사선문b)로 각각 41 · 16기의 주거지에서 확인되며, 전기 후엽의 중심문이라 할 수 있는 단독문의 문양 21(구순각목ㄱ)은 25기의 주거지에서 확인된다. 각각 다른 취락의 여러 주거지에서 특정 문양의 출토 빈도가 다

수인 것은 해당 문양의 사용 또는 존속기간이 길었던 점을 반증하는 것이라고 판단되며, 이러한 점에서 가락동유형의 중심은 이중구연단사선문토기로 판단할 수 있고 구체적으로는 이중구연1과 단사선문a·b의 속성이 조합된 것이다.

표 6_가락동유형 토기 문양의 공반상

	이구 1a	이구 1b	이구 1거	이구 1사	이구 1점	이구 1ㄱ	이구 1aㄱ	이구 1bㄱ	이구 1a절	이구 2b	이구 2ㄴ	이구 2bㄱ	각목 공렬	각목 단사	이중 구연	단사 선문	구순 각목 ㄱ	구순 각목 ㄴ	거치 문	점열	절상 돌대	유상 돌대
	1	2	3	4	5	6	8	9	10	12	14	16	17	18	19	20	21	22	23	25	26	27
1		○	○	○		○	○				○				○		○			○		○
2	○							○			○						○	○				
3	○				○											○				○		
4	○																					
5			○																			
6	○																					
8	○								○	○		○				○						
9		○					○			○		○					○			○		
10	○																					
12							○	○					○				○			○		○
14										○			○	○		○						○
16							○	○		○										○		
17											○				○	○						
18											○			○		○						
19	○		○																			
20		○									○						○					
21										○	○				○							○
22																					○	
23			○																			
25						○	○				○						○					
26																				○		
27	○									○	○						○					
계	11	5	3	1	1	1	6	7	1	7	10	4	4	5	2	8	7	1	1	5	1	4

다음은 개별 주거지당 속성조합의 분포를 살펴보자. [표 6]에서 볼 때 1기의 주거지에서 1개의 문양속성이 확인되는 주거지는 65기(약 63.1%)가 확인되고, 2개의 문양속성은 25기, 3개는 8기이며 최대는 6개의 문양이 확인되는 연기 송원리유적 32호주거지의 1예가 있다. 그런데 단위주거지에서 이와 같이 여러 문양속성이 복합되어 출토되는 배경은 무엇일까? 토기의 문양은 한 집단 또는 유형(문화)의 표상으로서 특정 유형과 문양은 동일한 범주의 계통으로 다루어진다.(김현식 2008) 대표적으로 역삼동유형－공렬문, 가락

동유형 – 이중구연단사선문이 있
다. 한편 문양은 기능보다는 장식
을 위한 성격이 강하다. 장식은 외
적인 표현으로서 토기에 장식된

표 7_시간성에 따른 속성의 분류

단기속성	4, 5, 6, 10, 19, 22, 23, 26	8
중기속성	2, 3, 8, 9, 12, 16, 17, 18, 20, 21, 23, 25, 27	12
장기속성	1, 14	2

공통의 기호나 도상은 그 사회내에서 상징적 언어로서 받아들여질 수 있고 또한 호혜적
으로 주변에 작용하므로 그것의 소유는 이데올로기적 요소로서 발현될 가능성도 있다.
대부분의 주거지(당대의 가옥)에 단일의 문양토기가 중심인 점과 도표와 같이 일부 소수
의 가옥에 다양한 문양의 토기가 집중되는 점은 당시 사회내의 위계와 연동될 가능성도
추정할 수 있을 것이다.
　[표 6]은 가락동유형을 포함한 금강유역의 구릉지에 입지한 주거지에서 출토된 토기
의 문양속성 중 타문양속성과 공반되지 않는 일부를 삭제한 후 각 문양속성의 공반관계
를 정리한 것이다. 47건의 다양한 공반관계를 살필 수 있는데 문양 1과 14의 공반이 많이
나타나므로 이 문양들이 비교적 장기존속한 것으로 판단되며 3~8건의 구간은 중기, 1~
2건은 단기존속한 속성으로 구분하여 [표 7]과 같이 정리하였다.
　이를 토대로 단기속성과 중기속성을 배열한 결과 중기의 문양 3과 단기의 문양

표 8_중기속성·장기속성의 배열

장\중	3	8	25	2	21	27	9	12	17	18	20
1	■	■	■	■	■	■					
14				■	■	■	■	■	■	■	■

표 9_단·중기와 장기속성

단·중 \ 장	1	14
3, 4, 6, 8, 10, 19, 25	■	
2, 21, 27	■	■
9, 12, 17, 18, 20		■

표 10_문양의 1차 편년

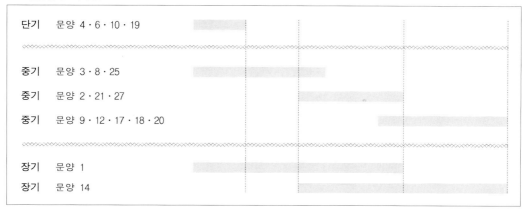

5·19·23이 공반되며 다른 예는 확인되지 않는다. 다음으로 단기속성과 장기속성, 중기속성과 장기속성을 차례대로 배열하여 [표 8·9]의 결과를 도출할 수 있다. 이 표와 기존에 인식되던 문양의 시간적 정보를 조합하여 1차 편년한 것이 [표 10]이다. 총 4단계로 나누어 볼 수 있는데 장기존속의 문양 1·14는 구분시점이나 존속기간이 불명확하다. 단지 발생순서에 있어 문양 1의 이중구연1단사선문a는 빠른 단계의 타요소들과 병행하여 전기를 관통한다. 문양을 이용한 이와 같은 편년에는 장기존속의 문양에 비해 단기간 통용된 문양이 더 유리한 것으로 설명되고 있다.(안재호 2011)

　다음으로 [표 6]의 공반상을 정리하여 배열한 것이 [표 11]이다. 여기서 장기문양인 1과의 공반예만 확인되는 문양 4·6·10은 제거하였다.

표 11_문양의 배열 1

	22	26	5	3	23	19	1	25	16	12	27	9	2	8	21	14	20	18	17
22	●	○																	
26	○	●																	
5			●	○															
3			○	●	○	○	○												
23				○	●	X	X												
19				○	X	●	○												
1				○	X	○	●	○	X	X	○	X	○	○	○	○			
25							○	●	○	○	X	○	X	○	X	X			
16							X	○	●	○	X	○	X	○	X	X			
12							X	○	○	●	○	○	○	○	○	○			
27							○	X	X	○	●	X	X	X	○	○			
9							X	○	○	○	X	●	○	○	○	○	○		
2							○	X	X	X	X	○	●	X	○	○	○		
8							○	○	○	○	X	○	X	●	X	X	○		
21							○	X	X	○	○	○	○	X	●	○	○	○	
14							○	X	X	○	○	○	○	X	○	●	○	○	○
20												○	○	○	○	○	●	○	○
18															○		○	●	○
17																○	○	○	●

　그리고 문양 22(구순각목ㄴ)와 26(절상돌대문)은 타문양과 공반되지 않고 서로간의 공반이 확인될 뿐이다. 그러므로 양 문양의 편년은 [표 7]에서 볼 때 극단에 놓일 수 있는데 비교적 빠른 속성으로 판단되며 따라서 22에서 17의 방향으로 편년할 수 있다. 그런데 문양 1과 문양 14는 장기문양으로서 앞에서 살펴본 바와 같이 불명확한 점이 있으므로 이를 다시 정리할 필요가 있다. [표 12]는 이에 따른 결과인데 결손자료를 최소화하기

표 12_문양의 배열 2

	5	3	23	19	22	26	25	16	12	9	8	27	21	2	20	18	17
5	●	○															
3	○	●	○	○													
23		○	●	X													
19		○	X	●													
22					●	○											
26					○	●											
25							●	○	○	○	○						
16							○	●	○	○	○						
12							○	○	●	○	○	○	○				
9							○	○	○	●	○	X	○	○	○		
8							○	○	○	○	●	X	X	X	○		
27									○	X	X	●	○	X	X		
21									○	○	X	○	●	○	○	○	
2										○	X	X	○	●	○	X	
20										○	○	X	○	○	●	○	○
18													○	X	○	●	○
17															○	○	●

표 13_금강유역 가락동유형 토기(문양)의 단계

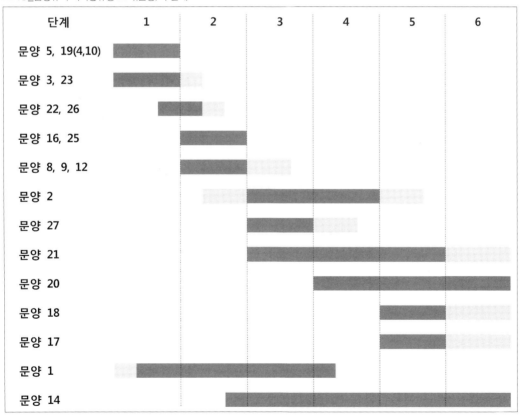

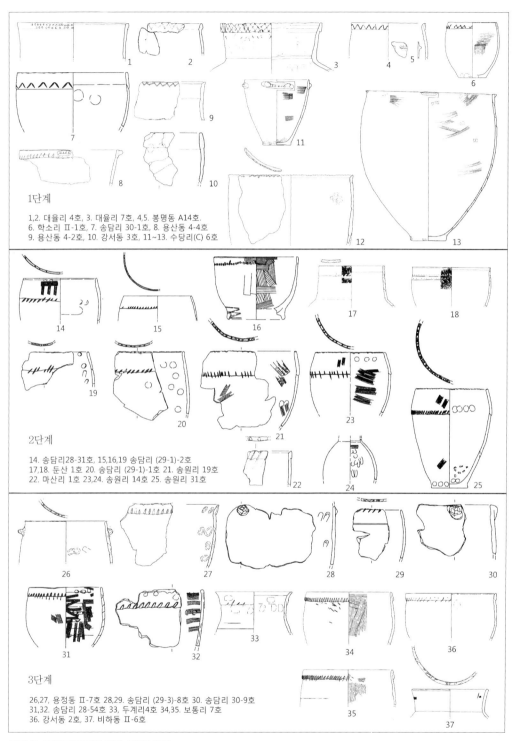

1단계

1,2. 대율리 4호, 3. 대율리 7호, 4,5. 봉명동 A14호.
6. 학소리 Ⅱ-1호, 7. 송담리 30-1호, 8. 용산동 4-4호.
9. 용산동 4-2호, 10. 강서동 3호, 11~13. 수당리(C) 6호

2단계

14. 송담리28-31호, 15,16,19 송담리 (29-1)-2호
17,18. 둔산 1호 20. 송담리 (29-1)-1호 21. 송원리 19호
22. 마산리 1호 23,24. 송원리 14호 25. 송원리 31호

3단계

26,27. 용정동 Ⅱ-7호 28,29. 송담리 (29-3)-8호 30. 송담리 30-9호
31,32. 송담리 28-54호 33. 두계리4호 34,35. 보통리 7호
36. 강서동 2호, 37. 비하동 Ⅱ-6호

그림 7_가락동식토기의 편년 1(縮尺 不同)

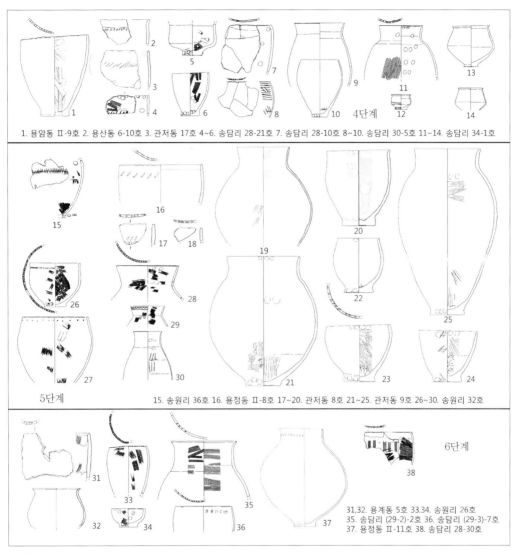

그림 8_가락동식토기의 편년 2(縮尺 不同)

위해 [표 11]의 행렬을 조정하였다. [표 12]를 통해 알 수 있는 문양의 순서는 [표 11]의 배열과 기존의 정보를 결합하여 문양 5→3→19 · 23→22 · 26→25 · 16→12→9 · 8→27→21 →2→20→18→17의 13단계로 정리될 수 있다. 그런데 문양 22 · 26과 문양 5 · 3 · 19 · 23 은 선후관계를 판단하기 어렵다. 절상돌대문(26)과 구순각목ㄴ문(22)은 소수의 주거지에 서만 제한적으로 출토되며 이중구연점열문(5)도 대율리유적의 1예뿐이다. 그러므로 단독문인 이중구연문(19)과 이중구연거치문(3)을 중심으로 한 시기로 판단할 수 있으며 문양 22와 26은 병행하거나 약간 후행할 가능성도 있다. 그러나 역시 출토유구의 수가 적은 관계로 거의 동일한 단계로 판단해 둔다. 그리고 [표 8·9]의 결과를 참고할 때 문양 4와 10의 이중구연사격자문과 이중구연1+단사선문a+절상돌대문 역시 이와 병행하거나 약간 늦은 것으로 편년할 수 있다. 다음은 이중구연2+단사선문b+구순각목ㄱ의 문양 16과 단독 점열문인 문양 25이며 문양 8·9·12도 같은 시기이다. 문양 21(구순각목ㄱ문), 27(유상돌대문), 2(이중구연1단사선문b)가 그 다음에 위치하는데 문양 2·21의 경우 존속기간이 비교적 긴 편이다. 특히 문양 2는 [표 11·12]의 결과에서 약간 차이가 보이는데 문양 1 또는 9와의 공반을 볼 때 전후로 시기가 확장될 가능성이 있다. 이후는 문양 20(단사선문)이 해당되며 역시 긴 존속기간을 갖는다. 끝으로 문양 18(구순각목단사선문), 문양 17(구순각목공렬문)의 순서이다. 이상의 내용을 도식화하여 [표 13]과 같이 최종 6단계로 구분할 수 있는데 2·3단계와 4·5단계를 묶어 4단계로 축약될 가능성도 있다.[2]

3) 절대연대

금강유역의 청동기시대 전기에 해당되는 토기에 대하여 문양을 기준으로 상대편년을 검토하였다. 편년은 일차적으로 속성배열법의 원리를 이용하여 분석을 실시하였다. 분석 결과 가락동유형 등 구릉지에 위치한 주거지 출토자료는 최대 13단계로 편년이 가능하다. 기왕의 가락동유형을 비롯한 금강유역 또는 호서지역 청동기시대 전기 또는 이른 단계에 대한 편년은 3단계 내외로 구분되었으나 최근 속성배열법을 통해 8단계의 상대편년안이 제시된 바 있다.(안재호 2011)

일반적으로 가락동유형의 시간폭은 중복되는 절대연대값(그림 9)을 참고한다면 최대 약 6~700년을 고려해 볼 수 있다. 물론 3,000B.P 이상의 연대값을 갖는 자료들이 있으므로 그 폭이 확장될 가능성도 농후하나 아직 연대의 신뢰문제가 남아있다. 따라서 3단계의 편년에 따른다면 약 2세기에 걸치는 시간대로 당시의 문화에 접근해야 하기 때문에 한 단계에 대해 통시적으로 다루어질 수밖에 없으며 동시기성에 기반한 당대 취락의 연구에 제한이 따를 것이다. 따라서 세분된 편년안에 따라 시간폭을 나누고 접근한다면 당대 문화에 대해 더 민감한 변화상을 간취할 수 있을 것이고 동시기성을 전제로 한 당대 취락의

---

2) 필자는 舊稿에서 가락동유형의 편년을 4단계로 정리한 바 있다. 이것은 주거지의 형식과 구조를 토대로 이중구연단사선문 등 토기 문양의 변천을 통해 설정한 것인데 여기에서의 6단계는 전적으로 토기의 문양을 기준으로 한 것이다.(공민규, 2011)

실상에 대해 더욱 구체적으로 검토할 수 있는 가능성이 열리는 것이다.

그런데 실제적으로 상대편년의 기준인 토기의 문양 또는 문양의 조합이 한 시간폭을 전부 포괄할 수 있을 것으로는 생각되지 않는다. 단기간 사용 또는 존속된 문양이나 장기의 문양을 막론하고 전·후 시기와의 중복을 고려해야 할 것이고 그렇게 중복된 시간폭을 인위적으로 구분하기는 매우 어렵기 때문이다.

실제로 이 글에서 분석한 결과 가락동유형의 중심문양인 이중구연단사선문의 시간폭이 넓고 다른 문양들도 넓은 시간대에 걸쳐 있는 경우가 많기 때문에 4~50년 단위로의 구분은 쉽지 않다. 그러나 이러한 난점들에도 불구하고 조금 더 세밀한 편년은 취락연구에서 필수적이기에 지속적인 편년의 보완이 필요할 것이다.

충청지역의 동부와 남부를 포괄하는 금강유역 가락동유형 등의 청동기시대 전기에 해당되는 절대연대값은 여러 주거지에서 200개 이상이 측정되었다. 측정된 절대연대값의 분포를 100년 단위로 살펴보면 3,500·3,300B.P 약 0.9%, 3,200B.P 약 0.9%, 3,100B.P 약 1.9%, 3,000B.P 약 8.2%, 2,900B.P 약 29.1%, 2,800B.P 약 37.6%, 2,700B.P 약 16.2%, 2,600B.P 약 3.8%, 2,500B.P 약 1.4%이다. 따라서 2,700~3,000B.P의 구간에 약 80% 이상의 연대가 집중되는 것이며 3,100B.P까지 넓힐 경우 약 90%가 이에 해당된다. 절대연대값에 대한 신뢰의 문제는 차치하고 전반적인 연대의 범위값을 고려해본다면 약 600년의 연대폭이 금강유역 청동기시대 이른 단계의 연대에 해당되는 것으로 볼 수 있을 것이다.

표 14_가락동유형 절대연대값의 분포

B.P	3,300	3,200	3,100	3,000	2,900	2,800	2,700	2,600	2,500
%	0.9	0.9	1.9	8.2	29.1	37.6	16.2	3.8	1.4

또한 [표 14]에서 보듯이 2,900~2,800B.P의 구간에서 정점을 보이고 있으므로 가락동유형 등의 최성기로 판단할 수 있다. 이러한 절대연대값과 앞 장에서의 상대편년 결과를 대비한다면 6단계는 약 100년으로 구분될 수 있다. 물론 한 단계의 존속기간에는 상대적인 장단이 있을 것이므로 직접적인 실연대로의 대입은 어려울 것이다. 그러나 전반적인 연대는 이 시간폭에 포함될 것이고 가장 빠른 3,100B.P 이상의 연대값은 소위 '조기'로 고려될 수 있으며 늦은 2,700B.P 이하는 청동기시대 전기에서 후기로의 전환기로 볼 수 있다.[3]

---

3) 한편으로는 실질적인 후기의 개시와 중복되는 단계에 도달했을 가능성도 있다.

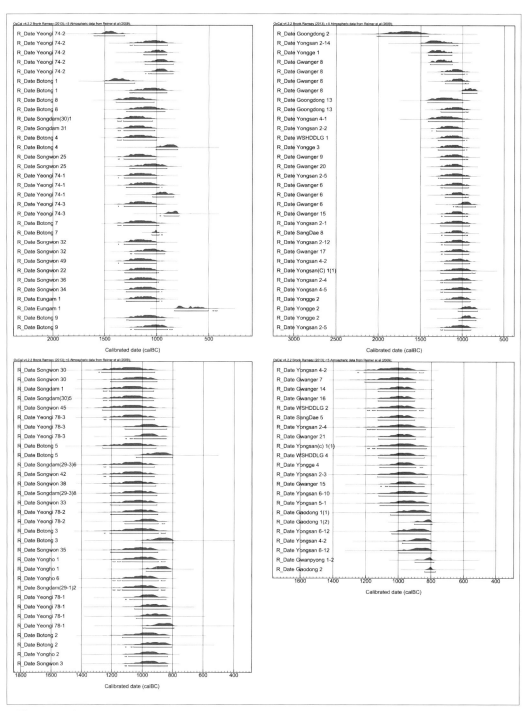

그림 9_금강유역 가락동유형 절대연대(OxCal v4.2, 2Σ)

2. 둔산식주거지

금강유역 청동기시대 전기 주거의 표지를 이루는 것은 장방형의 평면형태를 기본으로 위석식노와 초석이 설치된 것이 특징이다. 이와 같은 형태의 주거가 소위 '둔산식주거지'(安在晧 2000)로 명명된 이후, 주로 가락동유형를 대표하는 주거지 형식으로 이해하는 것이 현재 일반적인 연구경향이다.(李亨源 2001·2002·2009, 孔敏奎 2003·2005·2011)

둔산식주거지(安在晧 2000)에 대한 관심은 대전 둔산유적(李康承·朴淳發 1995)의 조사를 통해 본격화되었다고 볼 수 있다. 물론 그 이전의 청주 내곡동유적(車勇杰 1986)의 조사 결과가 학계에 발표된 바 있으나 당시까지는 제한적인 양상으로 파악되었다. 1990년대 중반 이후 대전 신대동유적(성정용 1997)을 필두로 청주 용암유적(韓國文化財保護財團 2000), 청원 황탄리유적(이홍종·강원표 2001) 등이 조사되면서 동지역의 청동기시대 전기 문화에 대한 구체적인 연구가 시작되었다.(李亨源 2001·2002, 孔敏奎 2003·2005) 그러나 이러한 선행연구는 주거지 자체에 대한 접근보다 가락동유형을 구성하는 한 단위로서 제한되어, 한정된 자료를 통한 도식적인 변화과정만이 제시되는 한계가 있다. 그러나 2000년 이후 금강유역에서는 둔산식주거지와 관련된 취락이 약 40개소 이상 추가 확인됨으로서 동주거지에 대해 새롭게 접근할 수 있는 계기가 마련되었다. 본장에서는 기존의 자료와 신출 자료를 통해 금강유역 둔산식주거지의 형식과 상대편년 등에 대한 재검토를 실시하여 그 이해의 폭을 넓히고자 한다.

1) 형식과 구조

(1) 평면형태와 규모

금강유역에서 둔산식주거지 관련 유적은 최근까지 40개소 이상 확인되는데 주거지는 약 400기 내외이며 이 중 온전하게 규모나 평면형태를 파악할 수 있는 것은 1/3을 약간 상회한다.

금강유역에서 구체적 형태를 확인할 수 있는 주거자료의 평면형태를 그림으로 표시하면 다음과 같다. [그림 11]과 같이 평면형태별로 1 : 1에서부터 3 : 1 이상까지 다양하게 나타나고 있음을 알 수 있다. 그렇다면 어떤 기준으로 평면형태를 분류할 수 있을까? 일반적으로 청동기시대 전기주거지의 평면형태는 방형·장방형·세장방형의 범주에서 다

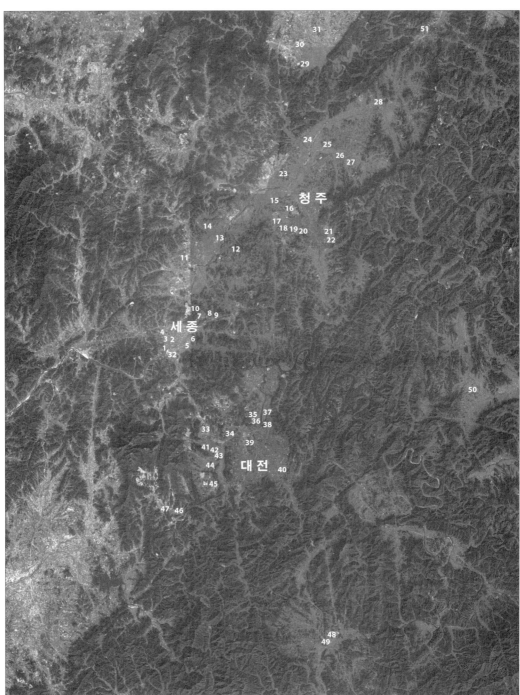

1.송원리 2.송담리 3.당암리 4.제천리 5.장재리 6.석삼리 7.보롱리 8.용호리 9.합강리 10.연기리 11.신흥리 12.황탄리 13.궁평리 14.쌍청리 15.내곡동 16.봉명동 17.비하동Ⅰ・Ⅱ 18.강서동 19.산남동 20.분평동 21.용정동 22.운동동 23.송대리 24.학소리 25.대율리 26.마산리 27.풍정리 28.송산리 29.사양리 30.장관리 31.신월리 32.대평리 33.노은동 34.궁동 35.관평동 36.용산동 37.상서동 38.신대동 39.둔산동 40.가오동 41.상대동 42.원신흥동(덜레기)43.원신흥동(동서도로) 44.용계동 45.관저동 46.방동뜰 47.두계리 48.수당리(표고재배부지) 49.수당리 50.상장리 51.하당리

그림 10_청동기시대 조기~전기의 금강 중류역 취락(주거)유적 분포

루어질 수 있는데, 그 구체적인 기준은 연구자에 따라 다양하다(李基星 2001, 孔敏奎 2003·2011, 김승옥 2006, 홍밝음 2010)[4]. 그렇다면 주거지 평면형의 분류에서 방형과 장방형, 세장방형의 기준 설정문제를 살펴보기로 한다.

우선 필자는 김도경 등의 연구(김도경·주남철 1999)[5]를 참고하여 방형의 경우 뿔형의 모임지붕[6]을 만들수 있는 한계인 장단비 1.3 : 1을 기준으로 제시하였다.(孔敏奎 2003·2011) 그런데 박성희는 중서부지역 청동기시대 전기 주거지의 구조에 대한 연구에서 1.3 : 1 전후의 가락동유형 二列礎石構造의 주거지 상부를 우진각 또는 팔짝지붕으로 복원하고 있다.(朴性姬 2012) 따라서 모임지붕의 주된 용도와 박성희의 연구를 참고한다면 장단비 1.3 : 1 전후의 주거지도 역시 우진각지붕 등으로 판단할 수 있기 때문에 이 부분에 대한 재고가 필요하다.

[그림 11]의 둔산식주거지 장단비 분포를 보면 장단비 1~1.3 : 1의 범위에 해당되는 주거지는 13기로 소수에 불과하며 그 중 가락동유형 주거지의 표지적 특징을 나타내는 주거지는 8기이다. 또한 8기의 주거지에서

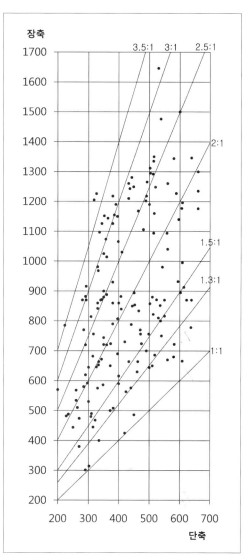

그림 11_둔산식주거지의 장단비

4) 장단비를 이용한 주거지분류에 대하여 문제를 제기한 연구가 있다. 그에 따르면 장단비와 더불어 면적도 중요한 부분임을 제시하고 있으며 필자 역시 공감하고 있다.(金範哲 2011)
5) 김승옥의 청동기시대 주거지 연구에서도 1.3 : 1의 기준이 방형으로 제시되었다.(김승옥 2006)
6) 모임지붕은 하나의 꼭지점에서 지붕골이 모이는 형태의 지붕으로 지붕면이 사방으로 흐르고, 용마루와 내림 용마루가 있는 지붕으로 다락의 환기가 불충분하기 쉬운 결점이 있다고 한다. 또한 모임지붕은 주로 정자에 사용된다.(현대건축관련용어편찬위원회 2011)

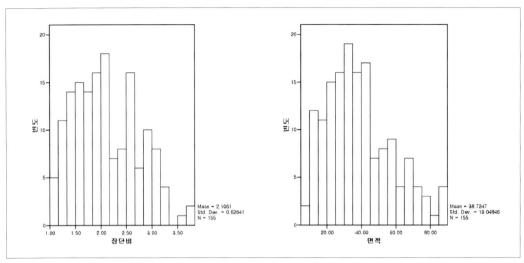

그림 12_둔산식주거지 장단비와 면적 히스토그램

위석식노와 2열초석구조가 설치되는 것은 6기이며 2기는 초석과 위석식노지가 각각 확
인된다. 그리고 주거지의 면적을 살펴보면 위석식노와 초석이 설치된 주거지는 약 $42m^2$
를 나타내는 데 비해, 나머지는 약 $14m^2$로서 주거로서의 성격도 불분명하다. 따라서 적
용 기준의 범위를 넓힐 필요가 있을 것으로 판단되며 [그림 12]의 히스토그램을 참고하여
1.5 : 1 내외의 범위를 방형의 기준으로 설정할 수 있다.[7)]

　　다음으로 장방형과 세장방형의 구분은 주거지 내부시설 중 기둥의 배치상을 고려해
판단할 수 있다. 우선 [그림 11]에서 볼 수 있듯이 장단비 1.5 : 1~2.5 : 1의 구간에 가장
많은 주거지가 분포하고 있으며 2.5 : 1 이상의 구간은 상대적으로 적은 편이다. 그런데
2.5 : 1 이상의 장단비를 나타내는 주거지에서는 주거지 장축선상을 따라 기둥이 배치되
는 1열구조가 그 이하의 주거지에 비해 확실히 증가하고 있다. 즉, 중앙 1열 기둥배치의
주거지 22기 중 17의 주거지가 이에 해당되며, 삭평 등에 의해 분석값에 제외된 다수의
중앙 1열 기둥의 주거지가 대부분 잔존값에서도 2.5 : 1 이상의 값을 나타내고 있다. 따라
서 이러한 1열 구조의 기둥배치와 장단비의 결합상을 고려하여 장방형과 세장방형을 구
분하고자 한다.

---

7)　포괄적으로 볼 때 방형계로 표현하는 것이 타당할 것이다. 한편 이글에서 제시한 기준인 방형 1.5 : 1의
　　장단비는 이기성에 의해 제시된 바 있다.(李基星 2001)

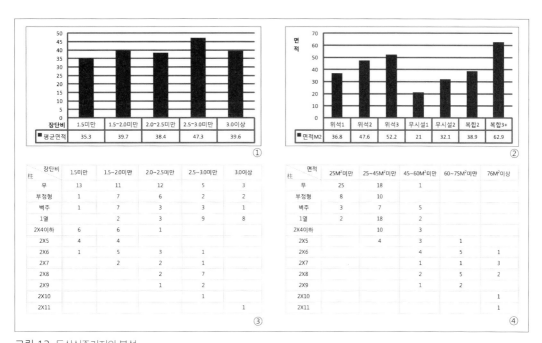

그림 13_둔산식주거지의 분석
(① 주거지 장단비와 평균면적, ② 노지의 형식별 평균면적, ③ 柱와 장단비의 관계, ④ 柱와 면적과의 관계)

다음으로 주거지의 규모에 대해 검토한다. 주거지의 규모는 장단비나 평면형태와는 다르게 실제 가옥내에서 거주하게 되는 인원수나 취락내 위계화의 측면에서 보다 중요한 요소로 고려되어 질 수 있다.(安在晧 2006, 金範哲 2011)

금강유역 둔산식주거지 평균면적은 약 40m² 전후로 나타난다. 따라서 1인당 주거지 내 점유면적을 전통적인 기준(金正基 1974, 황기덕 1984)에 따라 3~5m² 내외로 산정한다면(金正基 1974, 황기덕 1984) 약 8~12명 정도의 인원이 거주할 수 있는 공간이다. 둔산식주거지의 면적을 분류하기 위해 [그림 12]의 오른쪽에 제시된 히스토그램을 참고하면, 소형은 20m² 미만(가群), 중소형은 20~45m² 미만(나群), 중형은 45~60m² 미만(다群), 중대형은 60~80m² 미만(라群), 80m² 이상(마群)은 대형으로 구분할 수 있다. 규모별 주거지의 수는 중소형과 중형에서 가장 높은 점유율을 보이고 소형−중대형의 순서이다. 이러한 점은 앞서 제시한 둔산식주거지의 평균면적과 주거지 내부의 기둥배치 형식, 그리고 평면형과도 연결될 수 있다. 즉 [그림 13−④]에서와 같이 중형의 주거지에는 주로 2열의 기둥배치상이 다수인 데 비해 소형과 중소형에서는 무주식이거나 벽주식, 또는 1열의 기둥배치가 중심을 이루고 있음을 알 수 있다

표 15_둔산식주거지의 면적분류와 주거지수

20M2미만	20~40M2미만	40~60M2미만	60~80M2미만	80M2이상
25	66	41	18	5

(2) 내부시설

둔산식주거지에서 확인되는 내부시설은 위석식노와 초석의 설치가 대표적으로 위석식노의 경우 단위주거지내에 1~4개까지 설치되며 초석은 2열과 1열의 배치상이 중심을 이룬다.[8]

둔산식주거지에서 위석식노는 1개 또는 2개가 설치되는 것이 일반적이며 한 주거지당 노의 개수는 [그림 13-②]와 같이 면적의 증가와 일정 부분 비례하는 것으로 나타난다. 주거지 규모의 확대에 따른 노시설의 증가는 필연적으로 수반되는 것으로서 그 연관성은 충분하다. 이와 같은 양상은 복합식의 노가 설치된 주거지의 면적에서도 뚜렷하게 확인할 수 있다. 또한 노 개수의 변화는 둔산식주거지와 유사한 형태가 나타나는 서북한 지역 청동기시대 주거지의 연구(차달만 1993, 서국태 1996)를 참고하면 시간성을 반영한다고 이해되는데 유물상의 변화와 함께 살피면 일정 부분 수용될 수 있을 것이다. 그리고 위석식노가 설치된 주거지의 면적이 평지식노가 설치된 주거지에 비해 넓은 것도 특징으로서, 노의 기능적인 면을 고려할 때 위석식노가 조금 더 안정적인 화력을 공급할 수 있었을 것으로 판단된다.

한편 주거지 내부에서 노가 설치되는 위치는 주거지의 중앙에서 한쪽으로 치우친 지점인 데 효율적인 공간활용과 화력의 집중, 그리고 주거지내 저장시설의 위치 등이 고려되었을 것이다.[9] 그러므로 노가 설치된 공간을 중심으로 취사와 수면 등 일상적 생활이 이루어졌을 것으로 추정되며 그 반대의 위치에서는 물건의 제작 등이 이루어지는 공간과 출입시설의 존재 등을 생각해 볼 수 있다.

둔산식주거지에서 기둥의 架構는 주혈을 파고 그 안에 기둥을 박아넣는 방식보다 초석이 사용된 2열×*행과 1열×*행구조가 표지적인 특징이며, 벽면을 따라 주혈이 설치되거나 부정형의 주혈로 이루어진 예도 확인된다. 또한 주혈이 확인되지 않는 예도 나타나

---

8)　연기 송원리 5호주거지에서는 3열 8행의 초석배치가 확인되는 예도 있다.
9)　그러나 대전 관저동 9호주거지와 상대동(중동골·양촌) 9호주거지에서는 이례적으로 주거지 중앙에 공백을 두고 양 단벽쪽에 치우쳐 노지를 설치한 모습이 확인된다. 출토유물상을 통한 시간성을 고려해 볼 때 위석식노지가 설치됨에도 불구하고 양주거지는 비교적 늦은 단계에 해당될 것으로 판단된다.

는데 초석의 설치를 통해 볼 때 이 경우 판재를 이용한 초반의 사용 가능성도 있을 것이다. 주거지에서 초석의 설치는 바닥면에 바로 놓거나 얕은 구덩이를 파서 정치시킨 형태가 나타나는데 양자가 동시에 확인되는 경우도 있어 시기나 형식의 차이가 아닌 기둥을 세울때 수평을 고려했을 가능성이 있다. 2열의 초석은 방형과 장방형, 세장방형에서 같이 확인되나 주로 장방형의 주거지에 집중되며, 1열은 세장방형에서 주를 이룬다. 즉 [그림 13-③]에서 볼 수 있듯이 1열초석구조는 형태가 온전하게 확인되는 주거지 중 22기에서 나타나는데 장단비 2.5 : 1 이상의 세장방형주거지가 17건으로서 77%의 높은 점유율을 보인다. 2열초석구조는 50기의 주거지 중 2.5 : 1 미만의 방형·장방형 주거지에서 37건으로 74%의 점유율을 나타내고 있다.

벽주식은 주거지 안쪽의 벽면을 따라 작은 소혈이 돌아가는 것으로서 중심축상에 초석이 설치되지 않고 벽주 자체만 확인되는 것과 2열 또는 1열초석구조와 결합하는 것으로 나눌 수 있다. 그런데 다수의 초석 설치 주거지에서 벽주가 확인되는 점을 볼 때 무주식에서 제시한 바와 같이 판재의 초반 사용 가능성도 고려대상이고 이주시 운반되어 재사용되었을 가능성도 있다.

끝으로 기타 주거지 내부 시설로는 저장혈과 벽구가 있다. 둔산식주거지에서 저장혈은 보편적으로 주거지 내부의 장벽과 단벽이 만나는 벽가 모서리에 주로 설치되는데 주거지 내부 공간에서는 노에서 가장 이격되어 있다. 또한 한쪽 모서리에만 설치되기도 하며 양쪽 모서리와 심지어는 네모서리에 모두 설치되기도 한다. 가락동유형의 취락에서는 별도의 독립된 저장시설이 확인되지 않으며, 대부분 주거지 내부에 구덩이를 파거나 토기를 이용한 주거별 개별저장체계를 갖추고 있다.[10] 최근 서길덕은 청동기시대 전기 주거지 내부의 저장공을 분류하고 그 변천과정을 밝히고 있는데(서길덕, 2012) 그의 연구에 따르면 주거지내 저장공의 위치가 모서리에 집중되다 점차 장벽과 단벽쪽으로 확장되며 마지막에는 모서리와 장벽쪽으로 변화하는 흐름을 보인다고 한다. 또한 늦은 단계의 세장방형주거지 단계 이후에 주거지 내부 단벽쪽이 저장공간으로 인식되면서 별도의 저장영역이 마련되거나 외부에 독립된 저장시설이 설치되고, 이를 계기로 주거지의 소형화가 이루어지는 일련의 과정을 제시하고 있다. 서울·경기지역의 청동기시대 주거지를 대상

---

10) 호서 서부지역의 역삼동과 흔암리유형의 취락에서는 전기의 늦은 단계로 갈수록 주거지 외부에 별도로 독립된 저장시설이 다수 출현하는 점에서 금강유역의 가락동유형과 취락의 구조와 생계방식에 차이가 있다.(許義行 2011)

으로 한 이와 같은 연구결과를 금강유역에 직접 적용하기 어려운 점도 있으나 그 변화과 정의 흐름은 좋은 참고가 된다.

한편 저장혈은 보통 주거지당 1~4개가 확인되는 것이 대부분이다. 그러나 연기 용호리유적 6호주거지에서는 한쪽 단벽에 치우쳐 18기의 저장혈이 확인되고 동유적 2호주거 지에도 12개의 저장혈이 있다. 또한 연기 보통리유적 3호주거지 10개, 대전 상대동 원골 유적 Ⅲ-3호 11개, 진천 신월리유적 9호주거지 13개, 청주 운동동 3호주거지에서도 14 개가 확인된다.

단위주거지내에 이와 같이 과도하게 많은 저장혈의 존재는 특이하다. 이것은 개별취 락 내에서 특정 주거지에 저장혈의 설치가 집중되는 것으로서 저장을 전문으로 하는 가 옥의 존재를 추정할 수 있거나 또는 주거지별 위계화의 요소로서 고려해 볼 수 있다. 또 한 상기의 연기 용호리유적은 2·6호 외에 다른 주거지에서도 저장혈이 대부분 확인되어 가족단위를 넘어선 취락단위의 전문적 저장기능을 상정해 볼 수 있는데, 대전 관저동유 적이나 용계동유적, 상대동유적 등에서도 유사한 양상이 관찰된다.

(3) 형식분류

둔산식주거지에 대한 분류는 시간성을 갖는 둔산식-용암Ⅰ식-용암Ⅱ식으로의 분 류와 방향성이 제시(공민규 2003)된 바 있으며 이후 복합식노가 설치된 하당식(공민규 2011)이 추가되었다. 그런데 필자는 최근 보고된 일련의 자료를 검토하는 과정에서 금강 유역 청동기시대 주거지의 다수가 기왕의 범주에 포괄되기 어렵다는 점을 인식하게 되었 다. 따라서 종래의 견해를 수정하고자 하며 주거의 평면형태, 노의 형식과 수, 초석의 유 무·배치형태 등을 조합하여 재검토하고자 한다.

앞장에서의 분석과 기존의 연구결과를 통해 주거의 평면형태와 기둥의 배치상은 밀접 한 관련이 있음을 알 수 있다. 즉 방형과 장방형주거지에서는 둔산식주거지의 표지적 특 징인 2열*행의 초석이 중심적으로 설치되고, 세장방형주거지에서는 1열*행의 초석(주혈) 이 설치되는 양상이 비교적 잘 나타난다. 노의 형식은 위석식노가 압도적이며, 평지식(수 혈식)노와 위석식노가 단위주거지내에서 같이 확인되는 복합식도 일부 나타난다. 단위주 거지내에서 노의 개수는 위석식의 경우 1~2개가 설치되는 것이 일반적이며 최대 4개까 지 확인되고, 평지식 역시 1~2개가 주를 이룬다. 복합식은 그 성격상 복수를 전제로 하 여 3~4개가 설치되는 것이 다수이다.

이제 둔산식주거지의 형식분류를 위한 각 속성을 검토해보자. 우선 평면형태는 방형

(Ⅰ)−장방형(Ⅱ)−세장방형 (Ⅲ)으로 구분한다. 다음으로 주거지 내부의 기둥 배치상을 하부 속성으로 설정하였다. 둔산식주거지에서 확인되는 기둥 배치상은 2열 초석(주혈)구조, 1열초석(주혈)구조, 벽주식, 무주식·부정형의 4개 범주로서 각각 A~D로 구분한다. 이 중 2열의 구조는 대부분 초석이 설치되는 특징이 있으며, 1열 구조 역시도 초석이 중심을 이루나 주혈이 설치된 경우도 일부 나타난다. 그리고 2열의 초석은 3행에서 최대 11행까지 확인되며 1열의 초석은 6개 내외로 나타난다.

마지막으로 노의 형식과 개수로서 둔산식주거지의 대표적 특징인 위석식노의 설치를 중심으로 나눌 수 있다. 우선 위석식노(a), 위석식노+무시설 식노(b), 평지식노(c), 노 不在 (d)로 구분하며, 가장 끝에 둔산식주거지에서 확인되는 1~4개의 노 개수를 숫자로 표시하였다. 이상의 속성을 조합하

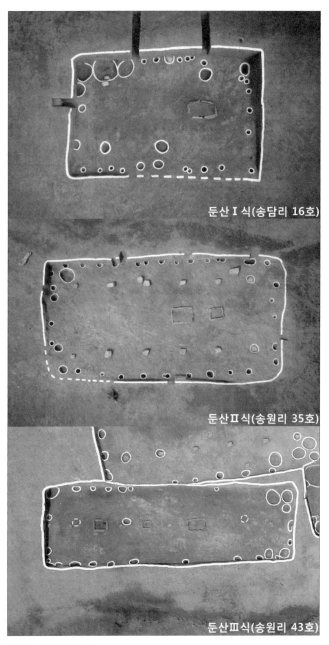

둔산Ⅰ식(송담리 16호)

둔산Ⅱ식(송원리 35호)

둔산Ⅲ식(송원리 43호)

사진 1_둔산식주거지

여 분류를 실시하면 총 156개의 형식이 발생하지만 현재까지 금강유역의 가락동유형 취락내에서는 다음의 표와 같이 48개의 주거지 형식이 확인된다.

표 16_둔산식주거지 형식분류표(괄호안은 형식별 주거지 수)

I	I Aa1(9)	I Aa2(2)	I Ad(1)			
	I Ca1(4)					
	I Da1(3)	I Dc1(7)	I Dd(4)			
II	II Aa1(7)	II Aa2(16)	II Aa3(2)	II Ab4(1)	II Ac3(1)	II Ad(3)
	II Ba2(1)	II Bb3(1)	II Bc1(1)	II Bd(1)		
	II Ca1(3)	II Ca2(2)	II Ca3(1)	II Cc1(2)		
	II Da1(6)	II Da2(6)	II Db2(2)	II Dc1(13)	II Dc2(4)	II Dd(5)
III	III Aa2(4)	III Aa3(6)	III Ab2(1)	III Ab4(2)		
	III Ba1(2)	III Ba2(4)	III Ba3(5)	III Bb2(2)	III Bb3(1)	III Bc1(1) III Bc2(2)
	III Ca1(1)	III Ca2(1)	III Cc2(1)	III Cd(1)		
	III Da1(2)	III Da2(6)	III Da3(1)	III Da4(1)	III Dc2(1)	III Dd(2)

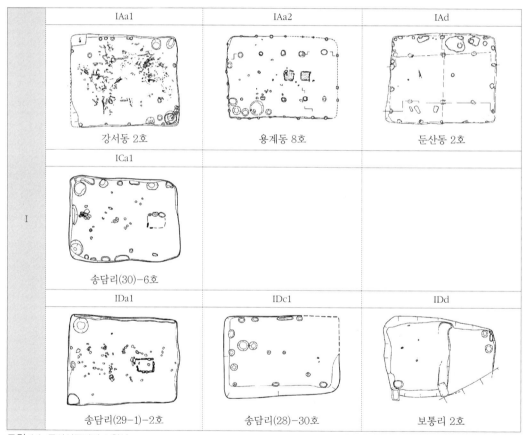

그림 14_둔산식주거지 Ⅰ 형식

상기의 [표 16]에서 확인할 수 있는 것과 같이 방형의 Ⅰ형식에서는 방형＋2열 초석＋
위석식노1의 ⅠAa1식주거지가 집중되고 있으며, 장방형 Ⅱ형식에서는 장방형＋2열 초석+위석식노2의 ⅡAa2식이 주를 이루고 장방형+무주식+평지식노1의 ⅡDc1식도 비교적 다수 나타나고 있다. 그런데 세장방형은 뚜렷하게 중심적 주거형식이 확인되지 않으며 세장방형+2열초석+위석식노3의 ⅢAa3식, 세장방형+1열 초석+위석식노3의 ⅢBa3식, 세장방형+무주식+위석식노2의 ⅢDa2식이 타형식에 비해 우위를 점하고 있다.

둔산Ⅰ식 주거지는 방형의 특성상 1열초석구조(B)는 확인되지 않으며, 2열초석구조(A)의 주거지가 12기, 무주식(D)이 14기로 다수이다. 그리고 벽주식(C)의 경우 2열초석구조의 주거지에서 주거지의 벽면을 따라 소혈이 배치되고 있으므로 이주 등의 이유로 초석이 옮겨졌을 가능성도 있고 유물상 등에서 ⅠAa1식과 유사한 양상을 보이는 점을 통해 비슷한 시기일 가능성이 높을 것으로 판단된다. 필자는 지난 연구에서 초석이 확인되지 않는 방형계의 주거지와 위석식노지의 조합을 둔산b식으로 분류하고 ⅠAa1식과 거의 동일한 시기로 판단한 바 있다.(공민규 2011) Ⅰ형식에서 노지는 위석식인 a식이 다수를 나타내며, 평지식노(c)가 설치된 주거지는 7기이다. 또한 노지가 없는 주거지도 5기가 확인된다.

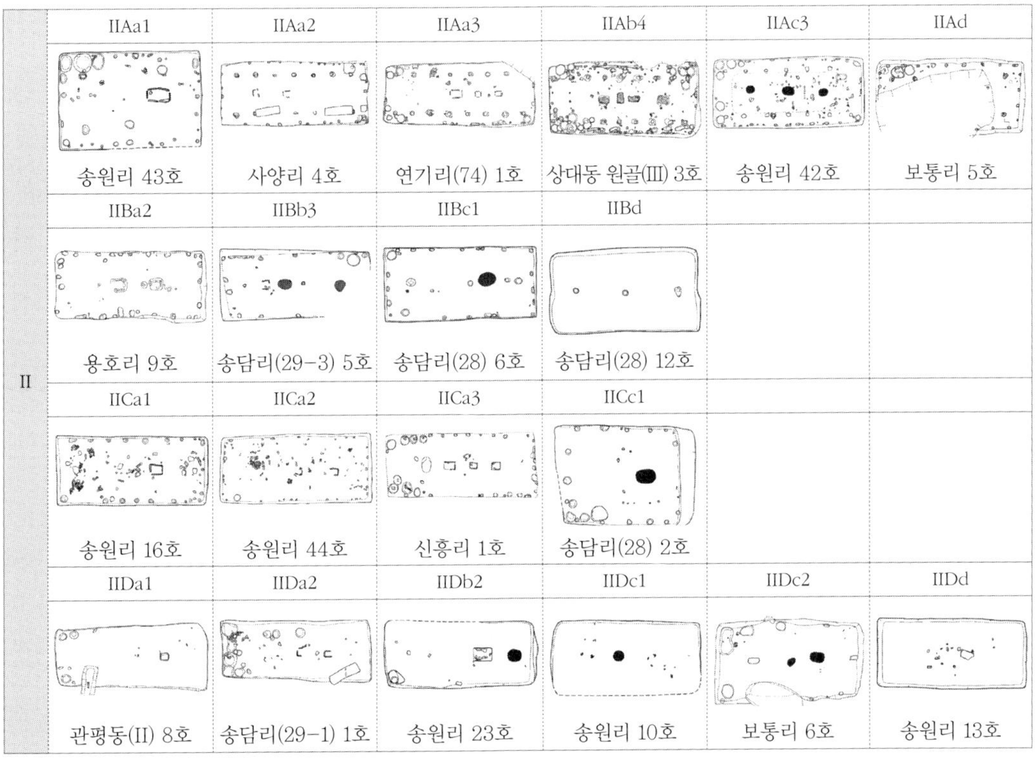

	IIAa1	IIAa2	IIAa3	IIAb4	IIAc3	IIAd
	송원리 43호	사양리 4호	연기리(74) 1호	상대동 원골(III) 3호	송원리 42호	보통리 5호
	IIBa2	IIBb3	IIBc1	IIBd		
	용호리 9호	송담리(29-3) 5호	송담리(28) 6호	송담리(28) 12호		
	IICa1	IICa2	IICa3	IICc1		
II	송원리 16호	송원리 44호	신흥리 1호	송담리(28) 2호		
	IIDa1	IIDa2	IIDb2	IIDc1	IIDc2	IIDd
	관평동(II) 8호	송담리(29-1) 1호	송원리 23호	송원리 10호	보통리 6호	송원리 13호

그림 15_둔산식주거지 II형식

둔산II식 주거지는 가장 많이 확인되며, 1열 초석(B)의 점유율(5.1%)이 낮고, 2열초석(A)은 점유율(38.5%)이 높다. 그런데 II형식의 주거지에서는 장축방향을 따라 설치되는 초석열의 주거지 외에 무주식(D)이나 벽주식(C)도 일정 부분 나타나고 있다. 이러한 점은 II형식 주거지 자체의 다양성을 나타내는 것으로 넓어진 평면형에 대응하여 주거지 내부의 공간구조가 다양하게 변화되는 양상으로 이해하고자 한다. 노의 형식은 a2식(32.1%)이 다수이고, a1식과 c1식은 비슷한 점유율(20.5%)을 보인다. 그리고 II형식 주거지의 노에서는 I형식에서 확인되지 않는 복합식(b)노가 4기 확인되는데 주거지 규모의 확장이 반영된 것이며, 노 기능의 다양성이라는 측면도 고려해 볼 수 있다. 한편 II형식에서 노가 없는 주거지는 9기(11.5%)이다.

둔산III식은 II식과 유사하게 다양한 아형식이 존재하며 둔산식주거지내에서의 점유율도 높은 편이다. 특히 장축상의 한쪽 벽면이 삭평·유실되어 잔존된 주거지 중 1열초석(주혈)이 설치되고 단축의 폭이 좁은 것은 대부분 III형식으로 판단할 수 있으므로 전체적으로 볼 때 II형식과 점유율 차이는 미미할 것이다. 동형식에서는 1열초석(B)구조의 주거지 점유율(36.2%)이 높아지며 2열 초석(A)은 감소(27.7%)한다. 역시 평면형의 변화에 따라 주거지 내부구조의 변화가 나타난 것으로 이해할 수 있다. 이러한 변화는 노의 형식과 개수에도 나타나는데 복합식(b)노가 I·II형식에 비해 증가하며 3개 이상의 노

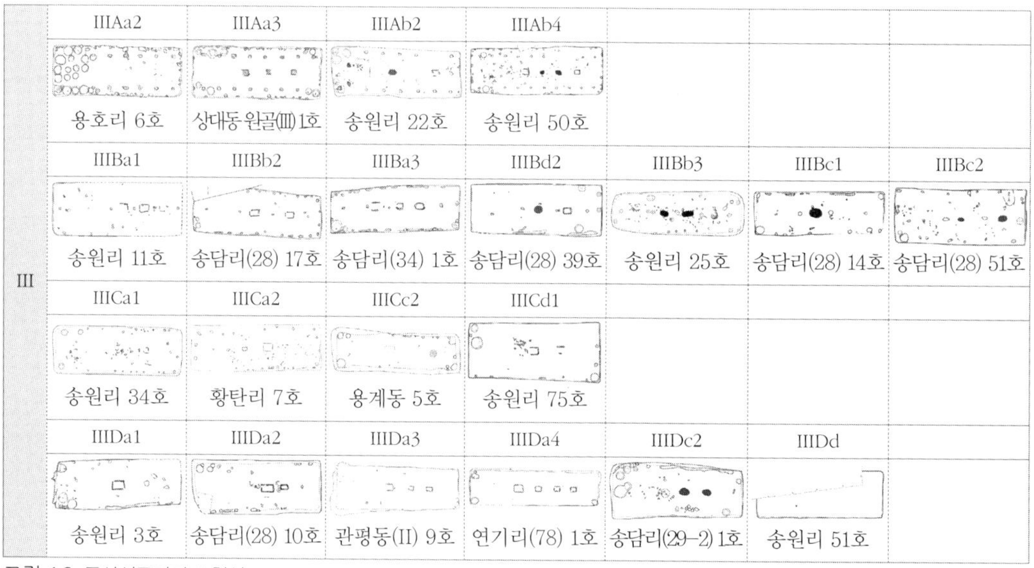

	IIIAa2	IIIAa3	IIIAb2	IIIAb4			
	용호리 6호	상대동 원골(III)1호	송원리 22호	송원리 50호			
	IIIBa1	IIIBb2	IIIBa3	IIIBd2	IIIBb3	IIIBc1	IIIBc2
III	송원리 11호	송담리(28) 17호	송담리(34) 1호	송담리(28) 39호	송원리 25호	송담리(28) 14호	송담리(28) 51호
	IIICa1	IIICa2	IIICc2	IIICd1			
	송원리 34호	황탄리 7호	용계동 5호	송원리 75호			
	IIIDa1	IIIDa2	IIIDa3	IIIDa4	IIIDc2	IIIDd	
	송원리 3호	송담리(28) 10호	관평동(II) 9호	연기리(78) 1호	송담리(29-2) 1호	송원리 51호	

그림 16_둔산식주거지 III형식

역시 동일한 양상이다. 그리고 이와 같은 주거지는 일부 취락에서 집중되는 양상을 보이는데 대규모 유적인 연기 송원리·송담리유적과 대전 용계동·상대동유적 등이 그것이다.

2) 상대편년

청동기시대 전기의 주거지는 평면형태를 볼 때 일반적으로 방형→장방형→세장방형의 변화과정을 나타내는 것으로 이해된다.(김승옥 2006) 또한 세장방형 이후에는 소형화의 경향을 나타내며 장방형의 주거지가 축조된다. 주거지의 어깨선을 통한 규모에 있어서도 중형에서 대형, 그리고 초대형으로 점차 확대되어가며, 이에 수반되어 내부시설의 변화-예를 들면 爐의 증가와 기둥배치의 변화-도 나타난다.

금강유역 청동기시대 전기의 둔산식주거지에서도 이러한 일반적인 변화과정을 확인할 수 있다. 그러나 청동기시대 전기 전반(대형), 전기 후반(소형)이라는 고정된 인식의 문제점을 지적한 김범철의 연구(金範哲, 2011)에서와 같이 청동기시대 전기의 시간범위 내에서 일률적으로 이와 같은 변화과정이 나타났다고 생각하기에는 실제 고고자료의 양상이 뚜렷하지 않다. 필자는 수차례 둔산식주거지의 변화과정에 대해 견해를 밝힌 바 있는데, 그 내용의 대강은 위의 일반적인 이해에 기초하고 있다. 그런데 주거지간의 중복에 의한 층서관계나 토기상 등으로 볼 때 기존에 빠른 시기에 한정하여 편년하였던 주거형식의 존속기간을 재검토할 필요가 있으며, 늦은 단계에 두었던 주거형식 역시도 소급될 가능성이 있다. 본 장에서는 앞에서 분류한 주거지 형식을 기초로 하여 주거지 형식간 시간적 위치를 살펴보고, 절대연대자료와 토기의 편년안을 토대로 하여 지난 연구에서 부족한 점을 재고하고자 한다.

둔산식주거지 각 형식의 상대적 순서를 파악함에 있어 우선 고려되어야 할 점은 유구의 중복에서 나타나는 층서학적 선후관계이다. 그런데 동일 범위의 지형면을 주거 입지로 반복적으로 이용하면서 나타나는 이러한 현상은 중복된 단위주거지간의 상대적 순서를 지시할 수는 있어도 존속기간이나 중복되지 않은 여타 형식의 주거지와의 관계는 알 수 없다. 따라서 전체적인 중복양상을 통해 그 대강의 내용을 정리하고 토기문양의 변천과정(공민규 2013)에서 나타나는 양상을 둔산식주거지에 적용하여 주거지의 상대편년을 검토해보기로 한다.

금강유역 둔산식주거지의 중복관계를 잘 나타내주는 취락유적은 송원리·송담리유적이 대표적이다. 양 유적에서는 12기 주거지의 중복관계가 확인되는데 특히 송담리유적 15~20호주거지의 중복이 대표적이다. 이 양상을 중심으로 살펴보도록 하자.

[표 17]과 같이 단위주거지 2기의 중복에서부터 다중의 중복까지 확인되는데 대부분 2기의 주거지가 중복되어 있으며, 3기의 중복관계에서도 2기씩의 중복만이 나타나고 있다. 그런데 송담리유적의 15호~20호의 6기의 주거지에서는 3중의 중복이 확인된다. 즉 15호(ⅡAa2)→17호(ⅢBa2)→18호(ⅢDa2), 15호→19호(ⅢBa1?)→20호(ⅡDc1)의 순서로 확인되며 15→16호(ⅢBa3)의 양자간 중복관계도 나타난다. 이러한 양상을 통해 적어도 4단계 이상의 주거지간 상대적 시간 서열을 확인할 수 있다.

표 17_송원리·송담리유적의 둔산식주거지 중복현황

관계	주거지	형식	관계	주거지	형식
선	송원리 9호	ⅡAa2	1	송담리 15호	ⅡAa2
후	송원리 10호	ⅡDc1	2	송담리 17호	ⅢBa2
선	송원리 12호	ⅡDc1?		송담리 18호	ⅢDa2
후	송원리 13호	?	3	송담리 16호	ⅢBa3
선	송원리 30호	ⅡDc1	4	송담리 19호	ⅢBa1?
후	송원리 31호	ⅢBb3	5	송담리 20호	ⅡDc1
선	송원리 38호	ⅢA?	선	송담리 34호	ⅡDa1
후	송원리 39호	ⅡDc1	후	송담리 37호	ⅢCb3
	송원리 40호	?		송담리 35호	ⅡDc1
선	송담리 5호	ⅠC?	선	송담리 50호	?
중	송담리 6호	ⅡCc1		송담리 52호	?
후	송담리 4호	ⅡDc2	후	송담리 51호	ⅢBc2
선	송담리 7호			송담리 53호	ⅢDc1?
후	송담리 8호	ⅡBa?	선	송담리30-7호	?
선	송담리 11호	ⅠDa2?	후	송담리30-6호	ⅠDa1
중	송담리 10호	ⅢDa2	선	송담리34-5호	ⅡDc1?
후	송담리 12호	ⅡBd	후	송담리34-4호	ⅡDb2

우선 장방형의 2열초석구조에 위석식노 2기가 설치된 주거지가 세장방형의 주거지에 선행하는 것은 확실하다. 또한 세장방형의 1열초석구조에 위석식노 설치 주거지가 소형 장방형에 평지식노가 설치된 주거지에 선행하는 양상도 분명하다. 따라서 적어도 대형 장방형→대형 세장방형→소형 장방형의 평면형태와 2열초석구조→1열초석구조의 시간성을 이 중복양상을 통해 확인할 수 있다. 그리고 세장방형주거지에서도 1열초석구조의 주거지에 비해 무주식 또는 부정형 평면형태를 갖는 주거지가 후행하는 양상도 볼 수 있다.

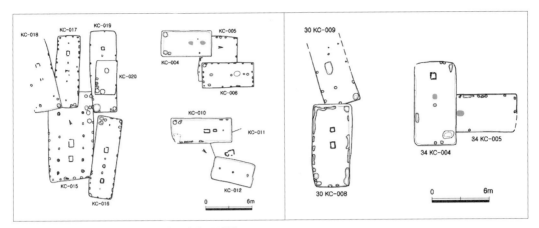

그림 17_송담리유적 28 · 30 · 34지점 주거지 중복현황

　　다음으로 송담리 4~6호의 중복에서는 ⅠC형식의 5호주거지와 Ⅱ형식의 4호 · 6호 주거지가 2기씩 선후관계를 이루고 있다. 5호주거지는 중복으로 노가 확인되지 않는데 방형의 평면형태와 벽주식이 결합된 주거지는 앞장의 [표 17]을 참조하면 대부분 위석식노가 설치되어 있는 것을 알 수 있다. 따라서 평지식노가 설치된 장방형주거지인 4 · 6호가 5호에 후행하며, 이것으로 위석식노 설치주거지와 평지식노 설치 주거지간의 상대적 순서도 일정 부분 확인할 수 있다. 그런데 4호와 6호주거지는 선후관계가 분명하지 않다. 양 주거지는 각각 ⅡCc1과 ⅡDc2식으로서 비슷한 주거지의 규모와 동일한 장축방향, 노의 설치 위치가 유사하여 일견 동시기로 판단할 수도 있다. 그러나 5호를 중심으로 양 주거지는 매우 인접해 있어 동시기에 조성되었다고 판단하기에는 무리가 따른다. 따라서 양 주거지는 선후의 관계를 갖는 것으로 이해되며, 시간성의 반영이라는 측면에서 노의 개수 차이와 벽주식이 무주식에 선행하는 양상이 일부 확인되는 점을 통해 벽주식+평지식노 1기가 설치된 6호주거지가 무주식+2기의 평지식노가 설치된 4호에 선행하는 것으로 판단해 둔다. 다음은 송담리유적 10~12호의 중복양상이다. ⅠDa2식으로 추정되는 11호주거지가 10(ⅢDa2) · 12호주거지(ⅡBd)와 각각 중복되어 있다. 역시 방형의 평면형태를 갖는 주거지가 장방형주거지와 세장방형주거지에 선행하는 양상은 분명하다. 그러나 10호와 12호의 양 주거지는 중복되지 않고 인접해있어 그 선후의 파악이 불분명하다. 그런데 12호주거지는 소형($19m^2$)의 장방형주거지로서 노가 설치되지 않으며 기둥의 배치는 장축방향을 따라 중앙에 3개가 일렬로 확인된다. 10호 주거지는 Ⅲ형식으로 분류되나 장단비가 2.56 : 1로서 장방형에 가까우며, 위석식노 2기가 설치되어 있다. 이러한

주거지의 규모와 내부구조로 볼 때 10호가 12호에 선행하는 것으로 판단할 수 있다.

다음으로 단위주거지에 위석식노와 평지식노가 함께 설치된 b식 노 설치 주거지의 시간적 위치를 살펴보도록 하자. 둔산식주거지에서 b식의 노는 Ⅱ·Ⅲ형식에서만 확인된다. b식 노와 관련된 주거지 중복은 3곳에서 확인되며 송원리 30·31호, 송담리 34·35·37호, 송담리34지점 4·5호주거지가 그것이다. 우선 송원리 30호주거지는 ⅡDc1식이며 31호주거지는 ⅢBb3식으로서 30호가 선행하는 것으로 조사되었다. 그런데 평지식노가 설치된 장방형의 30호주거지는 면적 15.4㎡의 소형주거지이며 출토유물상에서도 별다른 특징을 나타내지 않는다. 이에 반해 ⅢBb3식의 31호에서는 이중구연단사선문구순각목문토기를 비롯하여 어형석도와 이단경촉, 이단병석검병부편, 19점의 토제어망추 등이 출토되었고, 주거지의 면적(잔존)은 30㎡ 이상이다. 대부분 늦은 단계로 판단되는 소형의 장방형주거지인 ⅡDc1식의 상대적 위치와 관련해 볼 때, 이례적인 것으로 판단되며 한편으로는 동 형식주거지의 출현시기가 소급될 가능성도 있을 것이다. 송담리 34·35·37호주거지의 중복양상은 보고서상에 기술되어 있지 않은 관계로 자세히 알 수 없다. 그러나 34호가 ⅡDa1식이고, 35호는 ⅡDc1식, 37호 ⅢCb3식으로서 34호의 선행 여부는 뚜렷하다. 문제는 35호와 37호주거지로서 위의 송원리 30·31호주거지의 중복상황을 고려하면 35→37호의 순서로 볼 수 있다. 그러나 일반적인 소형의 ⅡDc1식 주거지의 시간적위치로 볼 때 양 주거지는 거의 동시기로 볼 수 있으며 34호→37호·35호의 순

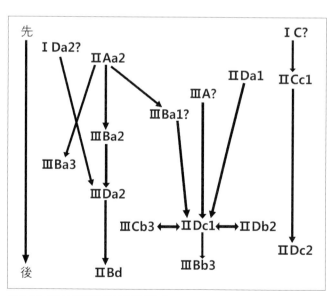

그림 18_둔산식주거지 형식별 중복관계

서로 정리할 수 있다. 송담리 34지점의 4·5호주거지는 각각 ⅡDb2식과 ⅡDc1식(?)이며 5호가 선행한다. 그러나 5호주거지는 4호주거지와의 중복으로 인해 ⅡDc1식으로 단정짓기 어려우며, 양 주거지 모두 ⅡDb식일 가능성도 있다. 결국 b식의 노가 설치되는 주거지의 시간적 위치는 비교적 늦은 단계로 파악할 수 있다.

이상의 중복관계를 통해 확인할 수 있는 주거지 형식

간의 시간적 상대서열을 정리하면 [그림 17]과 같다. 그런데 여기에서 둔산식주거지 제형식의 선후관계를 온전히 파악하기에는 무리가 따른다. 또한 ⅡDc1식과 같이 동형식의 주거지에서도 규모 등에 따라 시간성의 변동 폭이 큰 경우도 있으므로 토기문양을 통한 편년(공민규 2013)과 주거지 규모의 변화상을 참고하여 주거지 형식의 상대편년에 접근하고자 한다.

주거지 형식의 파악이 가능한 자료 중에서 문양속성이 확인되는 토기가 출토되는 주거지는 적은 편이다. 우선 토기문양 편년의 1단계에 해당되는 주거지는 용산동 4−5호(ⅠDd)·4−2호(ⅠAa1)·4−1호(ⅡAa1), 강서동 1호(ⅡAd), 제천리 2호(ⅡAa2), 보통리 5호(ⅡAd)·3호(ⅡAa2), 관평동 Ⅱ−6호(ⅡAa2) 주거지가 있다. 2단계 주거지는 용암동 Ⅰ−1호(ⅠAa1), 용산동(C) 1호(ⅠAa1), 내곡동(ⅠDa1), 두계리 4호(ⅠDa1), 송담리(29−1) 2호(ⅠDa1), 보통리 2호(ⅠDd), 송원리 35(ⅡAa2)주거지가 해당된다. 3단계는 용암동 Ⅱ−7호(ⅠAa1), 비하동 Ⅱ−5호(ⅠAa1), 송담리(29−3) 8호(ⅠAa1), 봉명동 A1호(ⅠDc1), 사양리 4호(ⅡAa2), 관평동Ⅱ 3호(ⅡAa2), 송담리(28) 2호(ⅡCc1), 둔산 1호(ⅡDa2)주거지이다. 4단계는 용산동 6−10호(ⅠDd), 송원리 32호(ⅡAa2), 송담리(28−2) 10호(ⅢDa2)주거지이

다. 5단계는 용암동 Ⅱ−8호(ⅢBa2), 관저동 8호(ⅢBa2) 주거지이며 6단계는 뚜렷하지 않다. 이상을 정리하면 1단계에서 3단계까지는 방형과 장방형의 평면형과 2열초석구조, 위석식노 1~2의 설치가 중심을 이루는 것으로 파악된다. 세장방형의 평면형은 4단계에 출현하며, 5단계에는 세장방형+1열초석구조+위석식노 2의 주거지가 중심을 이루고 있음을 알 수 있다. 그런데 1

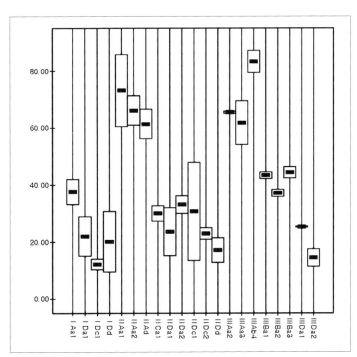

그림 19_둔산식주거지의 형식별 면적 비교

단계와 2단계의 주거지는 ⅠAa1식과 ⅡAa2식이 다수를 이루고 있으나 주거지 규모에 있어 서로 차이를 보이고 있다. 즉 1단계의 주거지 면적은 40~65m² 내외로 중형 주거지가 조성되는데 반하여 2단계에는 20~30m² 내외의 중소형주거지가 주를 이루고 있는 것이다. 따라서 주거지의 규모는 둔산식주거지의 이른 시기에 어느 정도 시간성을 반영하는 것으로 판단된다.

[표 18]은 둔산식주거지의 제형식을 앞장에서 분류한 규모의 기준을 적용하여 나타낸 것이다. 규모는 소형에서 대형까지의 가~마群으로 나뉘는데 방형 Ⅰ형식에서는 라·마群의 규모는 확인되지 않는다. 표의 내용을 살펴보면 Ⅰ-가群에서는 2열초석구조가 나타나지 않고 무주식에 평지식노가 주로 설치된다. Ⅰ-나·다群에서는 2열의 초석구조가 확인되는데 주로 다群에 집중되는 양상이다. 노는 대체로 1기의 위석식노가 주로 설치되며, 규모가 확장되는 다群에서 2기가 설치되는 것도 확인할 수 있다. 장방형의 Ⅱ형식은 둔산식주거지에서 중심을 이루는데 규모는 가~마群 중 나·다群이 다수를 점하고 있다. 방형과 유사하게 가群에서는 2열초석구조가 확인되지 않고, 대부분 무주식이다. Ⅱ-나群은 둔산식주거지의 중심형식으로서 대부분의 柱 구조나 노형식과 결합되는데, 무주식+위석식노와 무주식+평지식의 결합이 다수이다. Ⅱ-다群 역시 중심형식으로 볼 수 있는데 특히 2열초석구조와의 결합이 두드러진다. 그리고 중대형과 대형인 Ⅱ-라·마群은 2열초석구조의 주거지만 확인되고 있다. 세장방형의 Ⅲ형식도 가~마群으로 나눠볼 수 있는데 2열초석구조의 주거지는 Ⅲ-다~마群에서, 1열초석구조는 Ⅲ-나·다群에서 확인되는 차이가 있다. 즉 Ⅲ형식의 경우 비교적 대형에 속하는 주거지에 2열초석구조와 위석식노가 적용되는 것으로서 위석식→평지식노와 2열→1열초석구조의 시간적 변화과정을 고려할 때 주거지 규모의 축소경향이 나타나는 것으로 판단된다.

이상과 같이 둔산식주거지의 상대편년을 위해 주거지의 층서관계, 출토토기의 문양편년 적용, 주거지 규모에 따른 기둥배치와 노의 관계 등에 대해 살펴보았다. 지금까지의 검토를 토대로 둔산식주거지 제형식의 출현과 존속기간에 대해 정리한다.

필자는 토기문양의 편년을 통해 금강유역 청동기시대 전기를 6단계로 구분하며, 주거지 역시 이 단계설정의 기준을 적용할 것이다. 그러나 토기문양과 마찬가지로 주거지의 형식도 1단계에 한정되는 것이 아니라 2단계 이상에 걸치는 형식도 다수임을 미리 밝혀두고자 한다.

표 18_주거지 평면 · 규모 對 柱 · 노의 관계

平面,規模 / 柱,爐址	I가	I나	I다	II가	II나	II다	II라	II마	III가	III나	III다	III라	III마
Aa1		○7	○2		○3	○1	○1	○1					
Aa2			○2		○3	○4	○7	○1			○1	○2	○1
Aa3					○1	○1					○2	○4	
Ab2					○1						○1		
Ab4							○1					○1	○1
Ac3					○1								
Ad		○1				○1	○1	○1					
Ba1											○2		
Ba2					○1					○4			
Ba3										○4	○1		
Bb2										○1	○1		
Bb3					○1					○1			
Bc1					○1					○1			
Bc2										○2			
Bd				○1									
Ca1	○1		○2		○3						○1		
Ca2						○1	○1				○1		
Ca3						○1							
Cc1					○2								
Cc2											○1		
Cd										○1			
Da1	○1	○3		○2	○3					○2			
Da2				○1	○5				○2	○4			
Da3										○1			
Da4										○1			
Db2					○2								
Dc1	○4	○3		○6	○6	○1							
Dc2				○1	○3					○1			
Dd	○3	○1		○3	○2					○2			

  둔산식주거지에서 1단계에 해당되는 형식은 ⅠAa1 · ⅡAa2식이 대표적이다. 양 형식은 대부분 3단계까지 이어지는 것으로 판단되는데 단계를 세분하기 위해서 규모의 기준을 적용하여 중소형 규모이상의 ⅠAa1(나~다群), ⅡAa2식(다~마群)을 1단계로 둔다. 또한 규모 다~라群의 ⅡAd식과 ⅡAa1식도 동단계로 판단된다. 한편 둔산식주거지의 범주에 포함되기 어려운 청원 대율리유적의 일부 주거지(ⅠDd)도 이 단계에 포함될 수 있는데 규모는 중소형 이하가 해당된다. 2단계는 ⅠAa1, ⅠCa1, ⅠDa1, ⅡAa2식이며 규모는 나群 이하가 주로 해당된다. 3단계는 ⅠAa1, ⅠDc1(봉명동A1호), ⅡAa2, ⅡCa1, Ⅱ

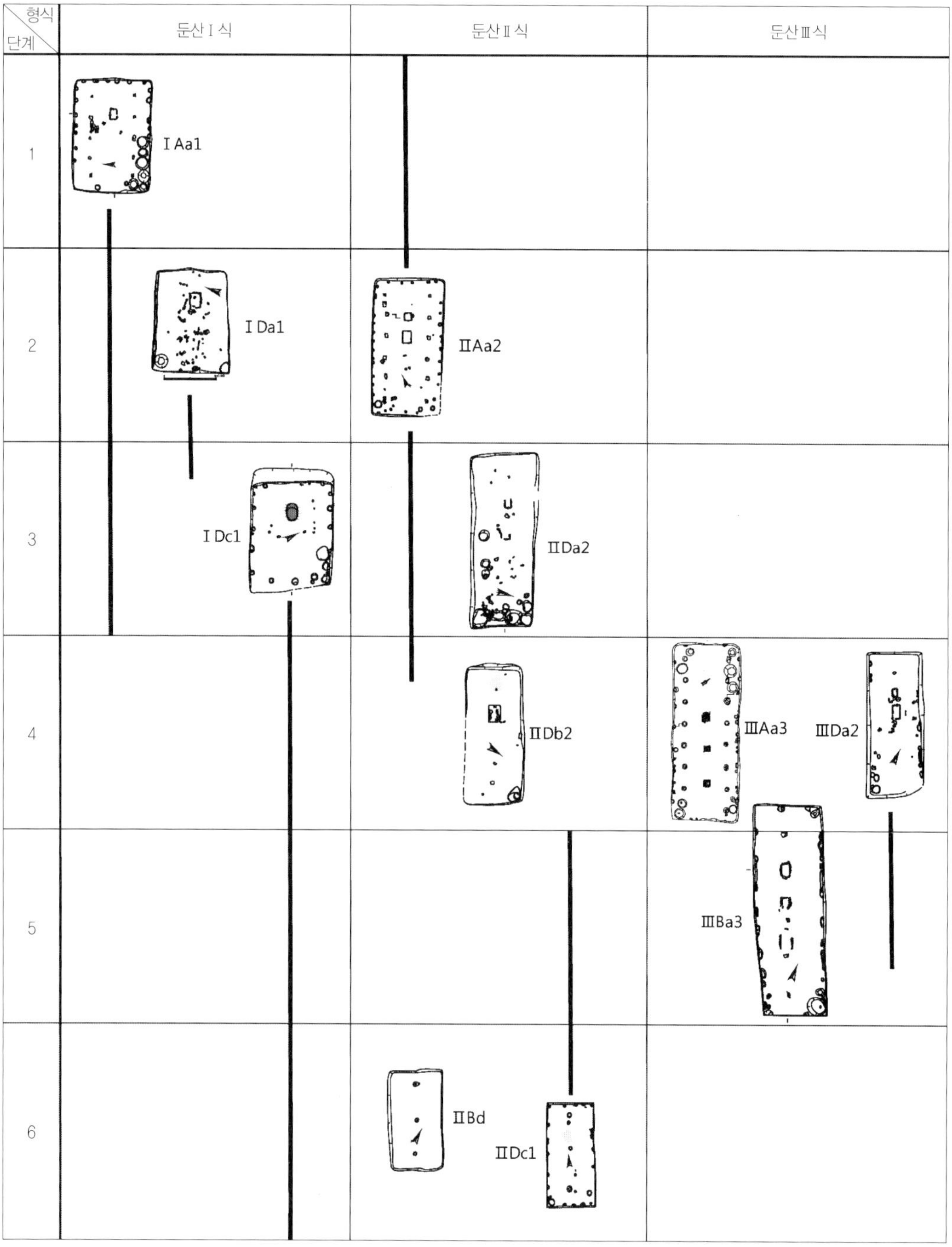

형식 단계	둔산Ⅰ식	둔산Ⅱ식	둔산Ⅲ식
1	ⅠAa1		
2	ⅠDa1	ⅡAa2	
3	ⅠDc1	ⅡDa2	
4		ⅡDb2	ⅢAa3 ⅢDa2
5			ⅢBa3
6		ⅡBd ⅡDc1	

그림 20_둔산식주거지 주요 형식의 상대 편년과 존속기간(공민규 2014a)

Cc1, ⅡDa2식으로서 특히 ⅡCc1식은 층서관계에 의해 ⅠC식에 후행하므로 동단계로 판단한다. 4단계는 ⅢAa2·3식(다~마群)과 ⅢDa1식(나群)이며, ⅢBa식(나·다群)의 일부 주거지와 ⅡAb식도 이 단계에 포함될 가능성이 있다. 5단계는 ⅢBa2·3식과 ⅢDa2, ⅢAb, ⅢBb, ⅡDc1, ⅡDc2식주거지이며, 나·다群의 규모가 중심이다. 6단계는 ⅠDc1, ⅡDc1·2, ⅡBd, ⅢBc식주거지로서 초석이나 위석식노의 전통이 소멸된 단계로 판단되며 규모는 가·나群에 집중된다.

3) 변천과정

금강유역 청동기시대 전기의 주거지는 주로 구릉에 입지한 둔산식주거지가 표지를 이루는 것으로 판단된다. 물론 미사리유형의 주거지도 충적지를 중심으로 확인되고 있으나 형식이나 규모의 정형성은 둔산식주거지에 비해 확연히 떨어진다. 그러므로 본 장에서는 둔산식주거지를 중심으로 금강유역 청동기시대 전기 주거문화의 변천과정을 살펴보도록 할 것이다.

둔산식주거지의 평면형태는 앞에서 검토한 바와 같이 방형과 장방형 세장방형으로 구분할 수 있으며, 전반적인 변화는 방형→세장방형의 흐름을 갖는다. 그리고 각 평면형에서 규모는 빠른 단계에 중형 이상의 규모를 보이다가 점차 소형화되는 경향이 나타난다. 이러한 규모의 변화는 아마도 가락동유형의 금강유역 초현기의 특징을 보여주는 것으로 판단할 수 있다. 1단계로 편년되는 대부분의 주거지는 형식상 ⅠAa1식과 ⅡAa2식이며 면적은 40~60m² 내외이다. 그런데 동형식의 주거지는 2단계 이하로 갈수록 소형화된 주거지의 수가 증가하고 있다. 서북한지역의 압록강~청천강유역 일원을 기원으로 하는 금강유역의 둔산식주거지는 주민의 직접적인 이주가 상정(김장석 2001, 이형원 2002)될 만큼 위 지역과 유사한 양상을 나타낸다. 주민의 이주를 전제로 한 금강유역에서 새로운 집단의 출현은 광범위하게 전개되는 것이 아닌 국지적이고 산발적인 양상으로 생각되며(공민규 2003) 취락단위에서 이른 단계의 주거지가 대부분 1기 내외로 확인되는 양상을 볼 때 더욱 그러하다.(공민규 2011) 그렇다면 둔산식주거지의 규모 변화와 초현기의 양상은 어떻게 연결될 수 있을까? 기원지를 출발한 둔산식주거지(가락동유형)의 母集團은 금강유역 일원에 도착 후 주로 중형급(40~60m²)의 가옥을 건축하는데 이러한 가옥은 약 10~15인 내외가 거주할 수 있는 공간이다.(김정기 1974, 황기덕 1984) 이른바 혈연에 기반을 둔 핵가족이 결합하여 이뤄진 한 단위의 확대가족 가옥으로 추정되는 이러한 주거는 새로운 정주환경을 개척하는 데 있어 가족단위의 집약된 노동력의 활용과 강한 유대 감의 형성이라는 부분에서 보다 유리할 것으로 판단된다. 기원지로부터 어느 정도의 주민 이동이 있었는지는 알 수 없으나 금강유역에 출현한 새로운 집단은 광역의 범위에서 점단위의 분포를 나타내고 있으며, 동시다발적이라기보다 금강 북부의 미호천유역에 진출 후 금강 중류역 각지로 확산되었던 것으로 판단된다. 따라서 초현기 새로운 환경 아래에서의 안정적 정착을 도모하기 위하여 가족단위의 이주가 발생한 것이고 이러한 배경하에서 중형의 주거지가 건설된다고 볼 수 있다. 즉, 이 시점에는 동시성을 갖는 취락내 주거의 군집 등으로 확인할 수 있는 공동체의 출현은 이루어지지 않은 것으로 판단된다. 그리고 II단계로 진행되면서 본격적인 소규모 취락이 건설되기 시작한다. II단계의 주거지는 1단계와 비슷하거나 더 대형화된 것이 조성되며 이와 함께 중소형 규모 이하의 주거지도 나타나는데 확대가족으로부터 분화되는 과정으로 판단된다. 가족집단의 장이 거주하는 가옥은 중형 이상으로 계속 건축되고, 결혼 등으로 새로운 가족을 구성하여 그에 대응한 소규모의 가옥이 나타나는 것으로 판단된다. 이러한 가족의 분화와 세대공동체 단위의 취락건설은 이후 금강유역 가락동유형에서 지속적으로 이루어지는데, 미호천유역에서 금강과 갑천유역권으로 확산되면서 점차 대형 취락이 출현하는 것으로 볼 수 있다.

　다음으로 주거지 평면형태의 변화는 내부에 배치되는 柱施設의 구조와 연동하는데, 주거지 장축의 중심선을 따라 2열로 초석 또는 주혈이 배치되는 구조에서 중앙1열의 구조로 변화해나가는 것으로 이해할 수 있다. 1단계의 주거지는 방형과 장방형을 막론하고 2열초석구조의 주거지가 중심을 이루는데, 주거지 단변의 길이와 보의 관계(김정기 1996)를 고려하면 조금 더 넓은 공간을 확보하는데 알맞은 구조로 생각된다. 벽주식과 무주식의 주거지는 2~3단계에 본격화되는데 가옥의 소형화와 맞물리는 결과이다. 3단계에는 본격적인 세장방형의 평면형태가 나타나는데 기둥의 배치는 2열초석구조가 지속되며, 규모에 있어 대형화된 가옥이 다수 나타난다. 더불어 중소형 규모 이하의 가옥 역시도 확인되는데 이 경우 평면형은 주로 장방형이다. 3단계의 늦은 시점에서 4단계가 시작될 무렵에는 2열초석구조가 금강유역에서 거의 소멸하고 새롭게 1열의 초석이 설치되는 세장방형의 주거지가 중심을 이룬다. 주거지 한 長邊의 길이가 10m를 상회하는 이러한 평면형의 주거지는 전단계에 비해 길이가 늘었음에도 불구하고 면적은 오히려 감소되는 경향을 보인다. 또한 주거지 장축선상에 주기둥이 위치함에 따라 맞배식의 지붕구조로 복원할 수 있는데 이러한 주거지는 전단계에 비해 가옥의 건축시 자재의 소모가 덜하고 길이 방향으로의 증축이 용이한 것으로 연구되고 있다.(박성희 2012) 주거지의 증축 또는 개축은 가옥내 거주인원의 증가가 주요인이다. 그리고 취락단위에서 인구의 증가는 대형 취락과 중심취락·주변취락의 분화가 촉진되는 결과로 이어질 수 있으며 4단계를 전후한 시점이 금강 유역 청동기시대 전기 취락에서 정점을 이루는 것이다. 또한 취락규모의 증가에 따라 새로운 가옥의 건축이 요구되면서 유한한 주변자원의 효과적 활용을 위한 방안으로 1열초석이 설치된 세장방형의 가옥이 2열초석구조을 갖춘 주거지의 대안으로 출현했을 가능성도 추정해 볼 수 있다.

다음으로 주거지 내부시설 중 노에 대해 살펴보기로 한다. 둔산식주거지의 전단계에 걸쳐 단위주거지에 설치되는 노의 개수는 최대 4개이며 대부분 1~2개가 다수이다. 따라서 최대 10개 내외의 노가 확인되기도 하는 중서부지역의 청동기시대 전기 주거지와 차이가 분명하다. 노 개수의 증가는 가옥 규모의 확대 또는 장변의 길이가 늘어나는 현상에 수반되어 나타나는 특징(허의행 2013)으로서 3개 이상의 노는 세장방형주거지가 출현하는 3단계 이후에 본격적으로 설치된다. 노 개수의 증가는 시간성을 반영하는 것(서국태 1996)으로 이해되기도 하고, 가옥내 세대의 분화 또는 가족구조와 연결(안재호 2006, 이형원 2009)되기도 한다.[11] 시간성의 반영이라는 측면은 둔산식주거지에서 1~2단계에 2개 이하의 노가 주로 설치되고 3단계 이후 3개 이상의 노가 단위 주거지에 설치되는 양상이 나타남을 통해 설득력이 있는 것으로 판단된다. 그리고 한 가옥내에 거주하는 복수의 세대에 대응하는 것으로서의 측면은 둔산식주거지의 전체에 대입하기는 어려울 것으로 판단된다. 대부분의 둔산식주거지에 설치되는 노는 단수 또는 복수 여부를 막론하고 주거지 내부의 중심부에서 한쪽 단벽쪽으로 치우쳐 설치되는 것이 일반적이고, 노의 간격이 세대별 독립사용을 전제하기에는 그리 넓지 않다. 또한 주거지의 규모 역시도 호서 서부지역의 역삼동유형이나 흔암리유형에 비해 크지 않은 점을 통해 볼 때 둘 이상의 핵가족체가 단위주거지에 공동거주했을지라도 주거지 내부시설의 활용은 공동으로 이루어졌을 것이다. 가옥내에서 거주하는 가족구성원의 공동사용이라는 측면은 노가 설치된 반대쪽의 공간에 주로 저장시설이 위치하는 등 가옥내 공간의 기능적 분할이라는 측면을 고려할 경우 더욱 뚜렷해진다. 노의 형식은 둔산식주거지의 표지를 이루는 위석식노가 중심이며, 평지식노 또는 수혈식노는 늦은 단계로 갈수록 증가한다. 위석식노는 대부분 장

---

11) 청동기시대 주거지에 대한 복원과 실험을 통해 각 노의 기능 차이를 중시한 연구결과(오규진·허의행 2006)를 참고한다면 일정한 간격을 갖는 노가 한 단위의 핵가족에 대응한다기보다 가옥내 거주인원 전체의 공동이용을 전제로한다고 볼 수도 있다.

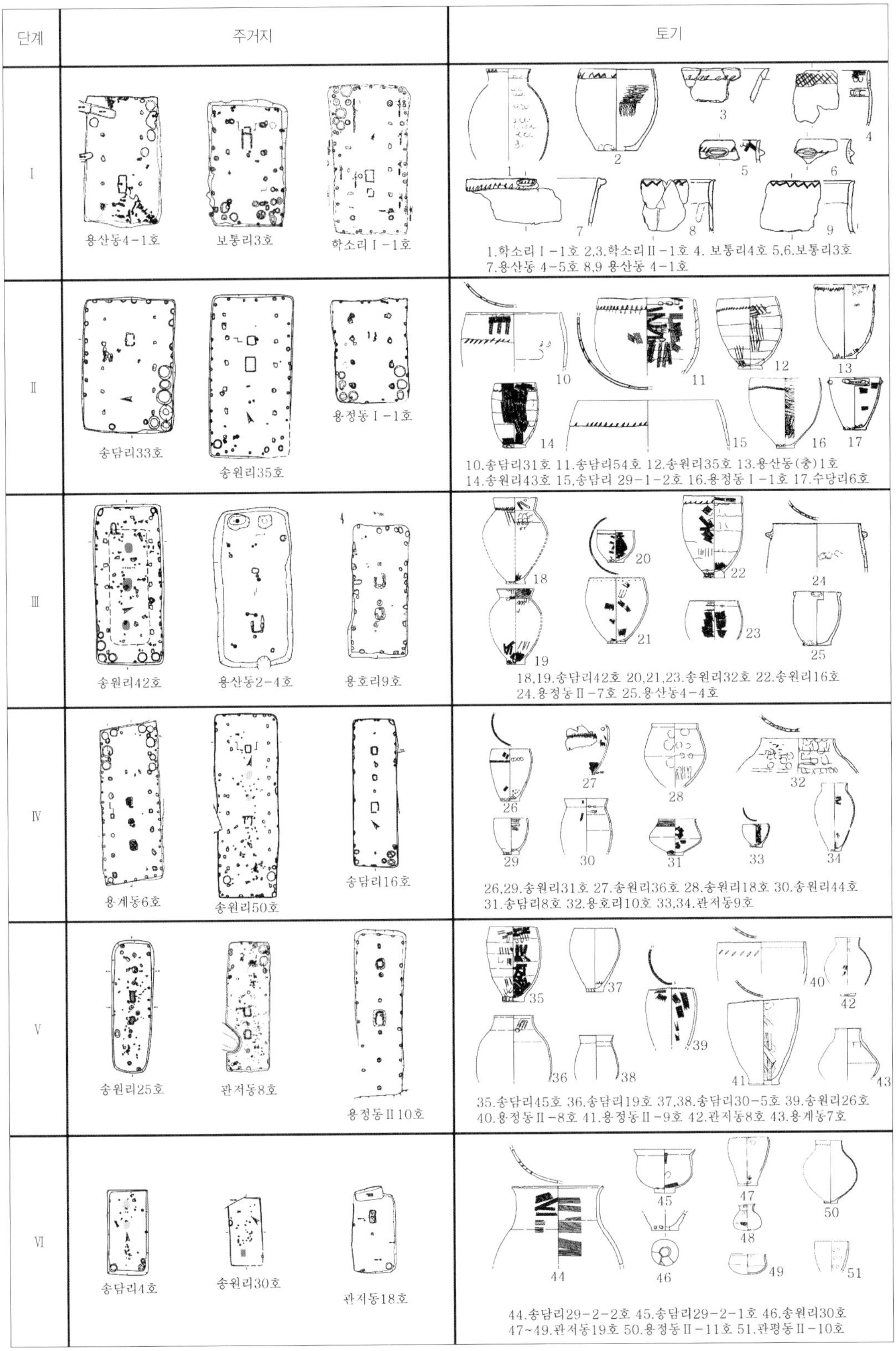

단계	주거지	토기
I	 용산동4-1호　　보통리3호　　학소리 I-1호	 1.학소리 I-1호 2,3.학소리 II-1호 4. 보통리4호 5,6.보통리3호 7.용산동 4-5호 8,9 용산동 4-1호
II	 송담리33호　　　송원리35호　　용정동 I-1호	 10.송담리31호 11.송담리54호 12.송원리35호 13.용산동(충)1호 14.송원리43호 15.송담 29-1-2호 16.용정동 I-1호 17.수당리6호
III	 송원리42호　　용산동2-4호　　용호리9호	 18,19.송담리42호 20,21,23.송원리32호 22.송원리16호 24.용정동 II-7호 25.용산동4-4호
IV	 용계동6호　　　송원리50호　　　송담리16호	 26,29.송원리31호 27.송원리36호 28.송원리18호 30.송원리44호 31.송담리8호 32.용호리10호 33,34.관저동9호
V	 송원리25호　　관저동8호　　　용정동 II 10호	 35.송담리45호 36.송담리19호 37,38.송담리30-5호 39.송원리26호 40.용정동 II-8호 41.용정동 II-9호 42.관저동8호 43.용계동7호
VI	 송담리4호　　　송원리30호　　　관저동18호	 44.송담리29-2-2호 45.송담리29-2-1호 46.송원리30호 47~49.관저동19호 50.용정동 II-11호 51.관평동 II-10호

그림 21_가락동유형 단계별 주거지와 토기(공민규 2014b)

방형으로 조성되며 바닥을 약간 파거나 바닥면에 돌을 돌려 시설되었다. 그리고 단위주거지내에 서로 다른 형식의 노가 각각 설치되는 현상도 나타나는데 주로 3단계 이후에 나타나는 것으로서, 비교적 대형화된 주거지에서 확인되며 한편으로는 노 형식에 따른 기능의 차이 등을 추정해 볼 수 있다.

　노 이외의 주거지 내부시설로는 저장시설이 있다. 저장시설은 대부분 주거지 내부의 한쪽 단벽쪽을 선택하여 조성되는데 바닥을 약간 판 원형의 소형수혈이거나 호형토기 등을 정치하여 이용하기도 한다. 앞에서 언급한 바와 같이 저장시설은 가옥 내부에서 노지와 최대한 이격된 지점에 위치하는데, 저장의 효율을 극대화시키기 위해 당연한 선택일 것이다. 이러한 저장시설은 단위주거지내에 3~4개가 설치되는 것이 대부분이나 일부의 주거지에는 10개 이상이 확인되는 경우도 있어, 저장기능에 특화된 주거지이거나, 취락 내 주거지의 위계와 관련될 가능성도 있다. 특히 금강과 미호천이 합류되는 지점에 위치한 용호리유적의 경우 주거지내 저장시설의 수가 타유적에 비해 압도적인데 취락의 지정학적 위치와 결부시켜 고려해 볼 수 있을 것이다.

IV
취락의 구조

1. 입지와 유형

1) 취락의 입지

취락의 입지는 자연경관과 인문경관의 제반 조건을 고려하여 결정되는 것으로 지형, 용수, 가경지의 확보 등의 조건(吳洪晳 1994)이 일차적으로 고려되었을 것이다. 또한 주변과의 관계 속에서 취락간 여러 종류의 네트워크를 위한 최적지의 선호 그리고 외부의 위협에 대한 방어 등 수많은 측면이 포함된다.

취락의 구성이 인문경관뿐만아니라 주변의 자연경관까지를 포함할 때 이 책의 주제인 금강유역 일원 청동기시대 전기 제취락의 범위를 어떠한 부분까지 포함시켜야하는지의 문제는 어려운 부분이다. 여기에서는 제한적으로 취락 입지의 일차적인 부분인 지형과 용수조건을 중심으로 살펴보기로 한다. 가경지의 문제는 당대의 농경에 대한 적극적인 자료가 존재하지 않는 관계로 검토에서 제외한다. 물론 이동을 전제로 하는 화전농경의 가능성이 수차례 제시되고 있으나 이에 대해 필자는 아직 유보적인 입장이다.

한반도 청동기시대 전기 취락의 입지는 지형적으로 평지형, 산지형, 구릉형으로 나눠볼 수 있다.(안재호 2000) 평지형의 취락은 주로 하천의 충적지상에 위치하는데 금강유역의 미사리유형 관계취락은 모두 이 평지형취락에 해당된다. 산지형취락은 비교적 높은 산지에서 뻗어 내린 사면상에 취락이 입지하는 것으로 천안 백석동유적이 대표적이라 할수 있다. 구릉형취락은 평야지역이나 곡저평지가 발달한 지역의 주변에 있는 잔구성구릉 또는 저구릉성산지가 해당되는데 금강유역의 가락동유형 취락은 대부분 이 구릉형의 입지에 해당된다.

금강 중류역에 분포하는 가락동유형 관계 취락유적은 지형면의 선정에 있어 공통된 경향을 나타낸다. 최근 청동기시대 전기의 취락 입지에 대한 연구(이홍종·허의행 2010)에서 분류된 산악지와 구릉지의 기준을 적용하면 일차적으로 구릉지에 위치한다.[12] 다음으로는 구릉지 중 독립구릉 또는 잔구성 소구릉의 정상부나 산지에서 분기되어 흘러내린 가지릉의 능선 최상부의 평탄면에 주거지가 조성된다. 호서 서부지역의 곡교천유역이나 경기 남부지역의 산악지 또는 구릉지에서 확인되는 역삼동·흔암리유형 취락의 주거지 입지 역시 구릉 정상이라는 점은 동일하다 할 수 있으나, 구릉의 사면부에서도 다수의 주거지가 조성되어 있는 점에서 가락동유형의 취락과는 차이가 있다. 즉 가락동유형의 주거지가 구릉 완사면에 조성되는 예는 음성 하당리유적 등 소수에 불과하고 시기적으로도 늦은 것이다. 필자는 이러한 가락동유형 주거지의 입지가 전시기를 막론하고 구릉 정상 또는 능선 최상부 평탄면을 이용한다는 점에서 누적된 주거지의 배치가 열상 또는 선형을 이루는 것은 당연한 입지의 특징이며, 이것을 취락 평면형태의 분류에 이용할 수는 없을 것으로 판단하고 있다.

다음으로 용수조건 즉, 취락과 하천과의 관계에 대해 간략하게 살펴보자.

다음의 [표 19]에서 볼 수 있듯이 금강 중류역의 가락동유형 관계 취락은 대부분 2차 하천을 기반으로 입지하고 있으며, 1·2차 또는 2·3차 하천의 중복지에 입지하는 예도 확인된다. 취락 주변의 하천은 용수의 제공 뿐만 아니라 어로활동 등 생업적 측면에서 생각해 볼 수 있는데, 농경을 주된 생업기반으로 보기 어려운 상황에서 병행된 생계자원확보의 제공처로서 하천의 인접요인은 충분히 고려해볼 수 있다.[13] 최근 천안·아산지역의 연구를 통해 하천과 취락을 생계·생업조건과 결부하여 제시한 의견이 참고되는데(이홍종·허의행 2010), 취락의 규모에 따라 하천의 이용상에 차이가 있을 것으로 보고 있다. 즉 생계를 위한 하천의 이용은 대취락에서보다 중·소규모의 취락에서 선호되었을 가능성을 지적하고 있으며, 대규모의 취락에서는 농경 등의 작물재배 가능성을 높게 보

---

12) 금강 중류역의 하천변 충적대지에 대한 고고학 조사가 미진한 상황에서 동지형을 무조건 배제하기는 어렵다.
13) 다만 어로활동의 차원에서 적극적인 증거로 볼 수 있는 어망추의 출토예가 극히 적은 점은 별도의 어로방식을 상정케 한다.

고 있다. 필자 역시 금강 중류역 가락동유형 취락의 규모가 대부분 중·소규모임을 감안할 때 하천은 용수의 제공 또는 생업자원의 확보라는 측면에서 중요하게 다루어졌을 것으로 생각하고 있다.

표 19_가락동유형 취락 인접 하천의 거리 및 차수

	하천차수				이격거리(≒m)	하천명
	1차	2차	3차	4차		
대전 용산동유적		●	●		500.800	동하천, 갑천
대전 궁동유적	●	●			200.450	반석천, 유성천
대전 둔산유적			●		1,000	갑천
대전 관평동유적		●			350	동하천
대전 가오동유적	●				700	대전천
청주 용암유적	●				200	영운천
청주 강서동유적		●			1,000	석남천
청주 비하동유적		●			1,000	석남천
청주 비하동유적II		●			500	석남천
청주 운동동유적	●				300	무심천 지류
청주 내곡동유적		●			1,200	미호천
청주 향정·외북동유적		●			300	석남천
청원 학소리유적		●			100	성암천
청원 풍정리유적		●			1,000	석화천
청원 황탄리유적			●		700	미호천
청원 송대리유적			○		2,000	미호천
공주 제천리유적			●		70	청천
금산 수당리유적(충)		●	●		250.450	봉황천
금산 수당리유적(역)		●			450	?
계룡 두계리유적		●			100	두계천
연기 신흥리유적		●			700	조천천
진천 사양리유적		●			1,000	백곡천
진천 신월리유적			●		100	미호천
음성 하당리유적	●	●			500.900	구안천, 음성천
충주 장성리유적		●			400	요도천(남한강)
보은 상장리유적	●				700	삼가천

하천의 차수와 취락간의 거리 등과 관련된 문제는 취락 입지의 검토에서 주로 다루어진다.(오규진·허의행·김백범 2005) 특히 하천의 차수는 하천의 규모나 유역면에서 당시인들의 하천관을 살펴볼 수 있게 한다. 우선 취락과 하천과의 거리는 청원 송대리유적을 제외하면 1km 이내에 주로 분포하며 도보(4km/h로 계산할 경우)로 약 10~15분 이내이다. 하천의 인접은 일상적인 자원의 취득을 위한 공간 뿐만 아니라 취락 주변의 자연경

관과 여타 군소취락에 대한 조망권 확보에서도 유리할 것이다. 취락의 주변에는 하천의 작용에 의한 충적대지 등 비교적 넓은 평지가 발달되어 있을 것이며, 특히 상위취락의 입지결정과정에서 가시권은 중요한 요소로 결정되었을 가능성이 지적되고 있다.(이홍종 · 허의행 2010)

다음으로 하천의 차수는 취락의 영위에 중요한 요소로 작용했을 가능성이 있다. 하천의 차수가 높아질수록 그 유역면적과 규모도 증가하는 것이 일반적으로서 가락동유형 취락은 앞서 밝힌 바와 같이 2차 하천을 주기반으로 한다. 하천 차수로 볼 때 넓은 유역면적이나 하천의 크기는 취락의 규모나 당대 취락의 생계자원 확보에서 상관관계를 보일 수 있으며, 최근의 조사결과에서도 이러한 양상을 확인할 수 있다. 그리고 금강의 지류로서 3차 하천인 갑천변과 그 소지류에는 가락동유형 관계 취락이 다수 분포하는데 취락 규모가 비교적 큰 관평동이나 용산동유적의 경우에도 유적 남 · 북쪽의 2차하천인 동하천과 함께 유적 동쪽의 갑천 역시 인접하여 차수와 취락규모의 관계를 생각해 볼 수 있게 한다.[14]

결국 가락동유형 취락의 입지상 특징은 지형면의 선정에 있어 구릉 정상이나 능선상의 평탄지를 주로 하며, 2차 하천을 생업기반의 한 축으로 설정할 수 있겠다.

2) 취락 유형

청동기시대의 취락을 포함한 과거의 취락을 구분하거나 유형의 분류를 시도할 때 가장 기초적인 단위는 하나의 주거지에서 출발한다. 이와 같은 개별의 주거지는 당대에 그곳에서 거주하던 단수 또는 복수의 세대 등을 상정할 수 있고 이러한 세대는 일반적으로 혈연에 기반한 집단이다. 그리고 이러한 혈연 기반의 세대가 거주하던 몇 기의 가옥이 주거군을 이루며 나타나는 양상을 세대공동체 또는 세대복합체(황기덕 1984, 都出比呂志 1989, 權五榮 1995)로 표현할 수 있을 것이다.(宋滿榮 2010) 그런데 반드시 주거군을 이루지 않더라도 청동기시대 전기의 대형 장방형 또는 세장방형주거지는 복수의 세대가 거주할 수 있는 공간이므로 그 자체로 세대공동체를 이룰 가능성도 간과할 수 없다.(宋滿榮 2010, 李亨源 2013) 어쨌든 한 단위의 세대공동체를 청동기시대의 주거유적에서 확인할

---

14) 하천의 인접도와 차수의 문제는 취락의 위계 또는 등급과 관련하여 접근할 필요가 있으며, 추후의 과제로 남기고자 한다.

수 있다면 최소 단위의 취락으로 판단할 수 있으며, 개별의 주거지 또는 주거군을 통해 몇 개의 세대공동체가 파악되고 그것을 통해 한 단계 전체 취락의 범위가 설정될 수 있을 것이다. 이렇게 설정된 취락은 여러 가지 기준에 의해 구분이 될 수 있다. 이홍종은 주거지의 밀집도에 의해 단위취락·중위취락·대취락으로 구분한 후 다시 취락의 기능별로 주변취락·중심취락·거점취락으로 구분하고 있다.(李弘鍾 2005) 여기에서 주변취락은 생산과 소비 위주의 취락으로, 중심취락은 중심의 위치에서 주변취락 또는 원거리 집단과의 교류를 주도한 취락이며 거점취락은 중심취락과 유사한 성격이지만 특수한 목적에 의해 형성된 취락으로 구분하였다. 이영철은 주거지 수에 의해 소촌·중촌·대촌으로 구분하고 이를 바탕으로 한 취락유형으로 하위취락·거점취락·중심취락을 제시하고 있다.(李暎澈 2013) 이영철의 취락유형 구분은 이홍종의 기능에 의한 구분과는 다르게 취락의 규모와 결합도에 의한 점에서 차이가 있다. 또한 거점취락의 개념에 있어서도 특수목적에 의해 형성된 것으로 파악하는 이홍종의 견해와 다르게 복수의 하위취락을 거느린 중촌 이상 규모의 취락으로 설정하고 있다. 한편 중심취락은 복수의 거점취락을 거느린 것으로 제시하는데 중심취락〉거점취락〉하위취락의 순서로 정리할 수 있다. 그러나 안재호는 거점취락·중심취락·중핵취락을 동일한 의미를 나타내는 것으로 설명하고 청동기시대 후기의 수장이 거처하는 취락으로 규정(安在晧 2009)하고 있어 차이가 분명하다. 거점취락론은 일본에서 야요이시대의 환호취락을 중심으로 논의되어 온 것으로서, 최초 거점취락이라는 용어의 사용은 1976년 田中義昭에 의해서라고 알려져 있으며 환호의 내부에 2~3개 소그룹의 결합체로 구성된 취락을 거점취락으로, 환호의 주변에 한 단위로 구성된 취락을 주변취락으로 규정하여 거점-주변의 관계가 제시된다고 하였다.(襧宜田佳男 2013) 또한 池上曾根遺蹟의 조사성과를 통해 거점취락의 기본생활 영역이 직경 300m를 중심으로 하며, 그것을 둘러싼 제반 취락의 구성요소와 자연경관 등을 포괄하여 거점취락이 구성되었고, 하나의 거점취락은 구체적으로 직경 5km 정도의 영역안에서 기능했던 것으로 본 酒井龍一의 연구도 참고할 수 있다.(酒井龍一 1982) 다음으로 武末純一은 거점취락에 대하여 장기간에 걸쳐 운영된 지역의 핵심적 취락으로서, 주변의 소취락을 포함하여 한 단위의 마을로 제시하고 있으며, 環溝聚落의 형태로 나타난다고 보았다.(武末純一 2010) 그런데 한반도 청동기시대 전기 단계에 해당되는 환호취락의 양상은 극히 제한적이고 또한 안재호가 지적(安在晧 2009)한 것과 같이 환호는 일시적 시설이므로 환호취락=거점취락의 등식은 적용하기 어려울 것 같다. 일반적으로 거점취락의 성립 요건으로 제시(都出比呂志 1989, 裵德煥 2005, 安在晧 2009, 宋滿榮 2010, 李秀鴻 2012)

되는 여러 기준을 살펴보면 ①규모의 대형화, ②다수의 주거와 다양한 유구의 존재, ③취락의 장기존속, ④수장묘를 포함한 대규모 분묘군, ⑤풍부한 유물, ⑥생산시설 또는 작업 공방의 존재, ⑦지정학적 중심지 등이 있다. 그런데 일반적으로 금강유역의 청동기시대 전기에 해당되는 취락에서 위 기준을 세가지 이상 충족시키는 예가 없으므로 거점취락의 개념을 온전히 적용시키기는 어렵다. 마찬가지로 여러 연구자들이 제시하는 중심취락의 개념 역시도 적용할 수 없을 것이다. 이러한 한계를 감안하여 본 논문에서는 취락 유형의 구분에서 선행 연구의 몇가지 안을 수용하여 금강유역의 취락에 적용하고자 한다.

우선 취락의 규모 또는 밀집도(李弘鍾 2005)와 관련하여 주거군을 이루지 않고 1～2기의 주거지가 독립적으로 조성되는 단위취락, 5기 이상의 주거지가 2개 이상의 주거군을 이루며 복합되어 나타나는 중위취락, 10기 전후 또는 그 이상의 주거지가 5개 이상의 주거군을 이루는 상위취락으로 나눌 수 있다. 취락의 유형에서 거점취락은 정치·종교·경제적 권력을 독점하는 수장층의 출현을 전제로 하기 때문에(禰宜田佳男 2013) 청동기시대 전기의 상황과는 거리가 있으며, 중심취락도 같은 맥락으로 이해할 수 있다. 다만 본 논문에서는 지역단위에서 취락의 발전과 취락간의 관계를 살펴보기 위해 중심과 배후 그리고 주변의 관계를 설정하고자 하는데, 여기서 중심취락은 앞에서 열거한 개념보다 축소된 것이다. 즉, 금강유역의 청동기시대 전기 취락에서 제시할 수 있는 중심취락의 개념은 ①취락의 장기존속성, ②취락 영역의 광역성, ③동일한 단계에 해당되는 다수의 주거지로 이루어진 복수 주거군의 존재, ④외래계 문물의 존재, ⑤주변 환경을 포함한 지리적 위치 등에서 우위를 나타내는 것이다.[15] 배후취락은 중심취락의 배후에 위치하는 취락으로서 중심에서 분리되어 독자적인 취락을 형성하고 있으나 중심취락과 직·간접적인 영향관계에 있는 취락이다. 주변취락은 중심취락의 반경 5km 내외의 거리에 위치하는 단위취락 또는 중위취락으로서 소비와 생산을 위주로 한 자기완결적 취락(禰宜田佳男 2013)이지만 중심취락 등으로부터 재화의 일부분을 필요로 하는 취락이다.

다음으로 취락의 평면구조에 따라 취락의 형태를 구분할 수 있는데 주로 지리학에서의 취락분류안을 토대로 검토가 이루어져 왔다. 금강유역과 그 지류를 기반으로 한 가락동유형의 취락은 잔구성 구릉지의 능선 중앙을 따라 주로 주거지가 조성되는 입지의 특징을 보인다. 이러한 양상에 의거하여 발굴조사된 가락동유형 관계 유적의 주거지 분포

---

15) 열거한 조건 중 세 개 이상을 충족하는 취락을 본 논문에서는 중심취락으로 간주하고자 하며, 다섯 개를 충족하는 취락이 정점에 위치한 취락으로 판단할 수 있다.

상황을 살펴보면 일견 선형의 배치를 나타내는 것으로 이해할 수도 있다. 그러나 각 유적내 개별 주거의 형식과 편년상을 고려할 때 동시기성이 전제되지 않는다면 취락의 평면 형태에 따른 선형취락의 설정(李亨源 2009)은 무의미하다. 즉, 최적의 주거입지로 구릉 정상부 또는 능선 중앙부를 선호하였을 뿐, 유적 내에서 선형으로 확인되는 주거의 배치는 한 시기 내에 모두 포함되지 않는다는 점이다. 따라서 가락동유형 취락의 형태에 있어 점상촌과 괴상촌(이홍종 2007) 또는 점상취락과 면상취락(李亨源 2009)으로 규정할 수 있는 취락의 존재는 인정되나, 열상촌 또는 선상취락의 존재는 제한적이다.[16] 단순히 주거지의 배치상이 곧 열상촌 또는 선상취락이 된다면 구릉상에 위치하는 2기 내지 3기의 주거로 이루어진 취락도 그렇게 분류할 수 있기 때문이다. 취락경관의 차원에서 앞에 전제한 취락의 구성요소 중 주변의 자연지리적 경관 즉, 지형적인 조건이 가락동취락의 주거입지에서 중요한 요소로 판단할 수 있기 때문에 필자는 거시적 의미에서 지형조건에 기반을 둔 분산형취락(홍경희 1999)이라는 용어를 적용하고자 한다. 이렇게 볼 때 가락동유형의 취락은 1∼3기 내외의 주거지가 제한된 공간내에 조성된 단독점상취락[17](A형)과 비교적 넓은 면적의 범위에 주거지가 산발적으로 조성된 분산점상취락(B형), 구릉지의 정점을 따라 주거지가 선상으로 배치되는 선상취락(C형), 구릉의 정상 또는 능선 상에서 구릉 사면으로 주거의 입지가 넓혀지는 면상취락(D형)으로 구분된다.(공민규 2011)

표 20_취락의 평면형태 분류

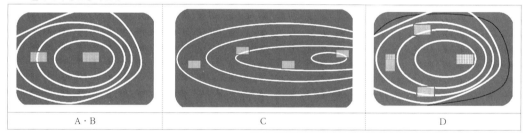

| A · B | C | D |

16) 취락을 구성하는 최소 주거지의 수를 어떻게 인지하는지에 따라 열(상)촌 또는 선상취락의 존재가 인정될 수도 있다. 다만 취락지리학에서 열촌의 구성은 단순히 주거지의 열상배치에 의거하는 것이 아닌 도로나 경지, 분묘 그리고 기타시설물과의 관계 속에서 존재하는 것으로 선형의 주거지 확인양상을 곧 취락의 평면 형태로 분류하기에는 무리가 따른다고 생각한다.(吳洪晳 1994)
17) 일정정도의 군집상을 나타내지 않고 단독으로 존재하는 양상을 필자는 금강 중류역 가락동유형 출현기에 나타나는 특징으로 판단하고 있다. 그러나 1기 또는 2기의 주거지가 확인되는 양상을 취락으로 표현할 수 있는지는 뚜렷하지 않다. 협의의 개념으로 한정하여 점상의 주거지 배치가 광역의 지형범위에서 확인될 때 A형 취락으로 명명해야 될 것이지만, 현재의 조사상으로는 무리가 따르는 것도 사실이다.

2. 지역별 취락의 구조

1) 미호천유역

(1) 청주 용정동유적

용정동유적은 미호천의 지류인 무심천 서북쪽의 구릉지에 위치하고 있다. 청동기시대
유적은 2개 지점에서 확인되며 그 사이에는 영운천이 북동에서 서남으로 흘러 무심천에
합류된다. 청동기시대 전기의 주거지는 I지구에서 2기, 2지구에서 9기가 조사되었으며
해발 80~90m의 구릉 정상부를 중심으로 취락이 입지하고 있다.

표 21_청주 용정동유적 청동기시대 주거지 현황

No.	장	단	비	면적	형식	저장	토기	석기	단계
I 1	772	582	1.33	44.9	I Aa1	7	이중구연단사선문(문양1)	합인석부, 삼각만입촉편, 미제품, 미상, 석재	2
I 2					Aa2	3			2?
II 1	1094	558	1.96	61	II Aa2	1	이중구연단사선문(문양1), 鉢	주형석도3, 방추차, 석착, 지석, 미상3, 미제품3, 삼각만입촉편	2
II 3	잔640	330			II Ba1	5		편평편인석부, 미상	5
II 4	잔796	372			III Ba1			삼각만입촉, 방추차, 미상2, 지석2	5
II 6	618	잔426			a2			석재	3
II 7	800	537	1.49	43	I Da1	1	이중구연단사선문(문양1), 유상돌대문(구순각목)토기(문양27), 鉢, 적색마연토기	일단경촉, 합인석부, 석착, 갈판	3
II 8	1074	357	3.01	38.3	III Ba2	2	구순각목단사선문(문양18), 구순각목문(문양21)	미상, 미제품, 석재	5
II 9	잔560	잔265			a1?		구순각목문 鉢		5
II 10	잔1136	340			III Ba2			삼각만입촉, 유엽형촉, 지석, 미상	5
II 11	잔195	400				1	단사선문(豆粒文) 壺, 단사선문토기(문양20)	주형석도, 삼각만입촉편, 미상2	6
시기미상 주거지 2									

용정동유적의 취락은 I유적의 1(I Aa1식)·2(?)호주거지가 최초에 조성된 것으로
판단되며 II유적의 1호주거지(II Aa2식)는 동일한 2단계로 판단되나 토기와 주거지의 형
식상 특징으로 볼 때 I−1·2호보다 약간 후행할 가능성도 있다. I−1호와 2호주거지
는 동일한 구릉상에 입지하고 있으나 독립적으로 조성되어 있으며, II−1호주거지는 별
개의 독립된 구릉상에 위치하고 있다. 이렇게 볼 때 용정동 2단계 취락은 A형의 취락으로
판단할 수 있으며, 확대가족의 개별 가옥이다. 그런데 2단계 3기의 주거지는 취락의 영역

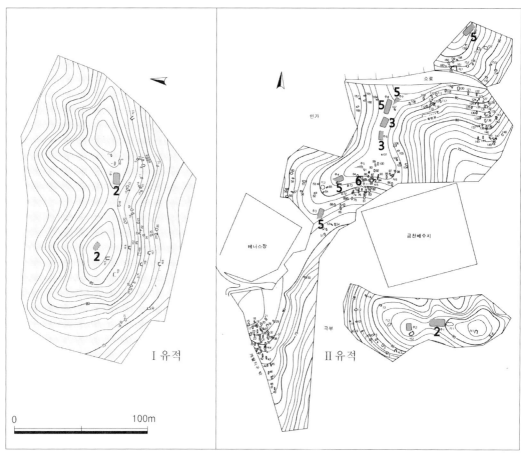

그림 22_청주 용정동취락의 단계별 주거지 배치

내에 분산 배치되어 있으므로 독립적인 세 단위의 가족집단으로 볼 여지가 있다. 그러나 밀집된 주거군을 이루고 있지 않고, 전기의 단계 내에도 시간폭이 존재하므로 母(확대가족)에서 분리된 子(핵가족)의 가옥이거나 이동(朴淳發 1999, 안재호 2000, 이형원 2009)의 산물일 가능성이 높을 것으로 추정된다.

용정동취락의 3단계는 Ⅱ−6·7호 주거지가 해당되며 양주거지는 서로 인접하여 조성되어 있다. Ⅱ지구는 3단계 이후 용정동취락의 중심지로서 전단계의 주거지가 Ⅱ취락의 남쪽지역에 독립적으로 위치하거나 영운천 사이에 두고 떨어진 서남쪽의 구릉지에 조성되는 점을 볼 때 이동의 모습을 추정해 볼 수 있다. 그리고 양주거지는 혈연에 기반한 세대공동체의 가옥으로 판단되며, 규모 등으로 볼 때 7호주거지가 가족집단의 장이 거주했던 가옥일 것이다.

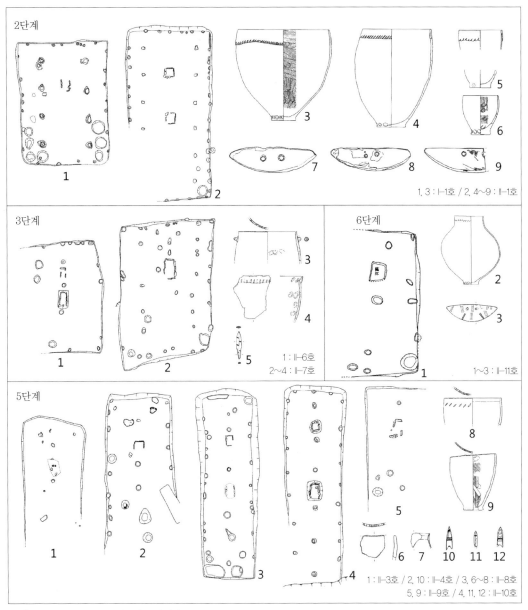

그림 23_청주 용정동취락 단계별 주거지와 유물

　다음으로 4단계의 주거지는 확인되지 않으며, 5단계의 주거지가 5기로 용정동취락에
서 최대를 이룬다. 취락내의 주거지 분포를 살펴보면 취락 중심부에 空地를 두고 남쪽에
3·4호주거지가 조성되어 있고, 공지의 북쪽에 인접해 8·9호주거지가 위치한다. 또한 북
서쪽으로는 10호주거지가 위치하는데 발굴조사 상황을 고려할 때 2기의 주거지가 한 단위

를 이루는 것으로 추정해 볼 수 있다. 이렇듯 5단계에도 3단계에 이어 2기의 주거지가 한 단위의 주거군을 이루는데 세 주거군은 비교적 일정한 간격을 보이며 취락의 영역내에 분포하고, 취락의 형태는 분산형 점상취락(B형)으로 판단할 수 있다. 주거지의 구조나 규모 등을 통해 볼 때 10호주거지가 5단계 취락공동체의 장이 거주했던 가옥일 것이다.

6단계는 11호주거지가 해당되며 바닥면만 잔존하는 5호주거지도 동단계일 가능성은 있으나 뚜렷하지 않다. 11호주거지는 수혈식노가 설치된 소형의 주거지로서 호형토기의 경부에 두립문에 가까운 단사선문계 문양이 시문된 토기가 출토되었다.

표 22_용정동유적의 취락 단계별 석기 출토 현황

기종	벌채		가공			수렵				상징의례				수확구			석기가공	방직구		어구	식량가공		굴지	未製	미상	석재
기능	석부		목재가공			석촉				석검			장신	석도			지석	방추차		어망	고석	갈판	굴지			
단계	합인	기타	편인	주상	석착	삼	이	일	기	二	一	기		주	어	기		석	토							
2	1				1	2								3				1			1			4	4	1
3	1				1			1														1				1
5			1			2							1柳				3	1						4		1
6						1								1											2	

(2) 청주 운동동유적

표 23_청주 운동동유적 청동기시대 주거지 현황

No.	장	단	비	면적	형식	저장	토기	석기	단계
1	1300	600	2.17	85.8	ⅡAa1	6	방추차	주형석도, 어형석도, 미상6, 이단경촉, 일단경촉, 편평편인석부, 미제품9	2
2	잔600	잔515			ⅡAc2		구순각목문토기(문양21), 적색마연토기, 방추차	유경촉편, 지석2, 갈판, 미상2	3
3	잔390	잔207							?

청주 운동동유적은 용정동취락의 서쪽 약 2km에 위치하며 용정동취락에서 분가하여 독립적인 세대(權五榮 1997)를 구성하거나, 이동 등에 의해 형성된 소집단의 취락으로 판단된다. 따라서 용정동취락을 무심천의 중류지역에서 중심지로 볼 수 있다면 중심과 주변의 관계를 상정해 볼 수 있다. 운동동에서는 2·3단계의 주거지가 각 1기씩 확인되며, 형식은 1호주거지가 ⅡAa1식, 2호주거지가 ⅡAc2식이다. 2호주거지의 c식노는 노의 형식상 가장 늦은 단계로 판단되나 2열초석구조가 유지되는 점을 통해 볼 때 3단계로 판단할 수 있다.

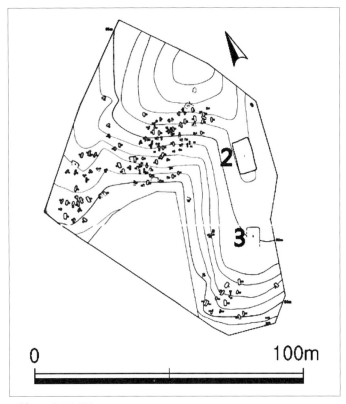

그림 24_운동동취락

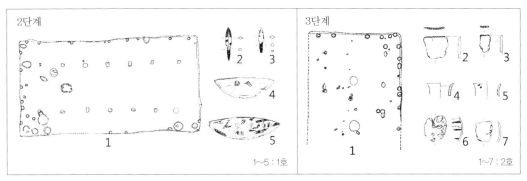

그림 25_운동동취락의 단계별 주거지와 유물

(3) 청주 비하동유적

비하동유적은 부모산에서 서쪽으로 뻗은 산지의 구릉 말단부에 해당되며 유적의 서쪽 약 1km에는 미호천의 지류인 석남천이 흐르고 있다. 비하동 I 유적에서는 전기의 주거지 2기, II유적에서는 8기가 확인되었으며 송국리식주거지도 각각 2기 · 1기가 조사되었다.

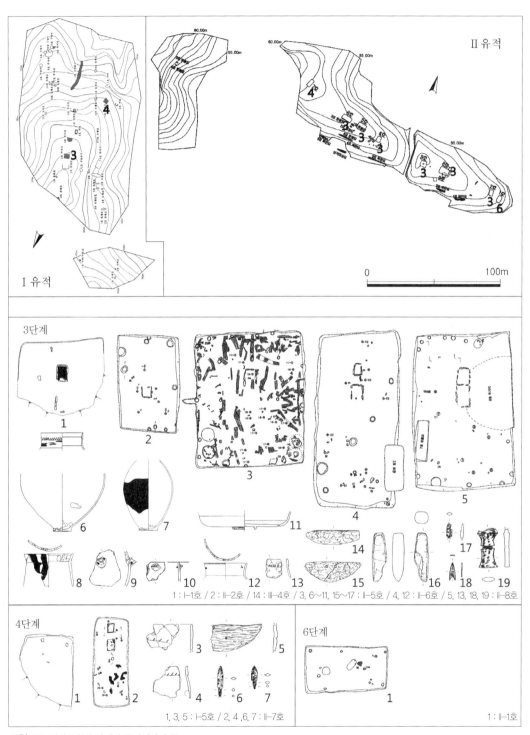

그림 26_비하동취락 단계별 주거지와 유물

비하동유적II는 3단계에서부터 취락이 형성되는데, 동단계의 주거지는 2~6·8호 등 6기가 확인된다. 주거지의 형식과 취락내 배치상황 등을 고려해보면 5호와 8호주거지가 약간 선행할 가능성도 있으나, 유물상에서 차이가 간취되지 않아 동일한 단계로 판단하였다.

취락내 주거지의 배치는 전형적인 선상취락(C형)에 해당되는 것으로서 6기의 주거지가 구릉지의 능선 중앙을 따라 입지하고 있으며, 주거지간의 간격은 일정하지 않은 편이다. 주거군은 취락 중앙의 쏯地를 중심으로 서쪽에 4~6호의 3기가 하나의 주거군을 이루고 동쪽에는 3·8호가 또다른 주거군을 이루고 있는 것으로 판단되며, 2호는 취락의 동단에서 확인된다. 각 주거군에서 가족집단 또는 공동체 수장의 가옥은 규모와 유물상으로 볼 때 5호와 8호로 볼 수 있다. 한편 6단계로 편년한 IIDc2식의 1호주거지는 절대연대가 B.P 4,180±60으로서 신석기시대의 연대를 나타내고 있어 청동기시대의 주거지가 아닐 가능성도 있다.

표 24_청주 비하동유적 청동기시대 주거지 현황

No.	장	단	비	면적	형식	저장	토기	석기	단계
I 2	잔358	434			a2			지석, 미상2	3
I 5	잔346	288					단사선문토기(문양20)	미제품	4
II1	530	300	1.77	15.9	IIDc2			유경촉편	6
II2	490	310	1.58	15.2	IIDa1	2		미제품3	3
II3	잔390	290			a1?				3
II4	잔460	360			Da1?			합인석부, 석도편, 미제품3	3
II5	670	560	1.2	37.5	I Aa1	4	이중구연단사선문(문양1) 壺, 구순각목문토기(문양21), 유상돌대문토기(문양27), 흑색마연토기, 어망추	주형석도, 합인석부2, 석착, 유경촉편2, 방추차, 미제품2, 곰배괭이	3
II6	790	380	2.08	30	IIDa2	1	구순각목토기(문양21)	석착, 미제품5	3
II7	570	200	2.85	11.4	IIIDa2		이중구연단사선문(문양1), 臺脚片	이단경촉2, 미제품9, 원판형석기	4
II8	770	470	1.64	36.2	IIDa2	1	이중구연단사선문(문양1)	이단병석검, 삼각만입촉, 장신구, 미제품3	3
비하동유적 I : 송국리식주거지 2, 옹관묘 2, 구상유구 비하동유적II : 송국리식주거지 1									

(4) 청주 강서동유적

강서동유적은 청주시 서남쪽의 석남천 서쪽에 발달한 잔구성 구릉지에 입지하고 있다. 동유적에서는 청동기시대 전기의 주거지 4기가 조사되었는데 미호천유역에서 비교적 이른 단계에 해당된다.

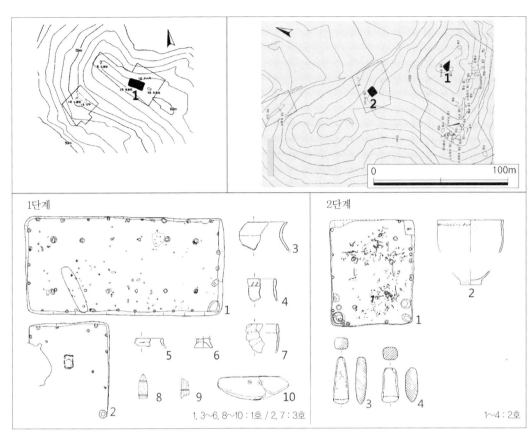

그림 27_강서동취락의 단계별 배치와 주거지 · 유물

표 25_청주 강서동유적 청동기시대 주거지 현황

No.	장	단	비	면적	형식	저장	토기	석기	단계
1	1190	560	2.12	66.6	IIAd	1	이중구연단사선문(문양1), 이중구연(문양19), 臺脚片	주형석도, 삼각만입촉, 석착 능형편평촉, 합인석부2, 지석2, 미제품12	1
2	650	510	1.27	33.2	I Aa1	4	이중구연단사선문(문양1)	합인석부2, 지석2, 미제품3	2
3	잔630	540			Da1?	1	이중구연(문양19)		1
4	잔900	잔140				4			?

　　강서동취락의 1단계는 1호(IIAd식)와 3호(Da1식)가, 2단계는 2호주거지(I Aa1식)
가 해당된다. 그런데 1호주거지는 노지가 확인되지 않고 석기 미제품이 12점으로서 석기
제작을 위한 공방의 성격도 추정해 볼 수 있다. 1 · 2단계의 주거지 모두 비교적 넓은 지
역에 걸쳐 단독으로 분산되어 위치하여 단독점상취락(A형)으로 판단된다. 강서동취락은
후술할 학소리취락과 함께 미호천유역의 가락동유형 초현기에 해당되는 것으로서 1 · 2

단계 이후에는 더 이상 취락이 운영되지 않으며, 취락의 북쪽으로 2~3km 거리에 위치한 비하동취락이 3단계에 본격적으로 형성되는 점을 통해, 강서동취락에서 비하동취락으로 이동하였다고 볼 수 있다.

(5) 청원 학소리유적

미호천의 북안에 위치한 학소리유적에서는 6기의 청동기시대 전기 주거지가 조사되

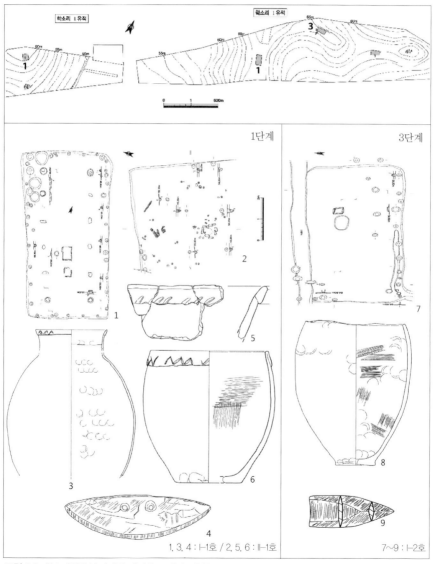

그림 28_학소리취락의 단계별 배치와 주거지 · 유물

었는데, 1단계의 Ⅰ-1호(ⅡAa2식)와 Ⅱ-1호(Da1식), 3단계의 Ⅰ-2호(ⅡDa1식) 이외에는 자세한 시기는 알 수 없다. 취락의 형태는 강서동취락과 같이 독립적으로 위치하는 단독점상취락(A형)이다.

표 26_청원 학소리유적 청동기시대 주거지 현황

No.	장	단	비	면적	형식	저장	토기	석기	단계
Ⅰ1	1177	606	1.98	71.3	ⅡAa2	6	이중구연거치문(문양3)壺, 점토대토기, 두형토기, 우각형파수, 어망추2, 방추차	주형석도, 석부3, 석도편, 방추차, 미제품1, 미상, 석재3	1
Ⅰ2	1032	잔434			ⅡDa1		鉢	능형편평촉, 미상2, 석재3	3
Ⅰ3	882	잔442			ⅡDd			석도편, 미상	?
Ⅰ4									?
Ⅱ1	잔468	642			Da1?		이중구연거치문(문양3)鉢	갈돌, 석재8, 미상, 일단경촉	1
Ⅱ2	잔660	잔490						일단병석검병부, 유경촉편2주형석도편	?

(6) 청원 대율리·마산리·풍정리유적

청원 대율리유적 등은 미호천의 지류인 석화천의 주변에 발달한 구릉지에 위치하고 있다. 특히 대율리유적에서는 청동기시대 전기의 환호를 비롯하여 주거지 9기, 수혈유구 1기가 조사되었다.

대율리유적은 취락의 입지와 시설, 주거지의 배치상에 있어서 금강유역에서 제일성을 띠는 가락동유형의 취락과 확연히 구분된다. 필자는 동유적에 대한 개략적인 검토를 통해 그 성격에 대해 사견을 피력한 바 있다.(孔敏奎 2005) 그런데 동유적에 대해 가락동유형의 범주로 검토(李亨源 2007)하거나 동북계 이주민의 직접건설론(安在晧 2009)이 대두되고 있다.

대율리유적은 청동기시대 전기의 환호취락이다. 현재까지 대율리취락과 유사한 형태의 환호취락이 조사된 예가 없는 관계로 형식적인 환호로 인식되기도 하며 동북계이주민에 의해 조성된 것으로 이해하기도 한다.(安在晧 2009) 그러나 환호의 기능 자체가 방어뿐만 아니라 구획의 기능(유병록 1998, 이상길 2000)도 포함한다고 할 때 역시 청동기시대 전기의 환호(취락)라는 점은 분명하다.

대율리유적의 주거지는 장방형의 평면 형태와 수혈식노의 설치를 특징으로 하며, 주혈의 정연성이나 위석식노지·초석 등은 확인되지 않는다. 이러한 점에서 대율리유적의 주거지는 가락동유형과 상이한 양상이다.

표 27_청원 대율리·마산리·풍정리유적 청동기시대 주거지 현황

No.	장	단	비	면적	형식	저장	토기	석기	단계
대1	1040	잔650			IIDc1		이중구연단사선문(문양1, 2), 이중구연단사선문구순각목(문양8), 적색마연토기	삼각만입촉, 일단경촉, 석도편, 편평편인석부, 지석, 미제품5	
대2	잔375	잔290			c1?		이중구연점열문(문양4), 이중구연거치문(문양3)		
대3	440	잔190			c1		長頸壺	미상2	
대4	640	잔310					이중구연단사선문(문양2)	석착, 미제품3, 미상	
대5	660	잔240					이중구연단사선문(문양1, 2)	석부, 석촉편, 지석, 미상, 미제품	
대6	잔270	잔230						삼각만입촉, 석촉편, 지석4, 미제품4	
대7	잔600	잔370					이중구연사격자문(문양5), 단사선문(豆粒文)	반월형석도, 석도편, 지석3, 미제품7	
대8	620	잔190						삼각만입촉2, 지석	
대9	870	550	1.58	47.8	IIDc2		방추차	삼각만입촉, 미제품3, 미상5, 합인석부, 석착, 지석2, 석도	
마1	잔560	잔266			c2?				
풍	잔1460	580			IIIAa3		횡대구획점열문대부소호	삼각만입촉, 합인석부, 석검편, 지석	4
대율리유적 : 환호, 수혈유구 1									

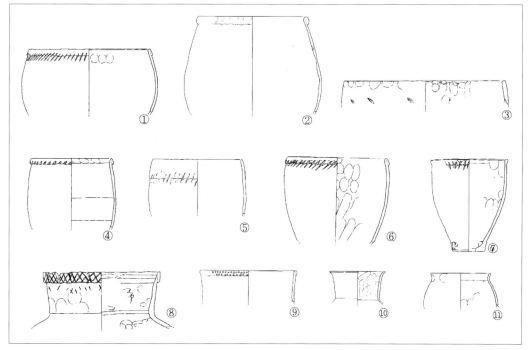

그림 29_대율리유적 출토토기

대율리유적의 토기는 이중구연토기류가 다수 출토되고 있는데 이중구연단사선문, 이중구연거치문, 이중구연점열문, 이중구연격자문 등이다. 토기의 기종에는 심발형과 호형이 있는데, 특히 이중구연부에 2열의 점열문이 시문되거나 격자문이 시문된 호형토기는 종래 금강 중류역 일원에서 보이지 않는 것이다.

그러나 동유적의 주류토기는 이중구연단사선문토기로서 전체적으로 이중구연부의 폭이 좁은 편이다. 일반적으로 이중구연단사선문토기는 가락동유형의 표지로 이해되는데, 이러한 점에서 대율리의 이중구연단사선문토기는 그 지리적 위치상 가락동유형의 범주에 포함될 가능성도 있다. 그러나 이중구연단사선문토기는 가락동유형만의 전유물은 아니다. 필자는 대율리의 토기 중 동체 중앙이 강조된 심발형토기(그림 44-①)나 타원형에 가까운 이중구연(그림 44-②), 그리고 단사선문 등 문양 시문의 다양성에 주목하고 싶다.

우선 대율리유적 출토토기의 단사선문은 이중구연접합부를 사선으로 가로질러 길게 시문된 것과 이중구연 하단에 짧게 시문된 것으로 나눠볼 수 있다.[18] 전자는 시문방향으로 볼 때 구연 하부에서부터 그어 올려 이중구연부 하단에서는 폭이 깊고 굵은 시문상이 확인되는 특징이 있다. 후자는 타원형의 이중구연이 형성되어 있고 단사선의 길이도 짧은 편이다. 전자의 유례는 중서부지역 청동기시대 전기의 제유적과 사천 본촌리 나-3호주거지 출토품 등이 있으며 후자의 경우 연기 대평리 C지점 출토품과 B지점 2호주거지 출토의 이중구연+X자문토기의 구연과 통하는 것으로 판단되는데 본촌리나 대평리유적에서는 각목돌대문토기와 공반된다. 이중구연거치문토기는 1점이 출토되었다. 이 토기는 가락동유형의 대전 궁동 13호라든지 청원 학소리유적 Ⅱ-1호·Ⅰ-1호, 익산 영등동 Ⅱ-7호에서 출토되었다. 북한지역에서는 평양 표대유적 3호, 황주 고연리유적 3호에서 각각 1점씩 출토되었으며 기종은 호형토기이다. 그 외 지역에서는 진주 어은1지구 77·95호, 강릉 교동 5·6호, 연기 대평리 C지점-4호 등의 출토예가 있다. 특히 궁동 13호와 어은1지구 95호 출토품은 이중구연거치문의 사이에 공통적으로 자돌문이 시문되어 유사한 양상이다. 이 토기의 연원에 대하여 남해안 즐문토기 말기의 율리식토기의 이중구연과 유사하고 거치문의 시문방식이나 자돌문의 요소를 통해 그 연관성이 제시되고 있으나(국립김해박물관, 2005) 이러한 견해는 남해안지역에 한정되어야 할 것으로 생각된다. 가락동유형 또는 대율리유적에서 보이는 이중구연거치문토기는 주거지의 형식 등

---

18) 이러한 양상은 가락동식토기에서도 모두 확인된다.

을 고려할 때 강릉 교동유적의 예라든지 팽이형토기문화권의 그것과 연결될 가능성이 높을 것으로 생각된다. 다음으로 이중구연+2열 점열문의 호형토기 頸部가 대율리 2호에서 출토되었는데(그림 44−⑨) 앞의 이중구연거치문토기와 공반되는 것이다. 2열의 점열문이 구연에 장식되는 것은 두만강유역의 회령 오동유적 등에서 확인되며, 강릉 교동유적 1호주거지 출토품 중에서 거치문과 1열의 점열문이 결합된 예도 있다. 또한 남해안지역의 봉계리식토기에도 수열의 점열문이 구연 아래에 시문된 것이 확인되어 시간 폭이 넓다. 이중구연격자문토기(그림 44−⑧)는 철원 와수리유적 4호 주거지 출토품 중 유례가 확인되며, 격자문을 분리할 경우 각목돌대문토기가 공반되는 남해안지역의 사천 본촌리 나−3호주거지의 호형토기 경부에 시문된 예가 있다. 양자는 호형이라는 공통점이 있으나 전자는 이중구연, 후자는 횡대구획문계토기로서 차이가 있다.

대율리유적의 환호는 공간적인 범위를 넓혀도 유례를 찾기 어렵고, 주거지의 형식도 주변의 양상과 다르다. 취락의 시기는 절대연대 값을 고려할 때 금강 중류역일원에서 가락동유형 1단계에 병존하는 것으로 판단된다.

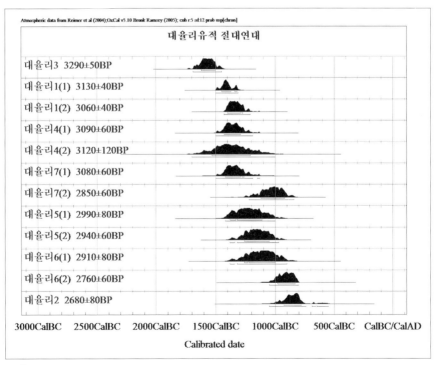

그림 30_대율리취락의 절대연대

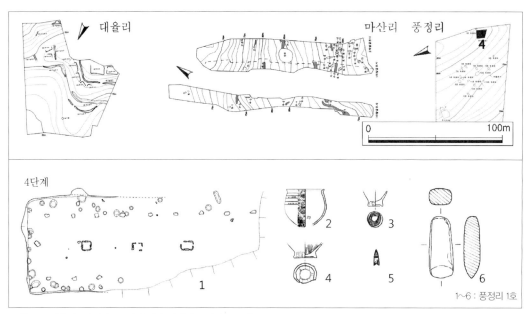

그림 31_대율리 · 마산리 · 풍정리 취락 배치와 풍정리 주거지 · 유물

　따라서 지금까지 인식하지 못하는 새로운 유형의 존재 가능성도 생각해 볼 수 있고, 기존 가락동유형의 범주에 대한 재고의 필요성도 있을 것이다. 이러한 점에서 동북계이주민에 의한 대율리 취락건설론은 주의를 기울일 필요가 있다. 확실히 대율리 환호취락은 이질적이고 또한 계승관계를 보이는 예도 없다. 따라서 새로운 물질문화를 보유한 집단이 동지역에 등장하여 대율리취락을 건설했을 가능성은 충분하다. 환호의 조성 의미는 아마도 재지계 집단(가락동유형)과의 관계속에서 설정되었을 것으로 추정되며, 취락 내부의 구조적인 부분에서도 환호의 의미를 찾을 수 있을 것이다.

　다음으로 풍정리유적에서는 4단계의 ⅢAa3식 주거지 1기가 조사되었는데 유적의 조사범위가 제한되어 단독으로 조성되었는지 복수로 주거군을 이루었는지는 뚜렷하지 않다. 그러나 비교적 넓은 면적을 조사한 연기 신흥리유적(충청남도역사문화연구원, 2008)에서도 동형식주거지가 단독으로 확인된 예가 있으므로 중심지의 취락에서 이주 또는 분리된 것으로 볼 가능성도 배제할 수 없다.

(7) 진천 사양리유적

　사양리유적은 미호천 상류에서 합류되는 지류인 백곡천 남쪽의 구릉지에 위치하고 있다. 사양리취락에서 단계를 확인할 수 있는 주거지는 4호(ⅡAa2식)뿐이며, 다른 주거지는 잔존상태가 불량하여 자세히 알 수 없다. 다만 사양리취락의 주거지 배치상태를 살펴보면 비교적 넓은 지형면에 단독으로 조성되기도하고(1호) 2기가 주거군을 이루는 양상(2·3호, 4·5호)도 확인되어 거의 비슷한 단계로 판단된다. 취락의 형태는 분산형 점상취락(B형)으로 판단할 수 있고, 공동체 수장의 가옥은 규모와 유물상을 통해 볼 때 4호주거지로 추정된다.

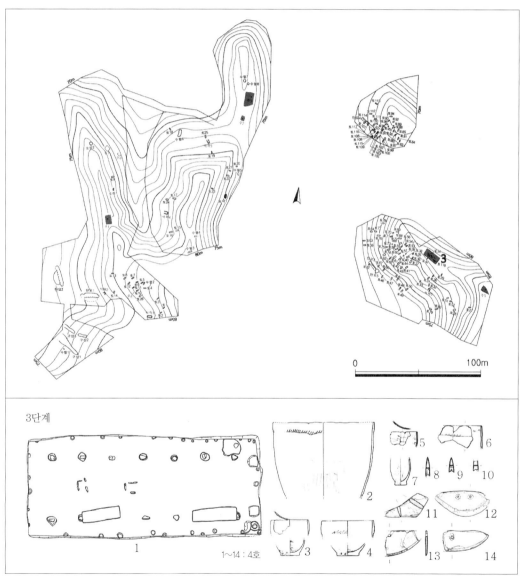

그림 32_진천 사양리취락의 배치와 주거지·유물

표 28_진천 사양리유적 청동기시대 주거지 현황

No.	장	단	비	면적	형식	저장	토기	석기	단계
1	잔640	잔400			Aa1?			지석	?
2	잔350	잔350			a1?				?
3	1080	추630			IIAa1		빗살무늬토기편	지석, 석착	?
4	1260	560	2.25	70.6	IIAa2	4	이중구연단사선문(문양1), 구순각목문발(문양21)	삼각만입촉3, 석검봉부편, 편평편인석부3, 동북형석도석도3, 지석3, 갈판, 미제품6	3
5	잔610	잔380			Aa1?				?

(8) 진천 장관리유적

백곡천 북쪽에 위치하는 장관리유적에서는 지점을 달리하여 4기의 청동기시대 전기 주거지가 조사되었는데 조사범위의 제한으로 인해 취락의 전체적인 양상은 확인하기 어

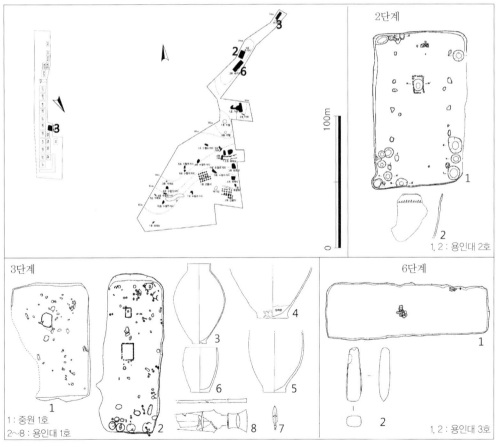

그림 32_장관리취락의 단계별 배치와 주거지 · 유물

렵다.

주거지는 해발 94m의 구릉 정상부의 편평한 대지상에 입지하고 있으며 2단계와 3단계, 그리고 6단계의 주거지가 1기씩 조사되었다. 특히 2호주거지는 미호천 중상류지역에서 비교적 이른 단계에 해당될 것으로 판단된다.

표 29_진천 장관리유적 청동기시대 주거지 현황

No.	장	단	비	면적	형식	저장	토기	석기	단계
중-1	잔590	307			IIDa2	1	적색마연장경호, 鉢	미상, 미제품	3
용-1	840	잔708			Da2	6	鉢, 壺	이단병석검2, 이단경촉2, 석촉편, 석도편, 방추차4, 석부2합인석부2, 지석	3
용-2	828	516	1.6	42.7	IIAa1	8	이중구연단사선문(문양1)		2
용-3	1308	444	2.94	58.1	IIIDd	4		합인석부1	6

(9) 진천 신월리유적

신월리유적은 미호천상류의 우안에 인접하여 발달한 구릉지에 위치하고 있으며 능선의 중심부와 사면에 주거지가 입지하고 있다. 청동기시대 전기에 해당되는 주거지는 해발 90~100m 내외의 구릉 정상부를 중심으로 9기가 조사되었다.

표 30_진천 신월리유적 청동기시대 주거지 현황

No.	장	단	비	면적	형식	저장	토기	석기	단계
1	442	잔226			Dc1?	1		주상편인 · 편평편인석부	6
2	잔956	424			Db2	2	구순각목문토기(문양21)		5
3	잔760	668			a3			석검편2, 석도편, 합인석부2, 삼각만입촉, 석촉편2	4
4	잔306	잔300				3		지석	?
5	잔594	486			a2	9		이단병석검, 삼각만입촉, 주형석도3, 지석2	4
6	잔694	340			c1			주형석도	6
7	잔428	408			c1			편평편인석부	6
8	잔416	408			c1			유경촉편	6
9	1196	608	1.97	72.7	IIDa2	7	구순각목문토기(문양21)	석검병부, 이단경촉, 능형편평촉, 유경촉편	3

신월리취락은 3단계 1기, 4단계 2기, 5단계 1기, 6단계 4기로 미호천유역권에서 가장 늦은 단계에 중심을 이루던 것으로 판단된다. 3단계의 주거지인 9호는 독립된 구릉상에 단독으로 조성되어 있으며(A형), 4단계인 3호와 5호는 구릉 평탄면의 쑥地를 사이에 두고 약 50m의 거리에 단독으로 조성(A형)되어 있는 양상이다. 6단계의 주거지 중 7 · 8호

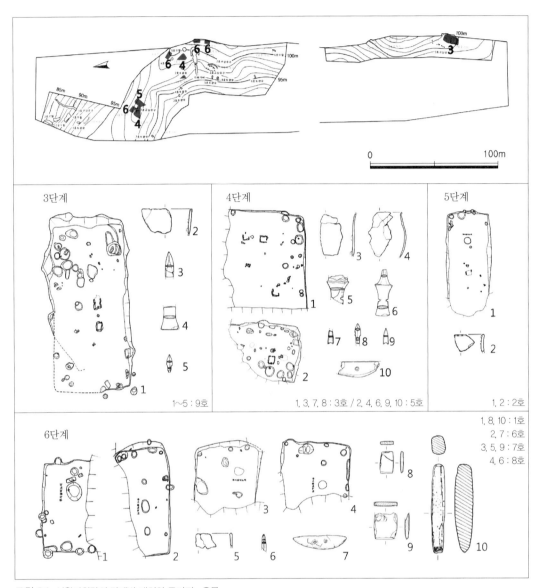

그림 34_신월리취락의 단계별 배치와 주거지·유물

는 인접하여 한 주거군을 이루는 것으로 판단되며 1호는 취락의 북쪽에 독립적으로 위치하고 중앙의 6호 역시 단독으로 존재하는데 6호의 경우 남동쪽의 구릉 하단에 위치한 4호가 동단계로 판단되므로 역시 한 주거군으로 판단된다. 그리고 6단계의 4·6·7·8은 구릉의 사면부로 주거입지가 확대되며 면상(D형)의 구조를 나타내는 것으로 판단된다.

2) 갑천유역

(1) 대전 용계동유적

대전 용계동유적은 갑천 서쪽의 해발 80~90m의 구릉지에 위치하고 있으며 청동기시대 전기의 주거지 14기를 비롯하여 송국리식주거지 3기, 소형의 방형주거지 4기, 석관묘 5기 등의 청동기시대 유구가 조사되었다.

표 31_대전 용계동유적 청동기시대 주거지 현황

No.	장	단	비	면적	형식	저장	토기	석기	단계
2	1176	660	1.78	77.6	IIAa2	서단6	사격자문마연토기, (이중구연)단사선문토기편	석도편, 이단석검병부, 편인석부, 지석, 미제품	2
8	870	638	1.36	55.5	IAa2	북서5		어형석도편, 지석2	2
11	잔846	398			IIAa2		문양1	석도편	2
3	664	334	1.99	22.2	IIDa2	동단4	鉢2	합인석부, 미제품	3
12	1500	600	2.5	90	IIAa2	3	鉢	미제품4	3
1	1168	463	2.52	54.1	IIIAa3	서북1		방추차, 미제품3	4
6	1350	515	2.62	69.5	IIIAa3	남단9		미제품	4
10	잔750	507			Ab2		외반구연		4
14	잔1364	504			IIIAa?	5		합인석부, 석창?	4
4	842	330	2.55	27.8	IIIBc2	남단3	구순각목, 마연토기	지석	5
5	1150	395	2.91	45.4	IIIDc2	5		방추차, 미상, 미제품2	5
7	1066	398	2.68	42.4	IIIBa2	남서1	적색마연직립호, 구순각목	일단병석검, 이단경촉, 유엽형석촉, 석도편, 방추차, 지석, 미제품4	5
9	잔558	잔416			a2		鉢	어형석도, 합인석부2, 지석	5
13	잔511	잔258			a3	1			5
송국리식주거지 3, 소형방형주거지 4, 석관묘 5(1호 : 일단병석검, 5호 : 원형점토대토기)									

표 32_용계동취락 단계별 석기 출토 현황

기종	벌채		가공			수렵				상징의례					수확구			석기가공	방직구		어구	식량가공		굴지	未製	미상	석재
기능	석부		목재가공			석촉				석검			장신	환상	석도			지석	방추차		어망	고석	갈판	곰배			
단계	합인	기타	편인	주상	석착	삼	이	일	기	二	一	기			주	어	기		석	토							
2			1							1						1	2	3							1		
3	1																								5		
4	1							1											1						4		
5	2						1		1柳		1					1	1	3	2						6	1	
6																											

용계동유적에서 조사된 14기의 전기 주거지 중 IAa2식인 8호와 IIAa2식인 2·11호

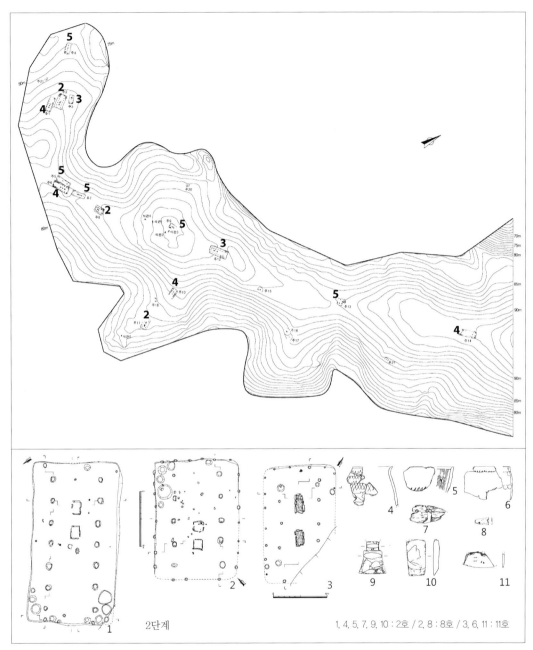

그림 35_용계동취락의 단계별 주거지 배치와 2단계 주거지 · 유물

주거지는 2단계에 해당된다. 동단계의 유물은 11호에서 이중구연1단사선문a의 문양속성
이 시문된 토기가 출토되며, 2호에서는 단사선문이 시문된 토기잔편이 출토되었는데 이

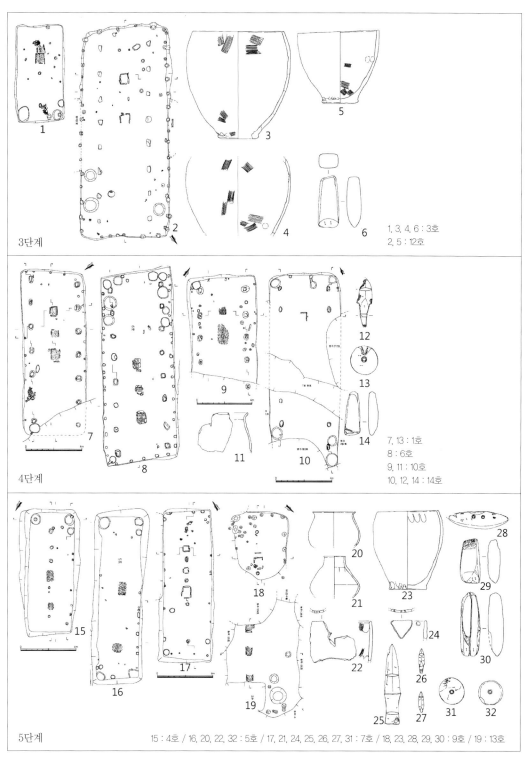

3단계

1, 3, 4, 6 : 3호
2, 5 : 12호

4단계

7, 13 : 1호
8 : 6호
9, 11 : 10호
10, 12, 14 : 14호

5단계

15 : 4호 / 16, 20, 22, 32 : 5호 / 17, 21, 24, 25, 26, 27, 31 : 7호 / 18, 23, 28, 29, 30 : 9호 / 19 : 13호

그림 36_용계동취락 3~5단계 주거지와 유물

중구연일 가능성도 배제할 수 없다. 그리고 동주거지에서는 사격자문이 시문된 마연토기 편도 확인되며, 이단병식석검 병부편과 석도편, 편인석부 등이 출토되었다. 취락내의 주거지 배치상을 살펴보면 남서쪽(2호), 중앙(8호) 남동쪽(11호)으로 약 35m 내외의 간격을 두고 點狀으로 각각 독립 배치되어 있다. 2단계 3기의 주거지는 혈연을 기반으로 한 세대공동체의 양상으로 파악되는데 각 주거지의 규모는 2호(77.6m^2)→8호(55.5m^2)→11호(추정30.5m^2)의 순서이다. 여기서 2호는 확대가족의 가옥으로서 석검편 등 상대적으로 많은 석기를 보유하고 있는 점 등을 볼 때 동단계 가족집단의 장이 거주하던 가옥으로 판단할 수 있고 8호와 11호는 이곳에서 분가하여 새로운 세대를 이루어나가는 과정의 가옥으로 추정된다.

용계동유적의 3단계는 3호(ⅡDa2)와 12호주거지(ⅡAa2)가 해당된다. 12호주거지의 경우 장방형으로 분류되지만 세장방형에 가까운 길어진 평면형을 나타내어 2단계보다는 3단계에 속하는 것으로 판단하였다. 동단계의 출토유물로는 문양이 시문되지 않은 발형토기가 주를 이루고 있다. 주거지의 면적으로 볼 때 12호가 대형이고 3호는 소형으로서 집단의 장이 거주하던 주거지(12호)와 분가한 핵가족체의 가옥(3호)으로 나누어 볼 수 있다.

4단계는 주거지의 형식과 취락내의 배치상을 통해 볼 때 1(ⅢAa3) · 6(ⅢAa3) · 10(Ab2) · 14호주거지(ⅢAa?)가 해당된다. 동단계의 주거지는 취락의 영역내에서 點狀의 독립적 분포를 나타내고 있으며 1호와 10호주거지는 중형, 6호와 14호주거지는 중대형의 규모를 갖는다. 따라서 6호와 14호주거지를 취락내의 중심 가옥으로 볼 수 있으나 1호와 10호주거지 역시도 규모상으로는 모두 확대가족의 가옥으로 판단할 수 있기 때문에, 각각의 주거지 모두 2세대 이상의 가족이 한 가옥내에 거주하는 세대공동체의 가옥으로 판단할 수 있다.

5단계는 4(ⅢBc2) · 5(ⅢDc2) · 7(ⅢBa2) · 9(a2) · 13호주거지(a3)가 해당되는데, 5호주거지의 경우 7호와 인접하여 위치하고 있는 점과 주거지 형식 등에서 6단계로 하향조정될 가능성도 있다. 취락내에서 동단계의 주거지는 능선의 방향을 따라 5기가 線狀의 배치를 나타내고 있다. 주거지의 출토유물은 구순각목토기와 마연토기, 발 등의 토기류와 일단병식석검, 어형석도, 이단경촉, 유엽형촉, 합인석부, 방추차 등의 석기류 등이 확인되었다. 문양 21의 구순각목ㄱ문은 비교적 늦은 단계에 중심을 이루는 것이며 일단병석검도 비슷한 시간대로 볼 수 있다. 주거지의 규모는 4단계에 비해 작아지며 중소형(4호)과 중형(5 · 7호)으로 구분할 수 있으며 일부가 잔존하는 9호와 13호주거지도 중형 이하의 규모로 판단된다. 그러므로 중형급의 7호주거지를 가족집단의 장이 거주하는 확대가족의 가옥, 중소형의 4호와 9호·13호주거지를 분가한 핵가족체의 가옥으로 나눠볼 수 있다.

대전 용계동 청동기시대 취락은 4단계와 5단계에서 정점을 이루고 있는데 주거지의 수와 규모, 비교적 넓은 지형면을 취락 영역으로 이용하고 있는 점이 뚜렷하게 나타나고 있다.

(2) 대전 상대동원골유적

상대동원골유적은 갑천에서 서쪽으로 분기한 진잠천 북쪽의 해발 60～70m 내외의 구릉지에 입지하고 있다. 유적은 크게 3개 지점으로 나뉘어지며 원골Ⅱ·Ⅲ지점에서 청동기시대 전기의 주거지가 각각 3기와 5기 조사되었다.

표 33_대전 상대동원골유적 청동기시대 주거지 현황

No.	장	단	비	면적	형식	저장	토기	석기	단계
Ⅱ1	잔1278	추504	2.53	잔64.4	ⅢAa4	7	방추차	석부편, 방추차, 지석2	4
Ⅱ2	1418	685	2.06	97.1	ⅡAa?	3	문양1	방추차1, 미제품3, 지석2	2
Ⅱ3	잔1085	518			ⅢAb4	7		이단병석검병부, 합인석부, 지석, 미제품	4
Ⅲ1	1265	492	2.57	62.6	ⅢAa3	8	深鉢	이단병석검, 석검미제품, 석창2, 석도편3, 이단경촉, 일단경촉, 지석6, 미제품2	4
Ⅲ2	1646	530	3.1	87.2	ⅢAb4	8		혈구이단병석검, 미상2, 석검봉부(혈구)2, 이단병석검 병부, 미제품	4
Ⅲ3	1227	588	2.08	72.1	ⅡAb4	17	호형토기, 鉢	주형석도2, 합인석부, 석착, 이단경촉, 일단경촉, 석창, 지석, 미제품4	4
Ⅲ10	잔313	330			a1?	1	鉢	미제품	?
Ⅲ11	잔690	490						미제품	?
송국리식주거지 1, 소형방형(원형)주거지 5, 석관묘 2, 옹관묘 5									

상대동 원골유적은 2개의 구릉에 독립적으로 소규모의 취락이 형성되 어 있다. 상대동 원골취락은 2단계에 Ⅱ-2호가 단독(A형)으로 조성되며 3단계를 건너뛰고 4단계에 다시 취락이 재점유되는 것으로 판단된다. 이러한 재점유는 앞에서 검토했던 농경방식에 기인했을 가능성도 있고 새로운 집단의 출현도 고려해 볼 수 있다. 어쨌든 4단계에 원골의 양 취락에서 확인되는 모습은 주거군을 이루지 않고 각 주거지들이 분산되어 배치되는 양상(B형)이 나타나고 있는 점이다. 동단계의 주거지들은 면적이 모두 60㎡ 이상으로 개별 가옥에 복수의 세대가 거주하는 형태로 세대공동체(김승옥 2006) 중심의 취락이 운영되었으며, 협업의 필요성이 발생하면 취락단위의 공동작업도 이루어진 것으로 볼 수 있다.(김현식 2010)

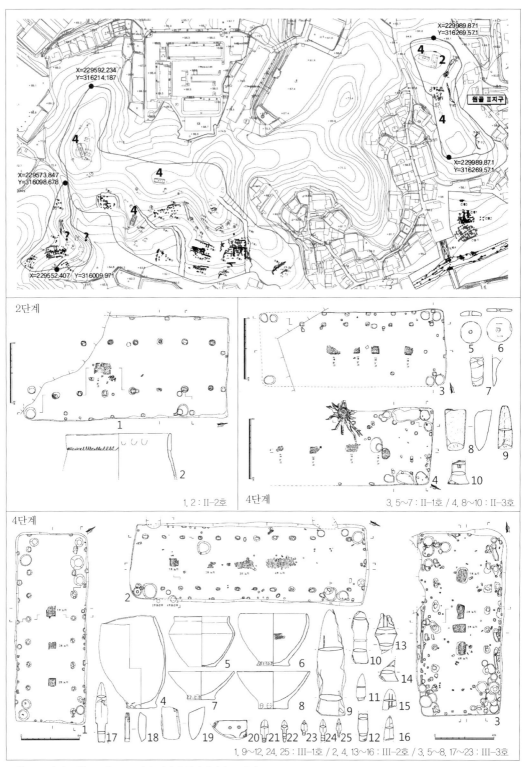

그림 37_상대동 원골유적Ⅱ · Ⅲ지점 단계별 취락배치와 주거지 · 유물

(3) 대전 상대동(중동골·양촌)유적(Ⅰ)

상대동(중동골·양촌)유적(Ⅰ)은 갑천에서 서쪽으로 분기한 진잠천의 북쪽에 인접하여 위치한 해발 50~70m 내외의 구릉지에 입지하고 있으며 북쪽으로 상대동 원골유적과 인접해 있다. 상대동(중동골·양촌)유적(Ⅰ)에서는 청동기시대 전기의 주거지 12기가 조사되었으며, 송국리식주거지 13기, 석관묘 13기, 석개토광묘 5기, 옹관묘 1기, 소성유구 2기 등 청동기시대 후기의 유구도 확인되었다. 특히 5호석관묘에서는 비파형동검 1점이 출토되었으며, 1·3·7·11호석관묘에서 일단병식석검, 10호석관묘와 4호석개토광묘에서 관옥이 출토되었다.

상대동(중동골·양촌) 취락에서는 3~6단계의 주거지가 확인되는데 취락 영역 중심부의 구릉 정상에서 3단계의 주거지 2기가 세대공동체의 주거군을 이루는 모습이 확인되는 것을 제외하면 전반적으로 넓은 지형면에 주거지가 산발적으로 입지(B형)하고 있는

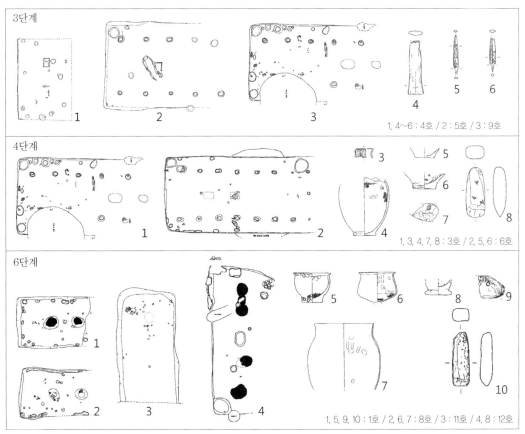

그림 38_상대동(중동골·양촌) 취락 3~6단계 주거지와 유물

모습이다. 동취락은 송국리유형과 관련된 유구가 전기의 주거지에 비해 다수인 점에서 후기에 중심을 이루는 것으로 판단되는데 비파형동검의 존재로 볼 때 대전 서남부의 갑천 중상류일원에서 청동기시대 후기의 지역 수장이 거주했던 취락으로 상정할 수 있을 것이다.

표 34_대전 상대동(중동골·양촌)유적(Ⅰ) 청동기시대 주거지 현황

No.	장	단	비	면적	형식	저장	토기	석기	단계
1	잔460	332			Dc2		鉢	합인석부, 석도편2, 지석, 마석, 미제품	6
2	잔680	잔380			a?	4			?
3	잔1050	570			ⅢAc2	6	적색마연토기	합인석부, 석착, 석도편, 석부편, 지석2, 요석, 석재	4
4	600	400	1.5	24	ⅡDa2			일단석검 병부, 일단경촉2	3
5	잔800	500			ⅡAa1	1		지석, 석재2	3
6	1134	500			ⅢAa2	2	호형토기, 鉢	석부편, 지석2, 미상, 미제품2, 석재	4
7	잔508	잔270							?
8	잔614	338			ⅡDc2		적색마연대부소호, 壺	지석2, 고석	6
9	잔764	436			ⅡDa2			지석3, 미상, 미제품3,석재	3
10	잔410	잔292				6			?
11	잔580	295			Dc1			지석, 미제품	6
12	596	잔200			ⅡDc1		적색마연토기	미상	6
송국리식주거지 13, 석관묘 13(비파형동검, 일단석검, 일단경촉), 석개토광묘 5, 옹관묘 1, 소성유구 2									

(4) 대전 원신흥동 덜레기유적

원신흥동 덜레기유적은 상대동 취락군의 동쪽에 인접하여 위치하고 있어 동일한 생활권에 속하는 것으로 판단할 수 있다. 동취락에서는 6기의 주거지가 조사되었는데 3단계의 1호주거지는 ⅠAa1식으로 추정면적이 100m² 이상의 초대형주거지이며 단독(A형)으로 조성되어 있다. 다음으로 5단계의 주거지인 2호와 4호는 한 단위의 주거군으로 세대공동체를 이루고 있으며, 6단계의 5·6호도 유사한 모습을 보인다.

표 35_대전 원신흥동 덜레기유적 청동기시대 주거지 현황

No.	장	단	비	면적	형식	저장	토기	석기	단계
1	1248	추845		추105	ⅠAa1	9	문양 27, 방추차	일단경촉편, 미제품3, 석재9, 지석3, 삼각만입촉, 석검편2, 합인석부2,	3
2	510	264	1.93	13	ⅡDc1	2		합인석부편	5
3	잔363	잔303				1	鉢, 대각편		6
4	잔637	328			ⅡDc2	5	대부소호(×문)	삼각만입촉, 석도편, 미제품 2, 석재	5
5	624	잔281					鉢, 대각편		6
6	잔391	잔178					투공저부		6
송국리식주거지 2, 수혈유구 13, 구상유구, 옹관묘 2,									

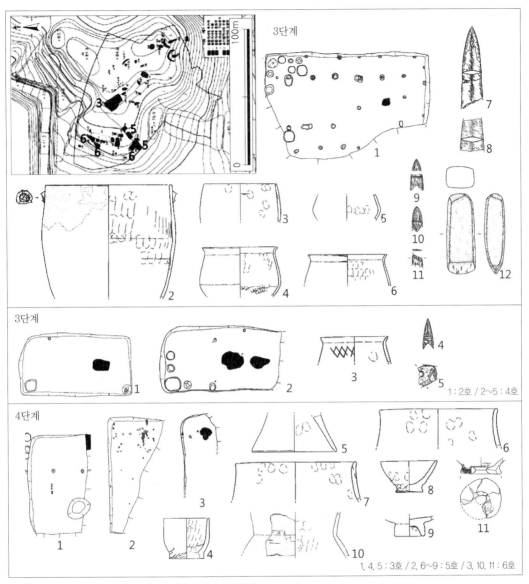

그림 39_대전 원신흥동(떨레기) 취락의 단계별 주거지와 유물

(5) 대전 관저동유적

　관저동유적은 대전의 서남부에 위치하고 있으며 갑천과 약 2km 정도 거리를 두고 있다. 취락은 해발 75~90m 내외 구릉지의 정상부에 주로 조성되어 있는데 청동기시대 전기 단계의 주거지 20기를 비롯하여 송국리식주거지 등이 조사되었다.

표 36_대전 관저동유적 청동기시대 주거지 현황

No.	장	단	비	면적	형식	저장	토기	석기	단계
13-1	잔670	496			IIAc3 IIAa2	1		이단경촉, 삼각만입촉편, 합인석부3, 혈구석검편, 원판형석기, 미상, 석재2	3
13-2	잔780	420							4
9	645	300	2.15	19.4	IIDa2	1	발(구순각목), 호, 흑색마연토기	합인석부, 석도편, 방추차, 갈판, 편평편인석부, 석재	4
2	1226	326	3.76	39.9	IIIDa2			원판형석기2, 미상	4
17	잔696	잔418			IIAb3	1	단사선문토기	석촉편2, 원형석기2, 미상2, 석재	4
22	잔400	400			a2		횡침선+단사선문, 小壺		4
4	잔510	340			?	2	방추차	합인석부, 미제품	5
8	981	330	2.97	32.4	IIIBa2	4	鉢, 壺, 구순각목단사선문, 구순각목, 방추차3	지석5, 석재2	5
14	잔660	390			Da1	1		혈구이단병석검, 일단경촉, 편평편인석부, 지석4, 갈판1	5
15	935	390	2.4	36.5	IIDb2	1		석재	5
6	잔560	266			IIIDc2	3		석재	5
3	잔650	346			?			석도편	6
5	잔360	358			?	1		지석2, 석재3	6
7	잔720	잔168			IIIDc2				6
16	잔790	390			c2	4			6
18	잔586	348	1.68	20.4	IIDc1	1		합인석부, 미제품	6
19	잔474	잔270	1.75	12.8	IIDc1	1	鉢, 壺, 적색마연호, 盌	석도, 환상석부	6
20	잔580	314			IIIDc2	2		지석	6
21	잔730	376			IIDc1	2	壺	합인석부	6
23	720	290	2.48	20.9	IIDc2				6
1	잔310	잔309						삼각만입촉, 지석	?
송국리식주거지 2, 말각방형주거지 1, 수혈유구 8, 함정유구 7									

표 37_관저동 취락 단계별 석기 출토 현황

기종	벌채		가공			수렵				상징의례					수확구			석기가공	방직구		어구	식량가공			굴지	未製	미상	석재
기능	석부		목재가공			석촉				석검			장신	환상	석도			지석	방추차		어망	고석	갈석	곰배				
단계	합인	기타	편인	주상	석착	삼	이	일	기	二	一	기			주	어	기		석	토								
3	3					1	1				1																3	2
4	1		1					2										1	1				1			7		2
5	1		1					1	1									9					1				1	4
6	2													1			2	3									1	3

　　관저동취락은 갑천중상류 청동기시대 전기의 늦은 단계에 중심을 이루던 취락으로 판단할 수 있다. 동취락에서는 3단계에 최초로 주거지 1기가 단독 조성(A형)되어 취락의 영역으로 점유가 시작되며 이후 점차 취락의 규모가 확대되어간다.

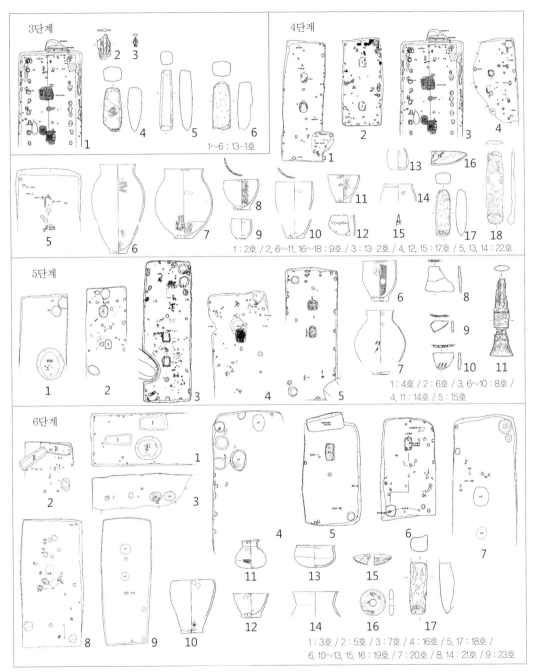

그림 40_관저동취락 3~6단계 주거지와 유물

관저동취락의 4단계는 5기의 주거지가 각각 분산되어 배치되는 형태(B형)를 나타내는데 상대동 원골취락과 유사한 모습이다. 5단계는 취락 중앙의 구릉 정상부를 쏟地로

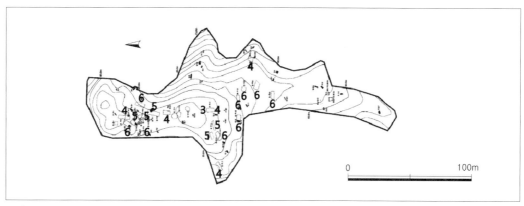

그림 41_관저동취락의 단계별 주거지 배치

남겨 놓고 북쪽의 주거역에는 3기로 이루어진 세대공동체가, 남쪽에는 2기로 이루어진 세대공동체의 모습이 확인된다. 중앙의 空白(武末純一 2010) 또는 空地는 취락에서 광장(崔鍾圭 1990)의 의미를 갖는 것으로 판단된다. 광장은 그 양쪽에 위치한 주거군이 공유하는 장소로서 취락단위의 중요 행사가 이루어지는 곳이다. 5단계 취락의 형태는 B형으로 볼 수 있으나 면상취락(D형)과도 유사한 모습이다. 6단계는 관저동취락의 정점으로서 5단계와 유사한 주거지의 배치상을 나타낸다. 구릉 정상부의 광장은 전단계에 이어 空地로서 지속되는데 취락의 연속성을 나타내주는 것으로 이해된다. 취락은 북쪽 거주역에 3기로 구성된 주거군이 있고, 남쪽에는 6기의 주거지가 하나의 공동체 단위를 이루는 것으로 확인된다. 특히 남쪽의 주거지는 반원형으로 배치되어 있고 그 안쪽에 작은 空地가 확인되므로 공동체단위의 소규모 광장으로 볼 수 있다. 취락의 형태는 전형적인 면상취락의 구조를 나타내며 갑천유역 청동기시대 전기 마지막 단계 중심취락의 면모를 잘 나타내주고 있다.

(6) 대전 관평동유적

관평동유적은 대전 북부지역 갑천 서안에 인접한 구릉지에 위치하고 있으며 유적의 남쪽으로는 갑천의 지류인 관평천이 흐르고 있다. 유적에서는 청동기시대 전기 단계의 주거지 11기를 비롯하여 송국리식주거지 2기, 신석기시대 주거지 1기 등이 조사되었다. 청동기시대 전기의 취락은 해발 60~75m의 구릉지 정상부를 중심으로 입지하고 있다.

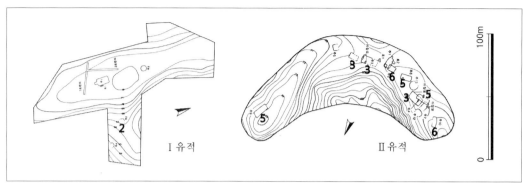

그림 42_대전 관평동취락의 단계별 주거지 배치

표 38_대전 관평동유적 청동기시대 주거지 현황

No.	장	단	비	면적	형식	저장	토기	석기	단계
I 2	잔364	잔264				1	이중구연단사선문구순각목 (문양8)		2
II 2	444	250	1.77	11.1	IIDc1	1		연석	6
II 3	추1344	580			IIAa2	5	단사선문토기(문양20)	어형석도, 합인석부, 일단경촉2, 일단병석검, 혈구석검봉부, 미상3	3
II 4	724	474	1.52	34.3	IIAa2			일단병석검, 합인석부	3
II 5	잔576				a1			연석, 미제품	?
II 6	858	502	1.7	43.1	IIAa2	1	이중구연토기(문양19)	연석	3
II 7	잔580	282			Da1?			미제품	?
II 8	888	360	2.46	32	IIDa1	3		합인석부편, 유경촉편, 연석2, 미상2	5
II 9	1126	380	2.96	42.8	IIIDa3		이중구연2+단사선문a+ 구순각목ㄱ(문양15), 鉢,방추차	석착, 지석2, 미제품2, 주형석도, 합인석부, 미상	5
II 10	682	314	2.17	21.4	IIDd	2	鉢, 구순각목토기(문양21), 투공저부, 방추차	이단경촉, 석부, 미제품	6
II 11	882	290	3.04	25.6	IIIDa2			방추차	5
신석기시대 주거지 1, 송국리식주거지 2									

관평동Ⅱ취락은 3단계에 이르러 주거지가 조성되면서 시작된다. 3단계에 해당되는 주거지는 3·4·6호이며 이 중 3·4호는 세대공동체로서 주거군을 이루고 있다. 취락의 형태는 분산형 점상취락이며, 특히 동단계의 6호주거지와 5단계의 11호가 중복되어 시간성을 살필 수 있다. 4단계는 뚜렷하지 않은데 상기의 중복에서 역시 11호가 7호주거지에 후행하는 것으로 확인되어 동단계에 속할 가능성이 있다. 관평동취락 5단계와 6단계의 취락 형태는 각각 B형과 A형으로 판단할 수 있으며, 별도의 주거군을 이루는 모습은 보이지 않는다.

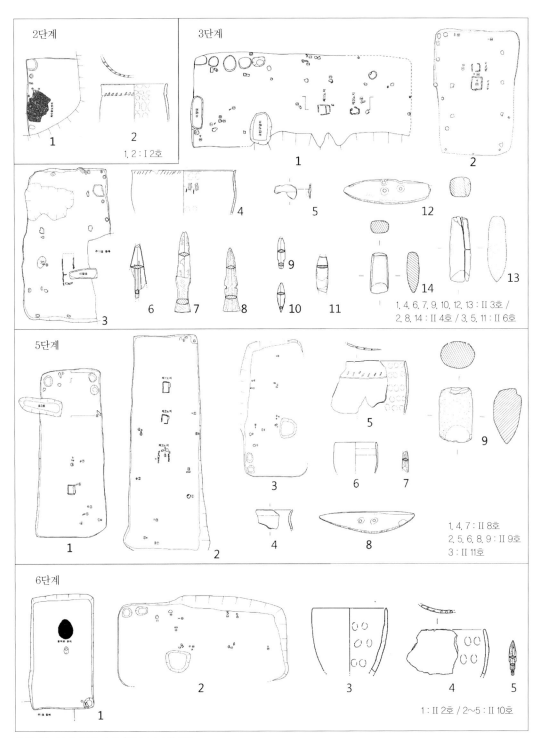

그림 43_관평동취락의 단계별 주거지와 유물

(7) 대전 용산·탑립동유적, 용산동유적

대전 용산·탑립동유적은 대전 북부의 갑천 서안에 인접한 구릉지에 위치하며, 유적의 서북쪽으로 관평천을 건너 관평동유적과 마주하고 있다. 청동기시대 전기의 주거지는 4개 지점에서 조사되었는데, 4~6지구는 서로 인접한 구릉이며, 2지구는 4지구와 곡간부를 사이에 두고 있다. 용산동유적은 용산·탑립동유적 4지구의 북동쪽에 인접해 위치하며, 4지구와 연결되는 구릉지에 주거지가 조성되어 있다.

표 39_대전 용산·탑립동유적, 용산동유적 청동기시대 주거지 현황

No.	장	단	비	면적	형식	저장	토기	석기	단계
2-1	1280	442	2.9	56.6	IIIAa2	4	구순각목토기(문양21), 마연토기 壺	이단병석검, 석겹봉부편, 이단경촉2, 삼각만입촉, 석촉미제품2, 석촉편2, 지석11, 미제품17, 망치	4
2-2	잔726	358			a1			만입촉편, 방추차, 미제품, 유구석부편(?)	?
2-3	894	410	2.18	36.7	IIDa3	1	투공저부	주형석도,지석2,석재2,미상	5
2-4	807	396	2.04	32	IIDa1	2	이중구연단사선문(문양1)	혈구석검봉부, 유경촉편, 장신구, 지석3, 소형석부, 어망추2	3
2-5	1292	512	2.52	66.2	IIIAa3	2	구순각목토기(문양21)	석착, 석도편, 방추차	4
2-12	916	292	3.14	26.7	IIIDd	3		석도편, 지석	6
4-1	995	608	1.64	60.5	IIAa1	5	거치문토기(문양23)	어형석도, 지석, 갈판	1
4-2	666	608	1.1	40.5	I Aa1	3	이중구연(문양19), 이중구연단사선문(문양1), 횡대구획거치문토기	석도, 방추차, 지석5	2
4-3	716	잔450					방추차	갈판, 미상, 미제품	?
4-4	잔369	잔538			A		유상돌대문토기(문양27)	유경촉편	3
4-5	314	302	1.04	9.5	I Dd	1	이중구연단사선문＋절상돌대문토기(문양10), 어망추		1
5-1	871	524	1.66	45.6	IIAa1		방추차	합인석부, 석착, 지석2	2
6-10	508	382	1.33	19.4	I Dd	1	이중구연단사선문(문양2), 마연토기 壺	석검봉부	3
6-12	968	332	2.92	32.1	IIIBa2	2	횡선＋단사선문(豆粒文?), 방추차2, 빗살무늬토기	방추차, 미상3, 미제품	5
충1	816	550	1.48	44.9	I Aa1	3	이중구연단사선문발(문양1, 2), 鉢, 적색마연원저호	합인석부2, 석도편, 지석3, 삼각만입촉, 갈판, 석재2, 굴지구	2
충2	잔238	470			A	3	이중구연구순각목ㄴ(문양6) 이중구연단사선문(문양1)		2
2지구 : 송국리식주거지 5, 소형방형주거지 4, 수혈유구 6									

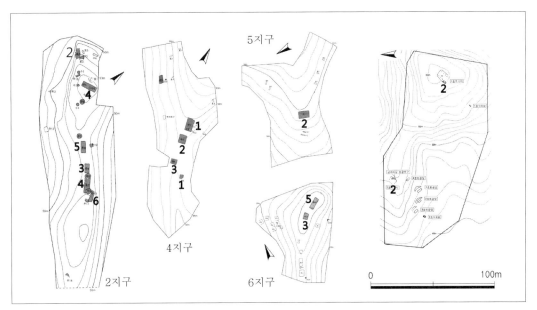

그림 44_대전 용산동취락 단계별 주거지 배

　　용산동취락은 크게 볼 때 취락 북쪽의 평지와 하천방향으로 발달해 있는 3개 지점의
구릉지로 나눌 수 있다. 즉, 2지구, 4 · 5지구 · 충남대학교 조사구간, 6지구가 별도로 독
립된 지형을 나타내는 것이다. 용산동취락에서는 갑천유역권에서 유일하게 1단계에 해
당되는 주거지가 조사되었는데 4지구 1호주거지가 단독으로 조성되며 주거지인지의 여
부는 불확실하지만 이중구연단사선문＋절상돌대문의 토기가 출토된 4−5호 역시 같은
단계로 판단된다. 취락의 형태는 단독점상취락이다. 2단계는 1단계에 이어 4지구에서 지
속되는데 취락의 영역이 넓어지는 것으로 나타나며 분산형 점상취락의 형태를 이룬다.
또한 2지구에서도 동일한 단계로 추정되는 유구가 확인되고 있어 4지구 2단계 취락의 공
동체에서 분가하거나 이동하는 모습도 살필 수 있다. 그런데 3단계에는 4지구 좌우에 위
치한 2지구와 6지구까지 취락의 영역이 확대되나 각 지형단위에서 1기의 주거지만 단독
으로 조성된다. 4단계의 주거지는 2지구에서만 2기가 확인되며 중앙의 空地를 사이에 두
고 독립적으로 조성(A형)되어 있다. 용산동취락의 5단계와 6단계의 주거지는 각각 6지구
와 2지구에서 1기씩 확인된다.

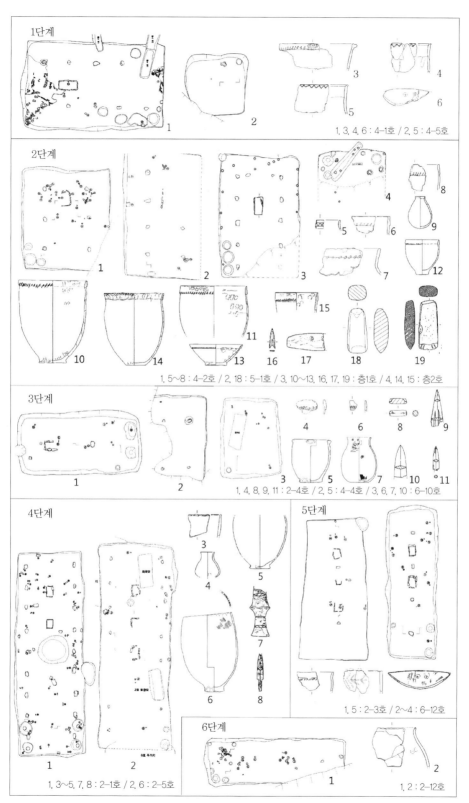

1단계

1, 3, 4, 6 : 4-1호 / 2, 5 : 4-5호

2단계

1, 5~8 : 4-2호 / 2, 18 : 5-1호 / 3, 10~13, 16, 17, 19 : 층1호 / 4, 14, 15 : 층2호

3단계

1, 4, 8, 9, 11 : 2-4호 / 2, 5 : 4-4호 / 3, 6, 7, 10 : 6-10호

4단계

1, 3~5, 7, 8 : 2-1호 / 2, 6 : 2-5호

5단계

1, 5 : 2-3호 / 2~4 : 6-12호

6단계

1, 2 : 2-12호

그림 45_용산동취락 단계별 주거지와 유물

(8) 대전 둔산유적, 궁동유적, 가오동유적

대전 둔산·궁동·가오동유적은 3·4기의 전기 주거지로 이루어진 소규모 취락이다. 둔산취락은 갑천 중류에 위치하며 3기의 주거지가 조사되었는데 2단계의 1·2호주거지가 A형취락의 형태를 이루고 있으며 3호는 4단계로 추정되나 뚜렷하지 않다.

궁동취락은 조사된 3기의 주거지가 모두 2단계에 해당되어 B형취락으로 판단할 수 있는데 13호의 경우 1단계로 상향조정될 가능성도 있다.

가오동취락에서는 4기의 전기 주거지가 조사되었는데 각각 4~6단계에 대응하며, 갑천유역의 중심취락에서 분리 또는 이동한 것으로 판단된다.

표 40_대전 둔산유적 청동기시대 주거지 현황

No.	장	단	비	면적	형식	저장	토기	석기	단계
1	730	420	1.74	30.7	IICa2	2	이중구연단사선문구순각목호형토기(문양8), 대각편, 횡침선(2條)점열문토기,	유경촉편,합인석부2,	2
2	680	580	1.17	39.4	IAd	3	이중구연단사선문(문양1)	석검병부편, 삼각만입촉2	2
3	잔580	400			a1	3	단사선문토기(?)		4?

표 41_대전 궁동유적 청동기시대 주거지 현황

No.	장	단	비	면적	형식	저장	토기	석기	단계
2	잔670	640			IIAa1	1	이중구연단사선문(문양1)	이단병혈구석검, 미제품 2, 석재9, 고석	2
11	616	400	1.54	24.6	IICa1	2	壺	미상2, 석재9	2
13	868	잔404			IID	4	이중거치점열문, 거치문, 壺, 방추차	삼각만입촉편, 석재3	2
송국리식주거지 10, 석관묘 2, 집석유구 1									

표 42_대전 가오동유적 청동기시대 주거지 현황

No.	장	단	비	면적	형식	저장	토기	석기	단계
1	잔940	400			IIIAa3		빗살무늬토기편		4
2	잔684	354			IIIDc4		빗살무늬토기편	미상	6
3					a1?	2		석촉편	?
4	잔1050	354			IIIBa2	1	구순각목토기(문양21), 적색마연장경호	주형석도, 방추차4, 갈판, 어망추2, 환상석부, 미상3	5
송국리식주거지 4, 수혈유구 9, 지석묘									

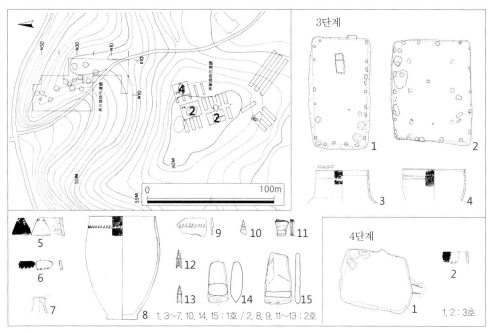

그림 46_둔산취락의 단계별 배치와 주거지 · 유물

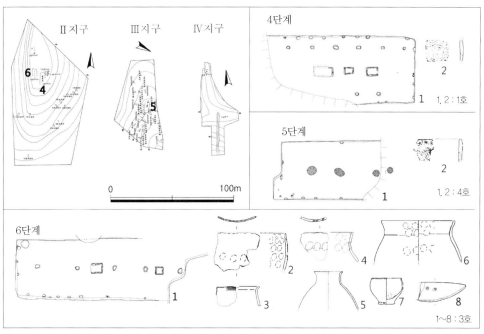

그림 47_가오동취락의 단계별 배치와 주거지 · 유물

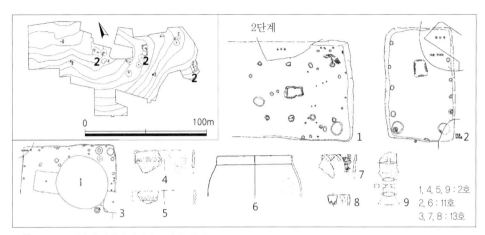

그림 48_궁동취락의 단계별 배치와 주거지 · 유물

(9) 계룡 두계리유적

두계리유적은 갑천의 지류인 두계천의 남쪽 구릉지에 입지하고 있는데 갑천의 상류지역이다. 동유적에서는 해발 115m 내외의 구릉 정상부를 중심으로 청동기시대의 유구가 확인되는데 전기의 주거지 5기와 후기의 송국리식주거지 5기 등이 조사되었다.

표 43_계룡 두계리유적 청동기시대 주거지 현황

No.	장	단	비	면적	형식	저장	토기	석기	단계
1	778	636	1.22	49.4	I Ac1			합인석부, 미상2	2
2	468	322	1.45	15	I Da1	3			2
3	834	잔516			I Aa1		鉢, 방추차2	어형석도, 일단경촉, 혈구석촉편, 석도편, 석검편, 미상2, 지석	2
4	563	424	1.32	23.8	I Da1	3	이중구연단사선문호형토기	미상15, 지석2, 갈판	2
5					a				?
송국리식주거지 5, 수혈유구 6									

두계리취락은 1~4호의 주거지 4기 모두 2단계에 해당되는데 구릉의 평탄면인 중앙의 空地를 중심으로 북쪽과 남쪽에 각각 2기의 주거지가 세대공동체의 주거군을 이루고 있는 것으로 판단된다. 취락 중앙의 空地는 역시 광장으로 판단할 수 있으며 취락의 형태는 분산형 점상취락(B형)이다.

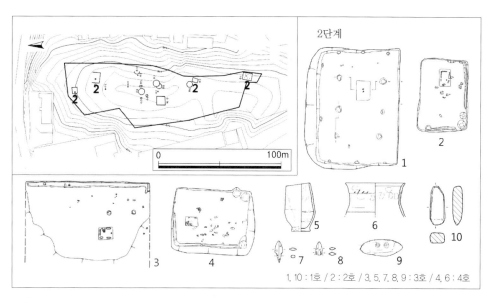

그림 49_두계리취락의 단계별 배치와 주거지 · 유물

(10) 금산 수당리유적

금산 수당리유적은 금강 상류지역에 위치하며 금강의 지류인 봉황천 주변에 발달한 해발 160m 내외의 구릉지 정상부에서 취락이 확인된다. 유적은 2개 지점으로 구분되며 산1-5번지 일원에서는 2기의 전기 주거지가, 산503-15번지 일원에서는 3기의 전기 주거지가 조사되었다. 또한 각지점에서는 2 · 3기의 송국리식주거지도 확인되었다.

표 44_금산 수당리유적 청동기시대 주거지 현황

No.	장	단	비	면적	형식	저장	토기	석기	단계
충1	잔990	640			IIAa1		이중구연단사선문(문양2), 대각편, 壺, 小形鉢	일단경촉, 합인석부편, 지석	2
충6	670	잔329			IID?		계관형파수부토기, 절상돌대문토기(문양26), 구순각목ㄴ토기(문양22)	미상2, 석재9	2
역3	942	추400			IIDa2		장경호	혈구이단병석검, 석검편, 고석2, 환상석부, 이단경촉 편평편인석부, 미제품6, 원관형석기	3
역4	812	잔220						석재2	?
역5	잔216	잔78						석재	?
충 : 송국리식주거지 2, 토광위석묘 2 역 : 송국리식주거지 3									

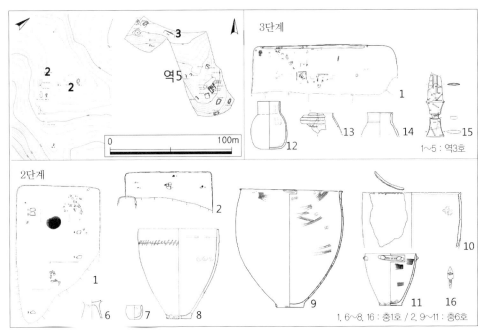

그림 50_수당리취락의 단계별 배치와 주거지 · 유물

　수당리 산1-5번지 일원의 취락에서 확인된 2기의 주거지는 2단계로 동일하며 단독점상취락(A형)을 이루고 있다. 특히 6호주거지에서는 금강유역에서 최초로 절상돌대문토기와 계관형파수부토기가 출토되어 그 시간적 위치를 살필 수 있다.

3) 금강 중류역

(1) 연기 송담리유적(28지점)

　송담리유적은 금강 본류의 북서쪽에 위치하고 있으며 북쪽의 전월산에서 남쪽으로 발달한 구릉의 말단에 위치하고 있다. 청동기시대 주거지는 대부분 해발 45~50m 구릉 정상부의 능선을 따라 입지하고 있다.

　송담리취락은 금강 중류역에서 중심을 이루는 취락으로서 시기를 막론한 규모에서 금강유역 청동기시대 전기의 최대를 이루고 있다. 가락동유형의 2단계에 최초로 주거지가 조성되면서 취락이 형성되는 것으로 판단된다. 다른 지역의 동단계 취락이 대부분 1~2기의 주거지로 이루어지거나 2단위의 세대공동체로 구성되는 것이 최대인 점에 비해 송담리의 2단계는 3개의 주거군이 취락의 영역내에 분산 · 배치되어 있다. 1단계에 미호천유역권에서 확산된 가락동유형의 문화는 금강유역의 송담리취락 일원에서 본격적인 청동기시대 전기 취락 사회의 시작을 나타내는 것이다. 주거지의 면적은 약 30~80m² 내외이며 81.5m²의 15호주거지가 최대로서 동단계 취락의 유력자 또는 수장층의 가옥으로 판단된다.

표 45_송담리유적 청동기시대 주거지 현황1

No.	장	단	비	면적	형식	저장	토기	석기	단계
(28)1	644	500	1.28	32	I Da1			석부2, 지석2, 고석2, 미상3, 미제품	2
(28)13	566	추400	1.41	22.6	I Da1	1			2
(28)15	1235	660	1.87	81.5	IIAa2	3		석도2, 석도편, 편평편인석부, 지석2, 고석, 미상3	2
(28)21	580	350?			Da1		鉢, (이중구연)단사선문?, 대부소호, 적색마연토기	지석5, 고석2, 미제품5	2
(28)31	932	594	1.57	55.4	IIAa1	3	이중구연단사선문구순각목토기(문양16)		2
(28)32	886?	497			IIAa1			어형석도, 미상1, 이형(투공)석기, 미제품6	2
(28)33	870	622	1.40	54.1	I Aa1	6		지석, 마석, 미상2	2
(28)36	822	513?			IIAa1				2
(28)54	444?	519			Ca1		이중구연단사선문토기(문양1,2)鉢, 방추차3, 어망추8	삼각만입촉, 편평편인석부, 대석, 미상5, 고석, 미제품	2
(28)55	756	471	1.65	30.5	IIAd	2	이중구연단사선문토기, 鉢	편평편인석부, 방추차, 석검미제품 고석, 미제품, 미상	1~2
(28)2	756	498	1.52	37.6	I Dc1	5	이중구연단사선문(문양2), 구순각목문토기(문양21), 어망추	합인석부, 방추차2, 지석2, 고석2, 미상6, 어망추, 대석, 미제품2	3
(28)11	잔490	추530			a2		10호와 중복		3?
(28)26	600	210?			Da1	1		고석2, 미상, 미제품1	?3
(28)28	504?	385			Da1		구순각목문토기(문양21), 鉢	지석2	3
(28)34	788	441	1.79	34.8	IIDa1	1	단사선문토기편?	이단경촉, 미상3, 미제품3	3
(28)42	690	396	1.74	27.3	IICa1		이중구연단사선문壺, 구순각목문토기, 鉢, 壺	지석2, 고석, 미제품	3
(28)44	978?	360			IIDa2	1	이중구연단사선문토기, 적색마연토기	지석2, 석착, 고석, 미제품5, 석재3	3
(28)8	920	추540			IIBa?		횡대구획삼각다중문호, 壺	고석3	4
(28)10	870	340	2.56	29.5	IIIDa2	2	단사선문(문양20), 방추차, 구순각목문토기(문양21), 횡대구획삼각다중문호	삼각만입촉, 편평편인석부2, 석도편3, 미제품11, 고석7, 지석2, 미상2	4
(28)16	1152	352	3.3	41	IIIBa3	5	마연장경호, 방추차2, 어망추	이단병석검, 석검봉부편2, 방추차, 지석8, 합인석부3, 고석2, 갈돌, 갈판, 미제품7, 미상	4
(28)17	1025	350	2.92	35.9	IIIBa2	2		일단경촉, 지석2	4
(28)29	818?	430			Ca1?	3	壺	고석, 지석, 미제품	?4
(28)30	590	400	1.48	23.6	I Dd		구순각목문토기(문양21)	주형석도, 합인석부2, 지석2, 미상5, 미제품5	4
(28)46	786?	320			IIIBa1		어망추	편평석부, 고석, 미제품	4
(28)50	643?	306?			a1			이단병석검 미제품	5이전

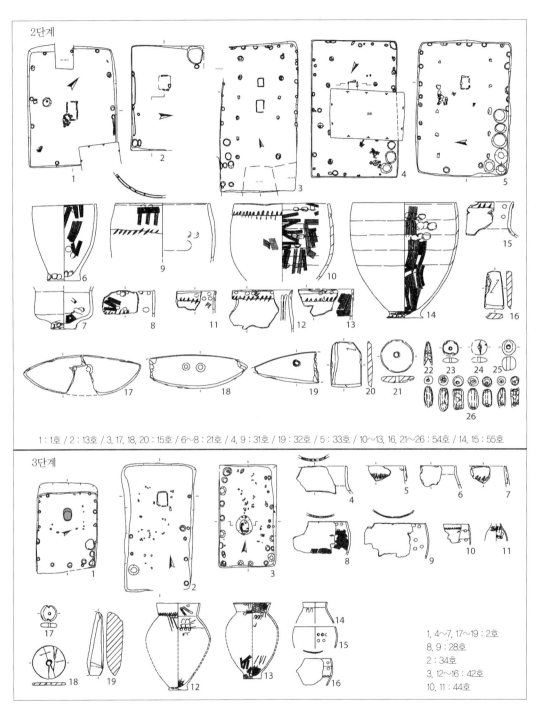

2단계

1 : 1호 / 2 : 13호 / 3, 17, 18, 20 : 15호 / 6~8 : 21호 / 4, 9 : 31호 / 19 : 32호 / 5 : 33호 / 10~13, 16, 21~26 : 54호 / 14, 15 : 55호

3단계

1, 4~7, 17~19 : 2호
8, 9 : 28호
2 : 34호
3, 12~16 : 42호
10, 11 : 44호

그림 51_송담리취락 2·3단계 주거지와 유물

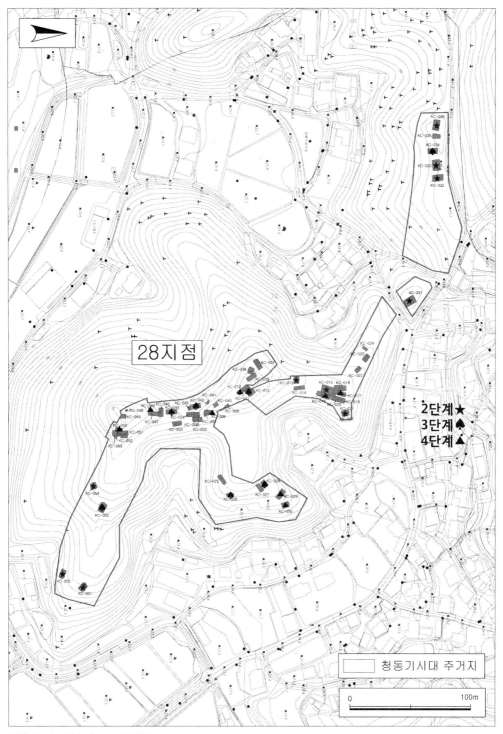

28지점

2단계 ★
3단계 ♠
4단계 ▲

청동기시대 주거지

0   100m

그림 52_송담리유적 2~4단계 취락

표 46_송담리유적 청동기시대 주거지 현황2

No.	장	단	비	면적	형식	저장	토기	석기	단계
(28)3	720	추400			Bb2				5
(28)18	잔980	400			IIIDa2	1		삼각만입촉, 일단경촉, 미상, 미제품2, 합인석부	5
(28)19	1155	385	3	44.5	IIIBa?	2	鉢, 壺	주상편인석부, 고석, 지석, 대석, 미제품3	5
(28)22	520?	326			Da2	3			5
(28)25	860	316	2.72	27.2	IIIDb3	1	鉢, 방추차2	지석5, 미상2	5
(28)37	924?	415			IIIDb3	4	외반구연호, 적색마연토기, 小壺	합인석부, 용도미상2, 미제품2찰절석기	5
(28)39	860	330	2.61	28.4	IIIDb2	1		이단경촉, 미제품2	5
(28)45	740?	364			Cb2		鉢, 盌	지석	5
(28)51	880	350	2.51	30.8	IIIBc2	1	어망추	삼각만입촉, 석도미제품, 장신구	5
(28)4	720	360	2	25	IIDc2	3	방추차	일단경촉, 방추차, 지석5, 미제품2, 갈돌	6
(28)6	744	350	2.13	26	IIDc1			이단경촉, 편평편인석부, 고석, 미제품	6
(28)12	575	330	1.74	19	IIDd				6
(28)14	870	280	3.1	24.4	IIIDc1	2		합인석부, 고석2, 미상, 미제품3, 대석	6
(28)20	480	308	1.56	14.8	IIDc1	2	방추차	합인석부, 지석2, 갈판, 고석, 미제품	6
(28)23	600?	390			Dc1	3	鉢	지석, 고석	6
(28)27	672	343	1.96	23	IIDc1		小壺		6
(28)35	650	372	1.75	24.2	IIDc1	4		미제품3	6
(28)38	486	450	1.08	21.9	I Dc1			미제품	6
(28)41	210?	378			c1				6
(28)43	396?	302			c1				?6
(28)47	301	290	1.04	8.03	I Dc1				6
(28)49	460?	306			c1			삼각만입촉, 유단석부, 고석, 미제품	?6
(28)53	770?	372?			Dc1		어망추	지석2, 미상2, 미제품4	6
(28)5	잔630	580			I D?			지석2, 고석, 미상	?
(28)7	잔534	290			?		방추차	고석	?
(28)9	잔590	단290			?			편평편인석부, 석도미제품	?
(28)24	240?	442			?	4	鉢	합인석부, 지석2, 미상	?
(28)40	382?	320?			a1				?
(28)48					a1?			지석	?
(28)52	542?	148?			?			석촉편, 지석	?

표 47_송담리유적의 취락 단계별 석기 출토 현황

기종	벌채		가공			수렵			상징의례					수확구			석기가공	방직구		어구	식량가공			굴지	未製	미상	석재
기능	석부		목재가공			석촉			석검				장	석도			지	방추차		어	고	마	갈	굴			
단계	합인	기타	편인	주상	석착	삼	이	일	기	二	一	기	신	주	어	기	석	석	토	망	석	석	판	지	未製	미상	석재
2	2		3		1	1			1						1	3	5	1	3	8	7	1			14	14	
3	1							1									8	2		1	6				12	10	3
4	5		3					1	4						1	3	15	1	3	2	14				25	8	
5	2			1		2	1	1				1				1	7				2	1	1		10	3	
6	2	1단	1			1	1	1									4	1	2	1	6		2		16	3	

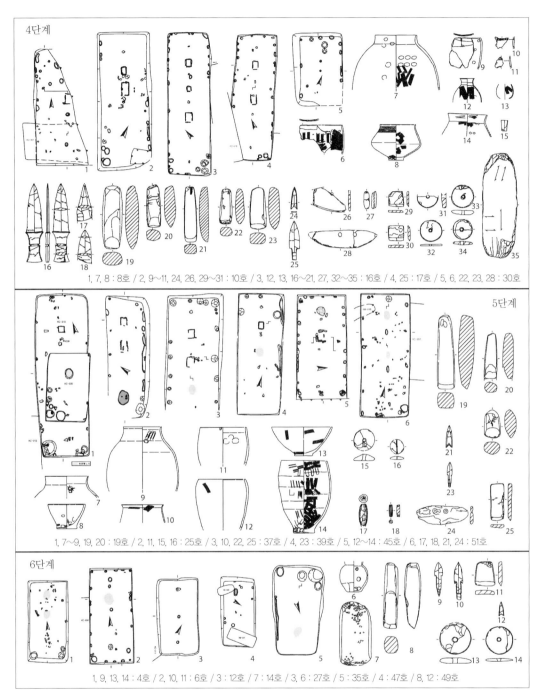

4단계

1, 7, 8 : 8호 / 2, 9~11, 24, 26, 29~31 : 10호 / 3, 12, 13, 16~21, 27, 32~35 : 16호 / 4, 25 : 17호 / 5, 6, 22, 23, 28 : 30호

5단계

1, 7~9, 19, 20 : 19호 / 2, 11, 15, 16 : 25호 / 3, 10, 22, 25 : 37호 / 4, 23 : 39호 / 5, 12~14 : 45호 / 6, 17, 18, 21, 24 : 51호

6단계

1, 9, 13, 14 : 4호 / 2, 10, 11 : 6호 / 3 : 12호 / 7 : 14호 / 3, 6 : 27호 / 5 : 35호 / 4 : 47호 / 8, 12 : 49호

그림 53_송담리취락 4~6단계 주거지와 유물

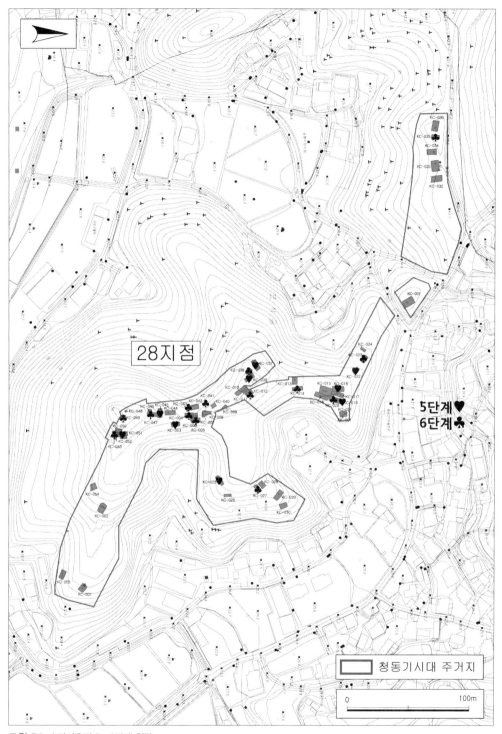

28지점

5단계 ♥
6단계 ♣

청동기시대 주거지

0   100m

그림 54_송담리유적 5 · 6단계 취락

3단계는 2단계에 비해 약간 축소된 모습으로서 2기의 주거지로 이루어진 세대공동체의 양상을 나타내기도 하고 단독으로 주거지 1기만이 조성되는 것도 확인되는데 2단계와 같이 취락의 영역 전면에 넓게 분산 배치되어 있다.

4단계는 취락의 규모는 3단계와 유사하나 취락의 중심부에 밀집되어 분포하는 특징이 있다. 2·3단계의 송담리취락이 능선의 전면에 취락을 형성하고 있었다면, 4단계는 보다 집중되는 양상이다. 주거군은 4개 지점에서 확인되는데 각 주거군의 주거지 간격은 전단계에 비해 이격되어 있는 편이다. 4단계에 나타나는 이러한 주거지의 집중은 취락 구성원의 친밀도 등이 전단계에 비해 진전되었음을 나타내주는 것일 수도 있으며, 취락단위 협업의 요구가 증대되었을 가능성도 있다. 4단계의 주거군에서 중심을 이루는 것은 16·17호주거군으로 특히 4단계의 최대규모(41m²)인 16호주거지(IIIBa3식)에서는 이단병식석검 1점과 석검 봉부편 2점이 출토되었는데 동단계 취락의 수장이 거주했던 상위의 가옥으로 판단된다.

5단계도 4단계와 유사한 주거지 분포 패턴을 나타내고 있는데, 4단계 상위가옥이 조성된 지역에서는 3기로 구성된 조금 더 확대된 세대공동체의 모습도 살필 수 있다. 2단계 최대규모의 주거지도 동지역이며 송담리취락에서 최대의 주거지간 중복을 이루는 지역으로 송담리취락의 중심거주역으로 추정된다. 5단계 취락의 형태를 비롯하여 전반적으로 분산형 점상취락의 형태를 나타내고 있다.

6단계는 송담리취락에서 최대규모를 이루고 있다. 또한 2~5단계의 중심으로 생각되는 지점에서 남쪽으로 중심이 이동된 것으로 판단된다. 주거군은 최대 4기의 주거지가 모여 한 단위의 세대공동체를 이루는 모습도 확인되며, 단독으로 조성된 양상도 있는 등 다양하다.

(2) 연기 송담리유적 29·30·34지점

송담리 29·30·34지점의 유적은 앞쪽의 송담리유적 동북쪽(29·30지점)과 서북쪽(34지점)의 구릉지에 위치하고 있다. 특히 29·30지점은 송담리유적과 연결되는 구릉이

표 48_송담리유적 29-1·2지점 청동기시대 주거지 현황

No.	장	단	비	면적	형식	저장	토기	석기	단계
(29-1)1	930	380	2.45	35.3	IIDa2	5	이중구연단사선문구순각목토기(문양16)	지석, 미제품3	2
(29-1)2	576	440	1.31	25.3	IDa1	2	이중구연단사선문구순각목토기(문양16), 점열문鉢	이단경촉, 지석3, 고석, 미상4, 미제품3	2
(29-2)1	900	350	2.57	31.5	IIIDc2	1	대부소호	합인석부, 이단경촉, 석부편, 지석2, 미제품2, 대석	6
(29-2)2	400?	310?			?	2	구순각목문壺	지석, 미제품2	6

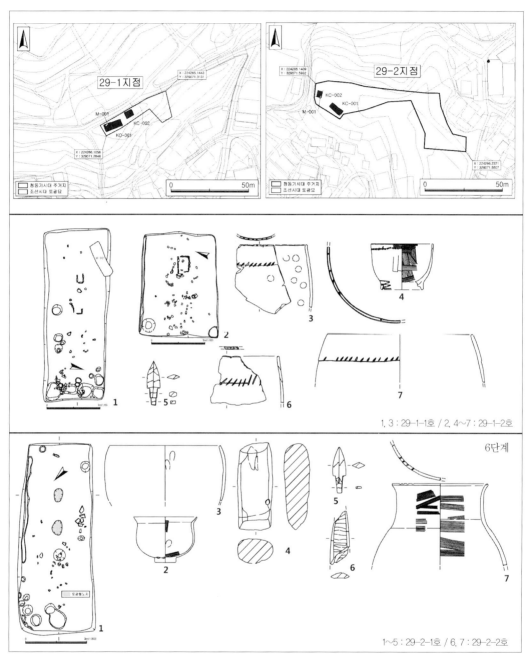

그림 55_송담리 29-1·2지점 취락의 배치와 주거지·유물

다. 청동기시대 주거지는 해발 35~45m(29·30지점) 내외와 해발 60m(34지점)의 구릉
정상부에 형성된 평탄한 능선을 따라 입지하고 있다.

송담리취락의 29지점은 3개의 지역으로 구분되는데 앞에서 살펴본 송담리취락의 서북쪽으로 약 200m의 거리에 발달한 잔구성 구릉에 소규모의 취락이 위치하고 있다. 29지점에서 확인되는 3개 지점은 각각 다른 시기로서 1지점은 2단계, 2지점은 6단계이며 2기의 주거지가 한 단위의 세대공동체를 이루는 것으로 판단된다.

2단계 1지점의 주거지 2기는 평면형과 규모가 서로 다르나 토기상에서는 뚜렷한 차이

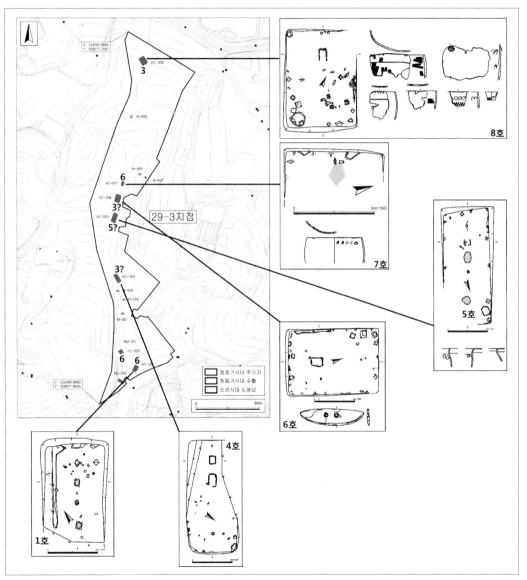

그림 56_송담리취락 29-3지점 단계별 주거지와 유물

표 49_송담리유적 29-3지점 청동기시대 주거지 현황

No.	장	단	비	면적	형식	저장	토기	석기	단계
(29-3)4	834	390	2.14	32.5	IIDa2	1		석부편, 지석, 미제품4, 미상	3?
(29-3)6	700	490	1.44	34.3	I Ca1	3		주형석도, 지석2, 고석2, 미제품3	3?
(29-3)8	750	540	1.39	40.5	I Da1	1	이중구연구순각목문토기(문양14), 이중구연단사선문토기(문양12), 유상돌대문토기(문양27), 구순각목(문21)	지석2, 미제품	3
(29-3)5	860	400	2.15	34.4	IIDb3	1		석부편, 지석2, 고석, 미상	5?
(29-3)1	620?	400			Dc2			지석6, 고석2, 미상1, 미제품2	6
(29-3)3	368?	320			c1			미제품	6
(29-3)7	176?	360			c1		구순각목문토기(문양21)	미상4	6
(29-3)2	684?	330?			a1?				?

가 없으므로 동일한 단계로 판단할 수 있다. 취락의 형태는 송담리취락과의 관계를 고려할 때 단독점상취락으로 판단할 수 있고 송담리취락의 동단계에 비해 주거지의 규모가 작은 점을 통해 母村과 子村의 관계(李熙濬 2000)도 상정할 수 있다.

6단계 2지점의 주거지는 서로 다른 형식인지는 불확실하나 잔존상태가 불량한 2호에서 구순각목문의 호형토기가 출토되는 것을 볼 때 큰 시기차는 없을 것으로 판단된다. 양 주거지는 생활간섭을 회피할만큼 일정 간격을 유지하고 있으므로 동일한 단계로 판단해도 무리가 없을 것이다.

송담리유적 29-3지점에서는 8기의 전기 주거지가 조사되었는데 3단계와 6단계가 중심을 이루고 있다. 우선 3단계의 주거지는 취락내에 분산되어 3기가 확인되며 A형 또는 B형의 취락으로 판단할 수 있다.

6단계의 주거지는 취락 영역의 남쪽에서 1·3호주거지가 한 단위의 세대공동체를 이루고 있고 취락 중심의 7호주거지는 단독으로 조성되어 있는데 5단계로 추정되는 5호주거지의 시기를 조금 늦게 볼 수 있다면 역시 2기의 주거지로 구성된 세대공동체로 볼 가능성도 있다.

송담리유적 30지점에서는 9기의 전기 주거지가 확인되었는데 2~5단계에 해당된다. 2단계의 주거지는 1호와 7호가 해당되는데, 1호의 경우 이중구연거치문토기와 이중구연부의 폭이 좁은 이중구연단사선문토기가 출토되어 1단계에 해당될 가능성도 있다. 양 주거지는 취락 영역의 북단과 남단에 각각 위치하고 있으며 단독점상취락(A형)이다. 3단계의 주거지는 취락 북쪽의 주거역에 유사한 장축방향을 나타내며 조성되어 있는데 6호와 8호는 주거군을 이루는 것으로 판단되고 4호는 단독으로 확인된다.

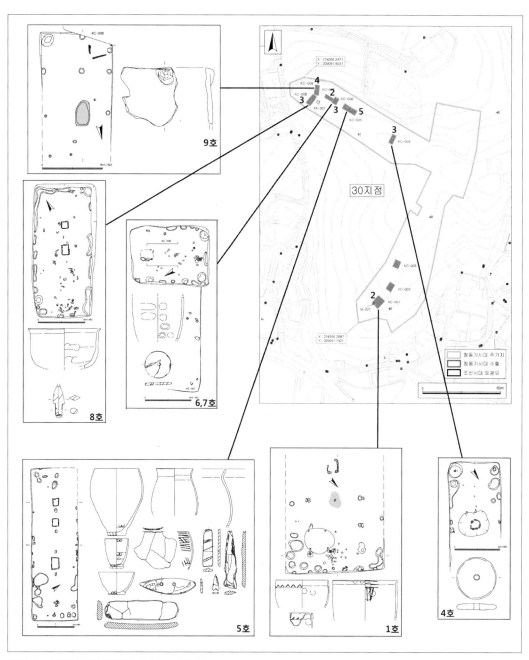

그림 57_송담리취락 30지점 단계별 주거지와 유물

표 50_송담리유적 30지점 청동기시대 주거지 현황

No.	장	단	비	면적	형식	저장	토기	석기	단계
(30)-1	760?	660			Ab2?	6	이중구연거치문토기(문3), 이중구연단사선문(문1)	지석, 미제품	2
(30)-7	670?	190?			?				2
(30)-4	670?	350			Da1	4	방추차	미상, 미제품2	3
(30)-6	500?	372			ⅠDa1	2		지석3, 방추차, 고석2, 미상	3
(30)-8	840	408	2.06	34.3	ⅡDa2	2	대부소호	이단경촉, 고석, 미상2, 미제품4, 석재8	3
(30)-9	670?	364			ⅡDc1	1	유상돌대문토기(문양27)		4
(30)-5	1218	380	3.21	46.3	ⅢBa3	3	鉢, 壺, 구순각목문토기	주형석도, 석검미제품, 삼각촉미제품, 지석9, 미상8, 미제품4	5
(30)-2	442?	330?			?	6		지석	?
(30)-3	418?	340?			?			미상, 미제품3	?

다음으로 유상돌대문이 출토된 9호주거지는 토기문양의 편년상 3단계에 해당되나 주거지의 형식(ⅡDc1식)으로 볼 때 늦은 단계에 해당되어 4단계로 추정하였다. 5단계의 주거지는 5호주거지가 해당되는데 ⅢBa3식이며 내만구연의 발형토기와 경부가 바깥으로 뚜렷하게 꺾이는 호형토기, 그리고 구순각목문토기가 출토된다.

표 51_송담리유적 34지점 청동기시대 주거지 현황

No.	장	단	비	면적	형식	저장	토기	석기	단계
(34)-5	770?	380			Dc1?			지석2, 석부미제품	4이전
(34)-4	850	444	1.91	37.7	ⅡDb2	2		지석	4
(34)-1	1014	360	2.82	36.5	ⅢBa3	1	구순각목문 壺 (문양21), 대부소호, 대부발, 방추차2	유혈구이단병석검, 유혈구석검편, 유경식석검, 석검편, 편평편인석부, 이단경촉, 석부6(주상, 합인 등), 석착, 방추차, 미제품8, 지석7, 고석2, 미상	5
(34)-2	960?	428			ⅢBa3			주형석도2, 석부미제품2, 미상4	5
(34)-3	176?	440			a1				
(34)-6	550?	480			a1	5			

34지점은 28지점의 북서쪽 약 1.5km의 거리에 위치하고 있는 독립된 취락이다. 동 취락에서는 3~5단계에 해당되는 주거지가 확인되는데 모두 A형취락에 해당된다. 특히 5단계의 1호와 2호주거지는 약 30m 내외의 간격을 두고 독립적으로 위치하는데, 1호주거지에서는 4점의 석검을 비롯하여 합인석부, 주상편인석부, 편평편인석부 등의 석기류가 다수 출토되어 주목된다. 또한 대부발, 대부잔, 구순각목문 호형토기 등 토기류의 양상도 다양하다. 특히 유경식석검과 대부잔은 현재까지 금강유역의 가락동유형에서 출토된 예가 없는 것으로서 외래 기원의 문화요소로 판단되며, 5단계에서 34지점 1호주거지의 위

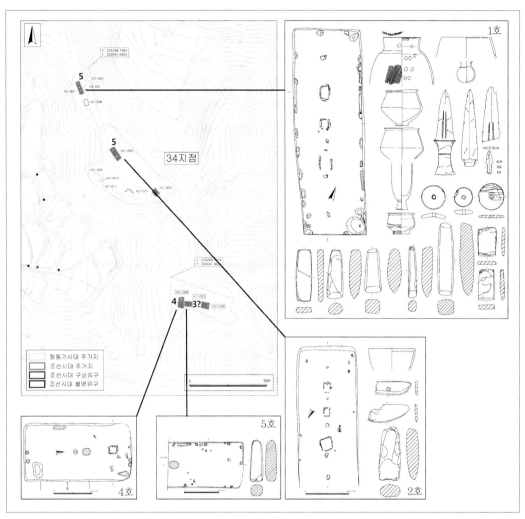

그림 58_송담리취락 34지점 단계별 주거지와 유물

상을 잘 보여준다.

(3) 연기 송원리유적

송원리유적은 금강 본류의 북서쪽에 인접한 구릉지에 위치하고 있으며 서북쪽의 장
군봉에서 동남쪽으로 발달한 구릉의 말단에 위치하고 있다. 청동기시대 주거지는 대부분
해발 45~70m의 구릉 정상부의 능선을 따라 입지하고 있다.

표 51_송원리유적 청동기시대 주거지 현황 1

No.	장	단	비	면적	형식	저장	토기	석기	단계
35	1140	596	1.91	67.9	IIAa2	1	이중구연단사선문, 鉢, 구순각목(×문), 小壺	지석2, 미상	2
43	664	433	1.53	28.7	IIDa1	4	이중구연단사선문鉢, 방추차	합인석부, 환상석부, 고석, 원판형석기2, 미상	2
14	1032?	458?			IIAa2		적색마연토기壺, 이중구연단사선문구순각목, 방추차, 어망추	석검편, 이단경촉, 지석2, 미상, 미제품2	2
16	860	380	2.26	32.7	IICa1		횡침선단사선문토기, 이중구연단사선문구순각목이중구연단사선문鉢, 小壺, 鉢	석부편2, 지석2, 미상7, 미제품4	3
19	710	280?			?		이중구연단사선문구순각목, 구순각목문토기	합인석부, 미제품3	3
33	834	465	1.79	38.8	IIAa1	4	구순각목문토기, 사격자문적색마연토기	지석, 대석, 미상, 미제품	3
38	956?	358			IIIA?		이중구연단사선문	지석	3
42	1106	408	2.30	53.1	IIAc3	6	鉢	삼각만입촉, 지석7, 고석7, 미상6, 미제품2, 석재8	3
32	980	543	1.80	53.2	IIAa2	7	구순각목공렬문鉢, 鉢, 壺, 횡대구획거치문壺, 이중구연단사선문(3條), 구순각목문鉢, 구순각목문壺, 적색마연토기壺, 마연토기대부盤	주형석도, 편평편인석부, 합인석부, 미상6, 석부미제품2, 미제품	3
18	966	432?			IICa2	3	壺(短頸)	석부편, 지석, 미제품2	4
22	1243	436	2.85	54.2	IIIAa1	5		주형석도, 지석	4
23	756	316	2.39	23.9	IIDb2	1		지석3	4
31	830?	357			IIBb3	2	이중구연단사선문구순각목, 鉢, 어망추19	어형석도, 이단경촉, 석촉편2, 이단병석검병부, 미상2, 미제품2	4
34	1210	432	2.80	52.3	IIIDa1	3		어형석도, 편평편인석부, 지석4, 고석편, 갈판, 미상5, 미제품2	4
36	628?	370			Db2?		단사선문(혼암리계), 방추차	석도편, 합인석부, 고석4, 지석, 미상2	4
44	1160	516	2.25	59.9	IICa2	1	壺(외경), 방추차	석검봉부편2, 이단병석검병부, 석검병부, 유경촉편, 지석11, 미상4, 미제품9	4
45	1218?	472			IIIAc2	2		지석, 미상	4
47	926?	524			Da2		壺, 방추차	미상, 미제품2	4
50	1476	538	2.74	79.4	IIIAb4	2	횡침선사격자문토기, 어망추5	합인석부, 지석11, 미상5, 미제품18	4
74	872	344	2.53	30	IIIDa2	3	구순각목횡침선단사선문		4
3	814	308	2.64	25.1	IIIDa1	3	외반구연토기	삼각만입촉2, 지석3, 미제품7, 미상	4-5

　　송원리취락은 송담리취락의 남서쪽 약 1.5km 떨어진 지역에 위치하며 거의 동일한 규모를 갖는 취락이다. 그러나 기본적인 취락의 입지에서 차이가 있는데 송담리취락은 잔구성구릉으로 주변에 비교적 넓은 평야지역이 발달되어 있는 데 반해, 송원리취락은 구릉성산지의 말단부에 해당되며 비교적 경사도가 급하고 곡부의 발달이 현저한 특징을 나타낸다. 따라서 동시기에 병존했던 양취락은 다른 생계경제를 영위했을 것으로 추정되는데 송원리취락의 경우 배후산지를 이용한 수렵·채집과 곡저평야를 이용한 밭농사 또

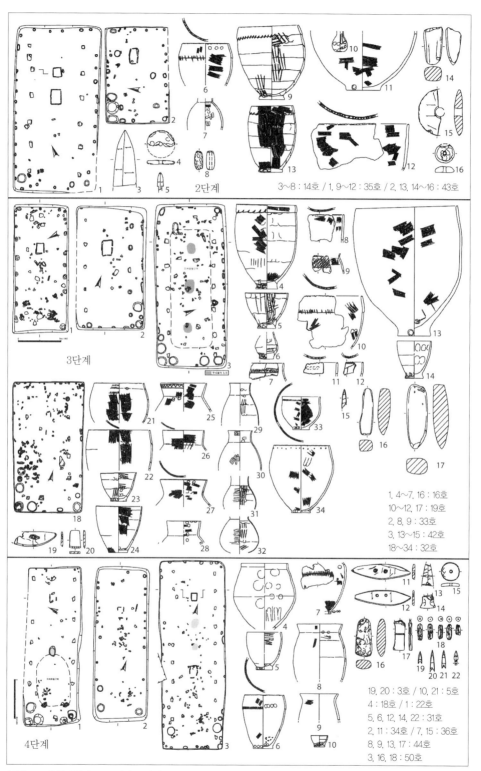

2단계

3~8 : 14호 / 1, 9~12 : 35호 / 2, 13, 14~16 : 43호

3단계

1, 4~7, 16 : 16호
10~12, 17 : 19호
2, 8, 9 : 33호
3, 13~15 : 42호
18~34 : 32호

4단계

19, 20 : 3호 / 10, 21 : 5호
4 : 18호 / 1 : 22호
5, 6, 12, 14, 22 : 31호
2, 11 : 34호 / 7, 15 : 36호
8, 9, 13, 17 : 44호
3, 16, 18 : 50호

그림 45_송원리취락 2~4단계 주거지와 유물

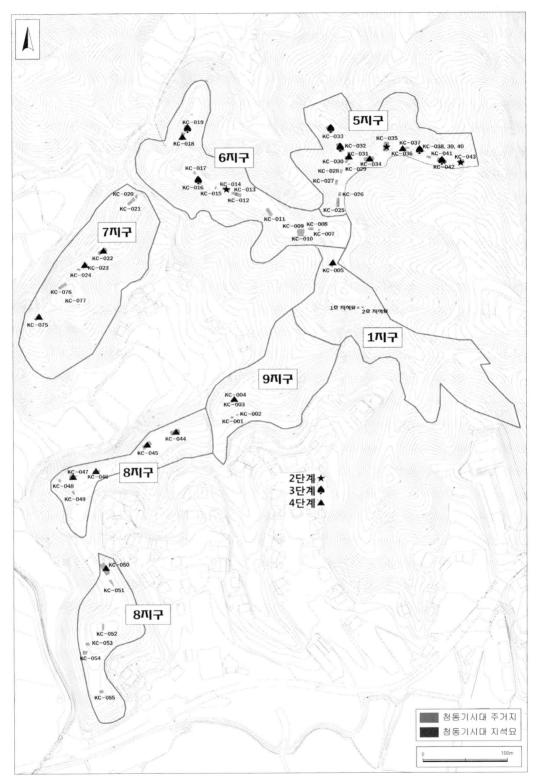

그림 60_송원리유적 2~4단계 취락

는 화전농경의 가능성을 살필 수 있고, 송담리취락은 취락주변의 평야를 이용한 논농사의 가능성이 높을 것이다. 실제 송담리 34지점 1호주거지에서 탄화된 벼가 확인되어 그러한 가능성을 살필 수 있다.

표 53_송원리유적 청동기시대 주거지 현황 2

No.	장	단	비	면적	형식	저장	토기	석기	단계
5	904?	346			III3a2		鉢	삼각만입촉, 이단경촉, 지석2, 미상2, 미제품5, 석검가공품	4−5
46	870	292	2.98	25.4	IIIDa1			미상, 미제품6	4−5
40	323?	240?			?				5이전
11	1030?	410			IIIBa3		적색마연토기壺	미상3	5
12	350?	230			c1?				5?
21	860?	365			IIIDa2	2	토제어망추	이단경촉,미제품	5
25	1144	364	3.14	41.6	IIIBb3	1	어망추2	합인석부(소), 석촉편, 방추차2, 지석3, 미상10, 미제품4	5
27	646	326	1.98	21.1	IIDc1			지석, 미상	5
52	860?	346			IIIBa1				5
55	540?	350			Ba1		鉢	합인석부, 주형석도, 석도편2, 미상6	5
75	1097?	336			IIIB?	2			5
26	506	328?			c1	3	鉢, 구순각목문토기鉢	지석, 미상	5−6
7	311?	280			c1			지석	?6
8	653	333	1.96	21.7	IIDc1			지석, 미제품	6
10	721	350	2.06	25.2	IIDc1		어망추3	석도편, 미상4, 미제품2	6
13	620	290	2.14	18	IIDd			지석, 요석, 석재	6
15	300?	234			c1			지석, 미상	6
17	364	200?			c1			지석	6
20	520?	360?			c2				6
28	482	228	2.11	11	IIDd				6
29	417?	198?			c2				6
30	595	296	2.01	17.6	IIDc1		천공저부	미제품	6
37	358?	334?			c1				6
39	568	260	2.18	14.8	IIDc1	3	적색마연토기	지석2, 고석, 미상, 석부미제품	6
41	534	260	2.05	13.9	IIDc1			고석, 미상, 석창미제품, 석부미제품	6
49	600?	320			c1				6
51	770	284	2.71	21.9	?				6
53	468?	350			c1	2			6
4	494	140?			?				?
6	291?	314			?				?
24	494?	300			a2				?
48	360?	272			?				?
54	430?	486			IIA?	2			?
76	202?	202?			a1				?

송원리취락의 형성은 송담리취락과 같이 2단계에 이르러 시작된다. 그러나 2단계 취락의 규모 등에 있어서는 차이가 나타나는데 송원리취락은 3기의 동단계 주거지가 확인될 뿐이며 각 주거지는 군집을 이루지 않고 취락의 영역내에 분산되어 조성되어 있다.

송원리 3단계의 취락은 전단계에 비해 규모가 늘어나며, 주거군을 이루는 양상도 확

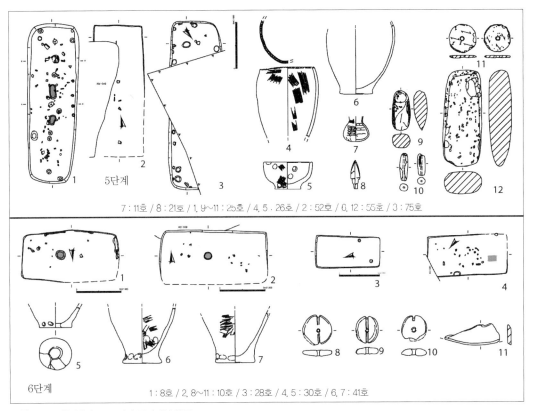

7 : 11호 / 8 : 21호 / 1, 9~11 : 25호 / 4, 5 : 26호 / 2 : 52호 / 6, 12 : 55호 / 3 : 75호

1 : 8호 / 2, 8~11 : 10호 / 3 : 28호 / 4, 5 : 30호 / 6, 7 : 41호

그림 61_송원리취락 5 · 6단계 주거지와 유물

표 54_송원리유적의 취락 단계별 석기 출토 현황

기종	벌채		가공			수렵			상징의례				수확구			석기가공	방직구		어구	식량가공			굴지	未製	미상	석재
기능	석부		목재가공			석촉			석검				석도			지석	방추차		어망	고석	마석	갈판	굴지			
단계	합인	기타	편인	주상	석착	삼	이	일	기	二	一	기	장신	주	어	기	석	석	토								
2	1						1					1	1환				4		2	1	1				4	3	
3	2	2	1			1								1			11			7					13	20	8
4	2	1	1			3	2		3	2		3		1	2		36		3	24	5		1		53	19	
5						1					1	1				2	4	2		3					5	20	
6		2												1			7					1			5	7	1

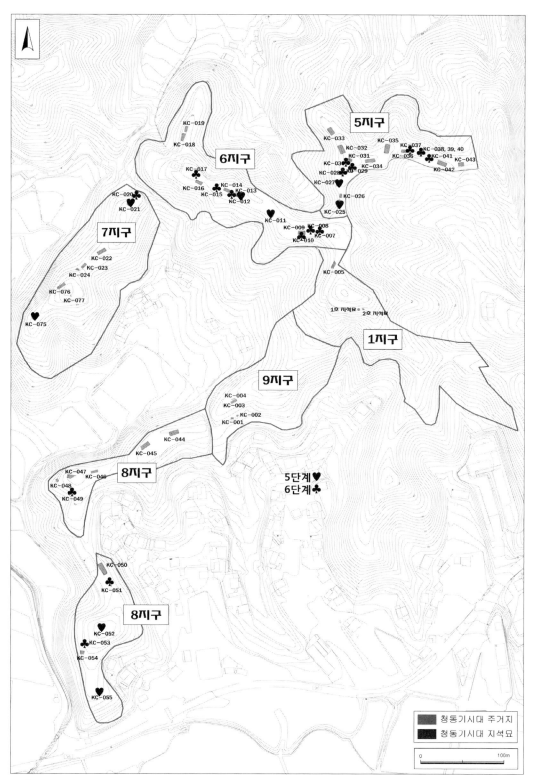

5지구

KC-019
KC-018

6지구

KC-033
KC-032
KC-031
KC-035
KC-037
KC-038, 39, 40
KC-036
KC-041
KC-043
KC-030
KC-034
KC-042
KC-028
KC-029
KC-027

KC-017
KC-016
KC-014
KC-013
KC-015
KC-012
KC-026
KC-025

KC-020
KC-021

7지구

KC-011
KC-009
KC-008
KC-010
KC-007

KC-022
KC-023
KC-024
KC-005

KC-076
KC-077

1호 지석묘
2호 지석묘

KC-075

1지구

9지구

KC-004
KC-003
KC-002
KC-001

5단계 ♥
6단계 ♣

KC-044
KC-045
KC-047
KC-048
KC-046
KC-049

8지구

KC-050

KC-051

8지구

KC-052
KC-053
KC-054

KC-055

| | 청동기시대 주거지 |
| | 청동기시대 지석묘 |

0   100m

그림 62_송원리유적 5 · 6단계 취락

인된다. 특히 32·33호주거군의 32호주거지에서는 금강유역에서 제한적으로 출토되는 구순각목공렬문토기와 함께 외래계로 판단할 수 있는 유물들이 공반되어 동단계 취락의 수장이 거주했던 가옥으로 판단된다.

송원리 4단계는 2기의 주거지로 이루어진 주거군의 모습이 취락영역의 전반에 걸쳐 뚜렷하게 잘 나타나고 있다. 한 단위의 주거군을 이루는 주거지는 중형과 소형으로 규모의 차이를 갖는데 세대공동체 내에서의 주거지간 위계를 반영하는 것으로서 공동체의 장이 거주하는 가옥과 일반 가옥으로 판단할 수 있다. 취락의 형태는 선상취락(C형)으로 판단된다.

송담리 취락의 5단계는 전단계에 비해 취락의 영역은 확대되나 규모는 오히려 축소되는 듯한 모습이다. 또한 주거군을 통해 추정할 수 있는 세대공동체의 여부도 제한적이다. 아마도 송원리취락의 5단계에 일시적 정체가 있었던 것으로 추정된다.

6단계에는 취락의 규모가 확대되며 취락의 영역도 남서쪽 지역으로 넓어진다. 또한 송담리취락과 유사하게 3기의 주거지가 한 단위를 이루는 주거군이 취락의 영역내에서 4개가 확인되어 조금 더 확대된 세대공동체의 모습을 살필 수 있다. 6단계 취락의 형태는 면상취락으로 판단되나 주거군 단위로는 분산형 점상취락에 가까운 편이다.

(4) 연기 연기리유적

연기리유적은 미호천 하류 서쪽의 원수산에서 북쪽 또는 북서쪽으로 뻗어내린 구릉지의 말단부에 위치하고 있으며, 3개 지점에서 청동기시대 전기의 주거지 9기가 조사되었다. 주거지는 해발 45~55m(74,75지점), 해발 60~70m(78지점)의 구릉 정상부를 중심으로 입지하고 있다.

표 55_연기리유적 청동기시대 주거지 현황

No.	장	단	비	면적	형식	저장	토기	석기	단계
74-1	1202	488	2.46	58.6	IIAa3	6	壺, 鉢, 마연토기 小壺	혈구석검봉부, 이단경촉, 합인석부2, 삼각만입촉편, 지석2, 미제품4, 망치2	4
74-2	1346	638	2.14	85.9	IIAd	12	壺, 鉢	석검병부, 석검봉부3, 삼각만입촉, 이단경촉, 석촉편2, 석도3, 방추차, 미제품13, 망치4, 지석2, 고석2, 석재2	4
74-3	1312	502	2.61	65.9	IIIAa2	5	鉢	유경촉편2, 고석, 지석4, 망치3, 미제품4, 미상4	4
74-4	255?	279			c1				4이전
74-5	192?	282			?				?
75-1	922	296?			IIIBc2	1		환형석기, 석구, 망치2, 미제품2, 미상	5
78-1	1205	318	3.79	38.3	IIIDa4	3		미제품2	5
78-2	488	235	2.08	11.5	IIDc1				6
78-3	1126	344	3.27	38.7	IIIBa3	5		지석	5

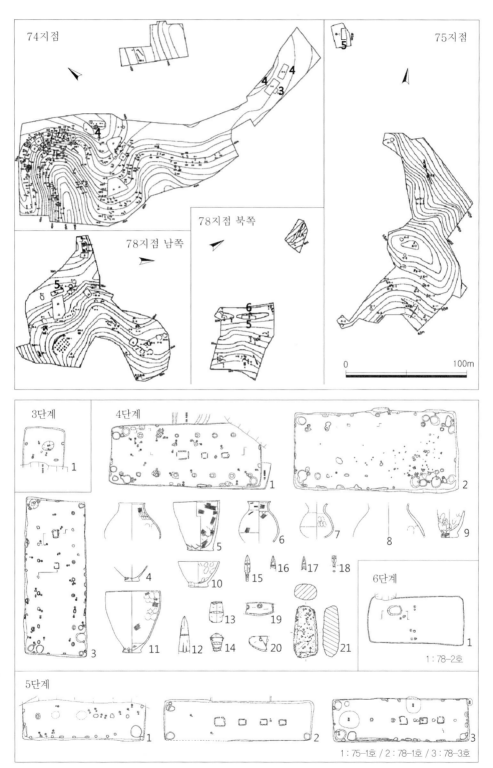

그림 63_연기리취락 지점별 배치와 주거지·유물

연기리취락은 중심인 송담 · 송원리취락에서 동북쪽으로 약 4~5km 정도의 거리에 위치하며 수계상으로는 미호천에 가까운 곳이다. 취락은 3개의 지점으로 구분되며 비교적 늦은 단계에 해당된다. 연기리 74지점의 취락은 4단계의 주거지가 중심을 이루며 중복된 양상을 통해 그 이전 단계의 존재도 확인할 수 있다. 취락은 A형취락의 형태이며 2기가 한 주거군을 이루는 양상과 단독으로 1기의 주거지가 조성되는 것으로 나뉜다.

78지점의 취락내 주거지는 대부분 5단계로서 74지점에서의 이동 가능성도 있다. 취락내 주거지의 배치는 분산되어 있으며 규모는 전단계에 비해 확연히 작아지는 모습이 나타난다.

(5) 연기 보통리유적

보통리유적은 미호천의 하류와 금강이 합류되는 지점의 인근에 위치하며 남에서 북으로 흘러내리는 구릉지에 청동기시대 주거지가 조성되어 있다. 주거지는 9기 모두 해발 70m 내외의 구릉 정상부 능선상에 입지하고 있다.

표 56_보통리유적 청동기시대 주거지 현황

No.	장	단	비	면적	형식	저장	토기	석기	단계
76−1	686	515	1.32	35.3	I Dc1	3		석착, 편평편인석부, 지석2, 망치, 미제품	?
76−2	664	462	1.44	30.7	I Dd	4	이중구연단사선문(문양1)	이단병석검	2
76−3	852	536	1.59	45.7	IIAa2	10	이중구연단사선문＋절상돌대문토기(문10), 이중구연단사선문토기(문1)	합인석부, 유경촉편, 석착, 미제품2	1
76−4	610	342?			a1	2	이중구연사격자문토기(문5)	이단병석검 병부	1
76−5	1094	514	2.13	56.2	IIA?	3	절상돌대문토기(문26), 이중구연단사선문토기(문1)	유경촉편, 합인석부2, 망치, 연석	1−2
76−6	854	452	1.89	38.6	IIDc2	4	이중구연단사선문토기(문1) 이중구연단사선문토기(문2)	삼각만입촉, 찰절석기2, 석재3	2
76−7	614?	402?			Aa1	1	이중구연단사선문토기(문1)	주형석도, 지석4, 미제품	2
76−8	400?	510			Aa1		이중구연단사선문토기(문1)	망치, 미제품	1−2
76−9	895	602	1.49	53.9	I Aa2	3	鉢	이단병석검, 지석2, 망치	2

보통리취락은 송담리30지점의 취락과 함께 금강 중류역의 초현기에 해당되는 취락으로 판단되는데, 동유적에서는 이중구연단사선문과 절상돌대문이 결합된 토기가 출토되었다. 이와 유사한 형식이 대전 용산동 4−5호주거지에서 출토되었고, 금강유역의 구릉지에서 절상돌대문이 출토되는 예는 금산 수당리유적 6호주거지가 있다.

동취락은 2단계로 나눠볼 수 있는데 1단계와 2단계 사이에 위치할 가능성이 있는 주거지도 확인된다. 1단계와 2단계의 취락은 분산형 점상취락의 형태를 나타내며, 주거군

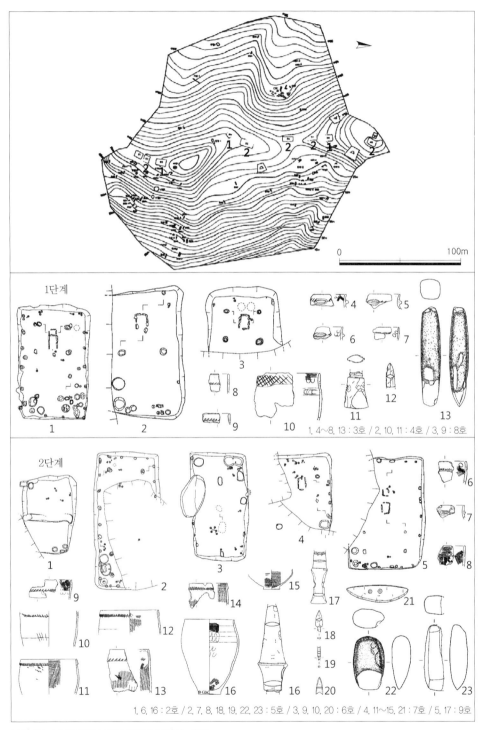

1단계

3

1, 4~8, 13 : 3호 / 2, 10, 11 : 4호 / 3, 9 : 8호

2단계

1, 6, 16 : 2호 / 2, 7, 8, 18, 19, 22, 23 : 5호 / 3, 9, 10, 20 : 6호 / 4, 11~15, 21 : 7호 / 5, 17 : 9호

그림 64_보통리취락 단계별 배치와 주거지 · 유물

을 이루지 않고 단독으로 조성되어 있다.

보통리취락은 미호천유역권에서 금강의 본류와 갑천지역으로 이어지는 지역에 입지하여 동유형 문화가 금강 중류역일원에 파급될 때 형성된 취락이며 1~2단계에 비교적 짧게 운영된 취락이다.

(6) 연기 용호리유적

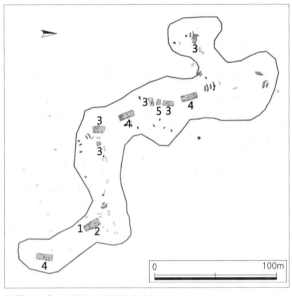

그림 64_용호리취락 단계별 주거지 분포

용호리유적은 미호천의 하류와 금강이 합류되는 지점의 북서쪽에 위치하며 북서에서 남동으로 발달한 구릉지에 청동기시대 주거지가 조성되어 있다. 주거지는 해발 60~70m 내외 구릉 정상부의 능선상에 주로 입지하고 있다.

용호리취락은 주변 소망이 탁월한 지역으로 미호천 동안에 접해 있고, 금강과 미호천이 합류되는 지점으로 문화의 수용이나 교류에 있어 유리한 지리적 입지를 갖는다. 동유적에서 1단계의 주거지가 제한적으

로 확인되는 것은 이러한 지리적 이점에 기인한 것으로 볼 수 있다.

표 57_용호리유적 청동기시대 주거지 현황

No.	장	단	비	면적	형식	저장	토기	석기	단계
1	1249	448	2.79	57	IIIAa3	8	이중구연단사선문(문양1), 횡대구획사격자문, 鉢, 壺, 방추차	주형석도, 석도편, 합인석부5, 석부미제품, 삼각만입촉, 석착, 지석2, 석촉미제품2, 미상4, 갈판2	4
2	?	522			I A?	12		석도, 미상2	1
3	913	613	1.48	49.7	I Aa2	8	단사선문(?), 壺, 鉢, 방추차	주형석도3, 삼각만입촉2, 합인석부, 방추차, 미상3	2
4	321?	315			a1	2		지석2, 미상, 미제품	?3
5	1013	555	1.83	48.8	IIAa1	5	구순각목문토기(문21)	이단경촉, 합인석부미제품, 석착, 지석, 미제품2	3
6	1295	503	2.57	61.8	IIIAa2	18	이중구연단사선문토기(문2)	석착, 방추차, 지석, 미상2	4
7	724	373	1.94	23	IIDa2			미제품2	3
8	514?	322			Bc?			미상3	5
9	882	407	2.17	33.4	IICa2		鉢	지석2,미상	3
10	1335	514	2.6	64.8	IIIAa3	5	이중구연단사선문토기(문1), 구순각목문토기(문21)	이단병석검, 이단경촉, 방추차, 갈판, 미상3	

11	606	320?		IICa2	2	(이중구연)단사선문(문2), 壺	미상		3
석곽	183	147	1.24			적색마연토기 壺			

　　그러나 동취락은 3단계에 정점을 이룬 후 서서히 쇠퇴하는 것으로 판단되는데 주변지역으로도 최근 전기 단계의 취락이 확인되고 있어 취락의 이동 가능성도 추정해 볼 수 있다.

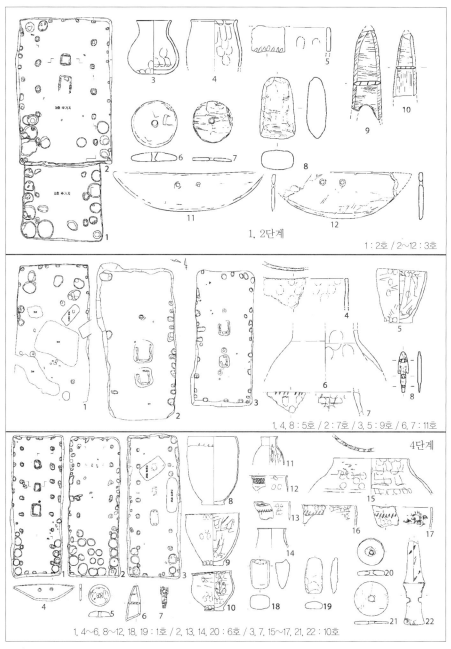

그림 66_용호리취락 단계별 주거지와 유물

(7) 공주 제천리유적

제천리유적은 금강의 지류인 제천 서쪽의 서북에서 남동으로 완만하게 뻗은 구릉지 말단부에 위치하고 있다. 청동기시대 주거지는 해발 45~50m 내외의 구릉 정상부에 입지하고 있다.

표 58_제천리유적 청동기시대 주거지 현황

No.	장	단	비	면적	형식	저장	토기	석기	단계
1	1040	560	1.85	58.2	IIAa2	2	이중구연단사선문(문양1), 어망추2	미상3	2
2	1248	520	2.4	64.9	IIAa2	3	이중구연단사선문(문1), 鉢, 어망추	합인석부2, 갈판6, 갈돌, 미상4, 석재	2
3-1	810	530	1.52	42.9	IAa1	4		갈돌, 갈판, 미상	2
3-2					IIAc1	4			3이후
옹관묘 3, 석관묘 1									

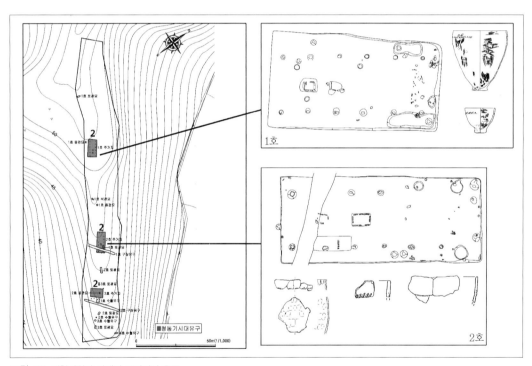

그림 67_제천리취락 단계별 주거지와 유물

제천리취락은 2단계에 한시적으로 취락영역으로 이용되었으며, 3호주거지에서 나타나는 증축 또는 개축의 양상 역시 동일한 床面을 이용하고 있어 시간적으로 큰 차이가 없을 것으로 판단된다.

V

취락의 변천과 성장

1. 취락의 변천

1) 미호천유역

　미호천은 금강 북서부지역의 최대 하천으로 병천천, 무심천, 백곡천 등 소하천이 합류하여 비교적 복잡한 수계망을 형성하고 있다. 미호천유역권의 청동기시대 전기 취락은 모두 이 미호천과 그 지류의 주변에 발달한 구릉지에 입지하고 있다. 유역에서는 청주 용암유적과 비하동유적 II, 강서동유적, 청원 학소리유적, 진천 사양리유적, 신월리유적 등이 대표적이다.

　가락동유형1단계의 취락은 청원 학소리유적과 청주 강서동, 내곡동유적에서 출현기에 해당하는 주거지가 조사되었다. 세 유적에서 확인되는 1단계의 주거지는 구릉상에 1기가 단독으로 조성되는 양상을 보이고 있어 단독점상취락(A형)에 해당됨을 알 수 있다. 그리고 가락동유형의 고유 요소 중 일부만이 확인되는 청원 대율리유적 역시 1단계의 취락으로 판단될 수 있다. 그런데 대율리취락은 환호가 설치되어 마을의 범위가 뚜렷하고 면상취락(D형)의 형태를 나타내고 있다. 또한 구릉 정상부에 소형의 溝를 돌려 설치하고 그 안쪽에 취락에서 규모가 가장 큰 주거지 2기가 위치하고 있다. 또한 구릉 정상부에서 동남쪽으로 약 30m 거리에도 2기의 주거지가 독립적으로 조성되어 있는데 하천을 비롯하여 주변의 조망권이 양호한 위치이다. 구릉 정상부를 둘러싸고 있는 溝 바깥쪽에는 소형의 주거지 4~5기가 溝의 방향을 따라 횡렬로 배치되어 있다. 구릉 정상부와 동남쪽의

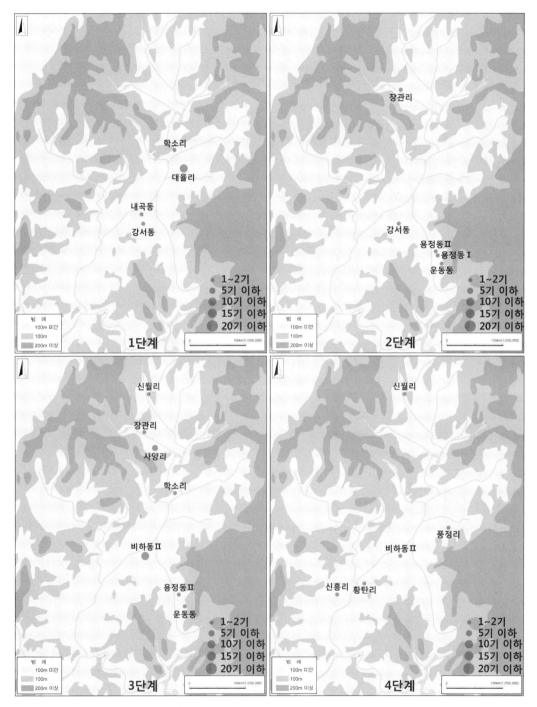

그림 68_미호천유역 가락동유형 1~4단계 취락의 변천

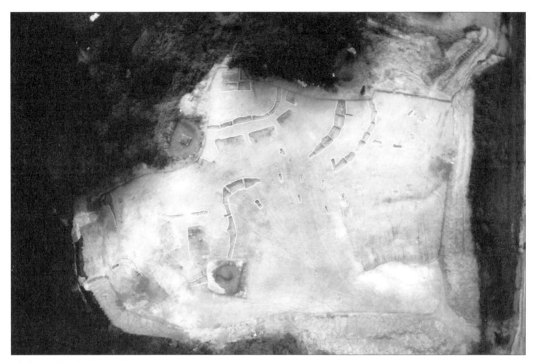

사진 2_청원 대율리 환호취락

2기로 이루어진 주거군은 한 단위의 세대공동체로 판단할 수 있는데 이러한 점은 청주 비하동Ⅱ 3단계, 용정동Ⅱ 5단계, 신월리 6단계에서도 확인할 수 있다. 대율리 환호취락에서 주목되는 점은 溝를 통해 취락의 장(수장층)의 거주역과 일반 거주역을 분리시키고 있고 독립된 7·8호주거지의 위치 등을 고려할 때 취락내 주거지간의 위계화를 추정해 볼 수 있는 것이다.

　미호천유역의 2단계 취락은 용정동유적, 운동동유적, 강서동유적, 장관리유적에서 확인되며 역시 A형의 단독점상취락을 이루고 있다. 1단계의 취락과 비교할 때 구릉상에 단독으로 주거지가 조성되는 점은 유사하나 용정동유적에서는 2기의 주거지가 동일 범위 내에 위치하고 있으므로 조금 더 확대된 취락의 모습도 살필 수 있다. 취락의 분포 범위도 미호천 상류로 넓어져 진천지역 일원에도 가락동유형이 출현하기 시작한다.

　3단계의 취락은 진천 사양리유적, 장관리유적, 신월리유적, 청원 학소리유적, 청주 용정동유적, 비하동유적, 운동동유적에서 확인되며, 미호천유역권에서 가장 활발한 양상을 나타낸다. 미호천 상류의 진천지역에서는 전단계에 장관리유적에 등장한 이후 사양리와 신월리유적으로 확산되는 모습이 나타난다. 특히 사양리유적은 분산형 점상취락(B형)으로서 넓은 취락 영역내에 주거지 5기가 분산되어 배치되는데 2기의 주거지로 이루어진 세대공동체의 모습을 확인할 수 있다. 청주분지내에서는 비하동유적이 대표적이다. 비하동유적Ⅱ 3단계의 취락은 6기의 주거지로 이루어져 있으며 역시 2기가 세대공동체로서 주거군을 이루고 있다. 또한 비하동Ⅱ에 인접한 비하동Ⅰ에서도 3단계의 양상이 확인되므로 취락의 영역이 확대되거나 일시적인 이동의 가능성도 고려해 볼 수 있다. 그 외에 용정동Ⅱ에서는 2기의 주거지로 이루어진 세대공동체의 모습을 살필 수 있으며 남서쪽에 위치한 운동동유적에서도 동단계의 주거지 1기가 확인되므로, 일상적인 생활공간을 통한 취락의 영역을 설정한다면 동일한 것으로 볼 수 있고 이동의 가능성도 배제할 수 없다. 그리고 신월리·학소리·장관리유적에서는 주거지 1기가 단독으로 존재하는 A형취락의 형태이다.

미호천유역의 1·2단계에는 단독으로 조성된 주거지를 중심으로 금강유역 출현과정에서 나타나는 정착과정상의 불안정한 요소들을 반영하고 있다면, 비하동유적의 3단계 취락은 이전과는 다른 본격적인 취락의 면모를 갖춰나가고 있는 것으로 이해된다.

그러나 4단계의 취락은 다시 간헐적으로 나타나는데 비하동유적에서는 2기의 주거지로 구성되는(세대공동체) 취락으로 축소되며, 진천 신월리유적과 청원 풍정리유적 역시도 1기의 주거지만 조사되었다.

5단계의 취락은 청주 용정동Ⅱ유적에서 비교적 뚜렷한 양상을 확인할 수 있으며, 그 외 비하동Ⅱ유적과 향정외북동유적에서 1기의 주거지가 단독으로 존재하고 있다. 용정동Ⅱ에서는 2기로 이루어진 주거군이 약 20m의 간격을 두고 능선상의 세 지점에 나타나는데 세대공동체별로 분리된 모습이며 분산형 점상취락(B형)의 형태이다. 한편 비하동Ⅱ취락은 3단계에 취락이 시작되어 지속적으로 취락의 영역으로 이용되는 모습도 확인할 수 있다.

6단계는 진천 신월리유적이 대표적으로 3단계에 최초로 주거지가 조성되기 시작한 이후 6단계까지 지속적으로 취락이 유지된다. 신월리유적은 미호천의 최상류지역에 해당되는데 장관리유적 등에서 등장한 가락동유형의 마지막 단계이다. 신월리의 6단계 취락은 중앙의 垈地를 중심으로 2기로 구성된 주거군이 세 지점에서 확인되고 있으며 면상취락에 가까운 형태이다.

미호천유역의 가락동유형 취락은 신월리의 6단계 취락을 비롯하여 3단계의 비하동Ⅱ, 5단계의 용정동Ⅱ 모두 5~6기 내외의 주거지가 취락 영역내에서 2기씩 분산되어 배치되는 동일한 모습이 확인된다. 따라서 미호천유역에서 단위취락의 최대규모는 아마도 이러

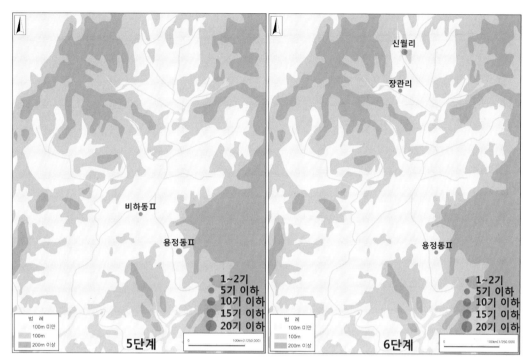

그림 69_미호천유역 가락동유형 5·6단계 취락의 변천

표 68_미호천유역 가락동유형 단계별 주거지 면적 도표(m²)

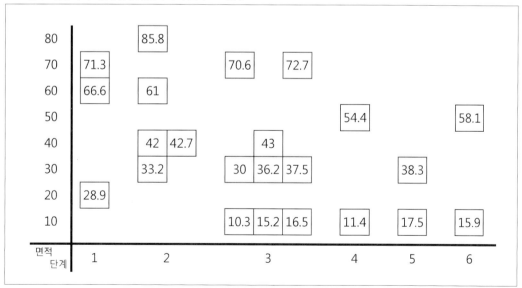

한 양상으로 볼 수 있을 것이다.

미호천유역의 청동기시대 전기 취락은 1~6단계의 취락이 모두 확인되고 있으나 취락의 발달이나 성장의 측면에서는 금강 본류나 갑천유역권에 비해 현저히 떨어지는 모습이 나타나고 있다. 아마도 초현기의 양상이 반영되고 수계를 따라 금강본류와 갑천유역권으로 가락동유형의 문화가 확산되는 것이 반복되면서 비교적 작은 규모의 취락이 전단계에 걸쳐 운영된 것으로 판단된다.

미호천유역의 가락동유형 취락은 청주분지를 중심으로 하여 성장하였으며, 강서동-비하동취락군, 용정동-운동동취락군이 대표적이다. 강서동-비하동취락은 강서동취락에서 미호천유역 최초로 주거지가 조성되기 시작하여 2단계를 거치면서 중단되고 비하동취락으로 중심이 이동된다. 그러나 비하동취락은 3단계에 정점을 이룬 후 서서히 쇠퇴의 과정이 나타난다. 용정동-운동동취락군은 용정동취락에서 2단계에 시작되어 3단계까지 운동동취락을 아우르는 광역의 취락영역을 이루다가 5단계에 정점을 이루게 된다.

표 69_미호천유역권 가락동유형 취락 단계별 석기 출토 현황

| 기종 | 벌채 | | 가공 | | | 수렵 | | | | 상징의례 | | | | 수확구 | | | 석기가공 | 방직구 | | 어구 | 식량처리 | | 굴지 | 未製 | 미상 | 석재 |
| 기능 | 석부 | | 목재가공 | | | 석촉 | | | | 석검 | | | 장신 | 석도 | | | 지석 | 방추차 | | 어망 | 고석 | 갈판 | 곰배 | | | |
단계	합인	기타	편인	주상	석착	삼	이	일	기	二	一	기		주	어	기		석	토							
1	2				1	1		1	1능					2		1	2	1	1	2		1		13	2	11
2	3		1			1	2	1	1					4	1			1			3			16	10	1
3	6	2	3		2	4	3	1	7	3		2	1	4		3	6	5				3	1곰	18	5	4
4	3					3	2			2				3		1	3							9	1	
5			1			2			1柳								3	1						4		1
6	1		2	1		1			1					2										2		

다음으로 취락의 경제적 배경은 출토된 석기류를 통해 일정 부분 검토될 수 있다.(孫晙鎬 2008) 손준호는 청동기시대 석기를 기능별로 상징의례구, 수렵구, 수확구, 굴지구, 벌채구, 가공구, 석기가공구, 식량처리구, 방직구, 어구의 10가지 범주로 구분하고 있다.(孫晙鎬 2008) 손준호의 분류안을 적용하여 미호천유역 가락동유형의 단계별 석기의 특징을 살피고 생계경제의 양상을 추정해보고자 한다.

미호천유역 청동기시대 전기 취락의 각 단계에서 가장 활발한 석기의 제작사용이 확인되는 시기는 역시 취락의 최대 성장기라고 할 수 있는 3단계로서 수렵구(26.8%), 벌채구(14.3%), 수확구(12.5%), 석기가공구(10.7%), 상징의례구(10.7%), 가공구(8.9%), 방직구(8.9%), 식량가공구(5.3%), 굴지구(5.3%)의 순으로 수렵구와 벌채구의 점유율이 높

은 편이다. 수렵구인 석촉은 무기의 가능성(崔盛洛 1982, 손준호 2007)도 배제할 수 없으나 생계자원의 모색이 시급했을 것으로 판단되는 청동기시대 전기에는 수렵의 기능이 우위에 있을 것으로 볼 수 있다. 3단계(15점)와 4단계(7점)에 수렵구가 높은 점유율을 나타내는 것은 취락의 최대 성장기에 단위취락별 인구증가에 따른 적극적 식량자원의 확보와 관련이 있을 것이다. 다음으로 벌채구 역시 3단계에 점유율이 높은 편인데, 농경의 방식과 관련하여 벌채용 합인석부는 화전농경 또는 밭농사와 연관이 있음이 지적되며(안재호 2000, 손준호 2007) 이러한 견해를 수용한다면 3단계 벌채구의 증가 역시도 취락의 성장과 관련이 있을 것이다. 미호천유역권에서 비교적 장기 존속하거나 규모가 큰 취락인 비하동취락이나 용정동취락의 경우 배후에 부모산과 상당산이라는 큰 산지가 위치하여 이를 이용하기 용이한 지리적 이점도 취락의 입지선정에 중요한 요인으로 작용했을 것이다. 즉 1~2단계 강서동취락에서 3단계 이후 비하동취락으로의 이동이 상정될 수 있다면 이러한 산지를 이용한 자원의 확보 또는 화전농경의 가경지 활용과 연관시켜 볼 수 있을 것이다. 한편 상징의례구로 분류되는 마제석검도 3단계에 조성비가 높고 4단계에도 유사한 경향이 이어진다. 그러나 미호천유역의 5·6단계에는 석기의 제작·사용이 뚜렷하게 감소되는 모습이다. 이와 같은 이유로 석기를 대체할 목기 등의 제작·사용이 증가했을 것으로 추정할 수 있으나 실제의 자료가 확인되지 않으므로 유보적이다.

2) 갑천유역

갑천은 대전분지를 가로지르는 중심하천으로서 대전천, 유성천, 보광천, 두계천 등의 지류가 합류되어 복잡한 수계망을 이루고 있으며 북쪽으로 흘러 금강 본류와 합쳐진다. 갑천유역권에서는 중상류 서쪽 일원의 용계동－관저동취락군과 갑천 중하류의 용산동－관평동취락군이 대표적인 청동기시대 전기 취락에 해당된다. 이외에도 현재 미보고된 갑천 중류 동쪽의 신대동－상서동취락군과 갑천 지류인 유성천에 인접한 대전 노은동취락군 역시도 비교적 규모가 크고 장기간 취락이 유지되었던 것으로 볼 수 있다.

갑천유역에서 가락동유형의 출현은 1단계부터로 볼 수 있으나 용산동취락에서 확인되는 2기의 주거지 뿐으로서 초현기의 제한적인 양상을 반영하는 것으로 판단된다. 동단계의 주거지는 용산동 4－1호로서 60.5m²의 규모로 1단위의 확대가족이 이주한 것으로 생각되며, 노지가 없는 4－5호는 定住를 위한 주거지로서의 여부는 불확실하고 임시적 성격의 주거지로 추정된다.

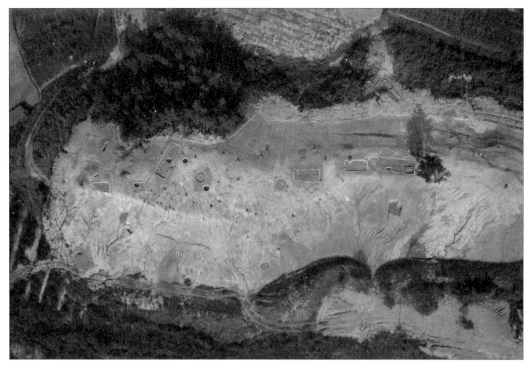

사진 3_대전 용산동유적(2지구) 청동기시대 취락

　가락동유형의 2단계에는 갑천유역의 각지로 확산되는데 갑천 중류일원의 둔산, 궁동, 용계동유적을 비롯하여 갑천의 상류인 계룡 두계리유적을 비롯하여 금강 상류지역의 수당리에서도 소규모 취락의 양상이 확인된다. 그런데 이 단계에는 문화가 확산되는 모습은 확인할 수 있으나 각 지역별로 소규모 취락만이 건설된다. 즉, 2~3기의 주거지로 구성된 주거군이 세대공동체를 이루는 것으로서 둔산취락이나 궁동취락, 용계동취락 등에서 확인할 수 있다. 따라서 가락동유형 2기 단계의 갑천유역은 기본적인 구조에서 한 단위의 세대공동체가 각각의 취락영역을 점유하면서 본격화되기 시작했다고 할 수 있다. 그렇지만 갑천유역에 동유형이 최초로 등장한 지역인 용산동취락은 최소 2단위의 세대공동체가 존재했던 것으로 판단되며 동일한 취락영역으로 판단되는 북쪽의 관평동취락에서도 한 단위의 세대공동체의 모습을 살필 수 있으므로 갑천유역 일원에서 가락동유형 취락의 본격화는 용산동취락을 중심으로 이루어진다고 할 수 있다. 한편 갑천 상류의 두계리취락도 2단위의 세대공동체가 취락 중앙의 空地를 사이에 두고 위치하고 있는데 용산동의 2단계 취락과 유사하다. 취락에서 확인되는 이와 같은 空地는 廣場으로 판단할 수 있는데, 취락내 공공의 영역이라는 개념이 이 단계부터 시작되었는지는 뚜렷하지 않지만 소규모취락에서 필요한 공동생산과 공동소비의 모습을 가정해 볼 때 2단위 이상의 공동체가 공유하는 장소로 생각된다. 동단계 취락의 형태는 단독점상취락이 중심이지만 상대적으로 규모가 큰 용산동취락 등은 분산형 점상취락으로 판단된다.

가락동유형의 3단계에는 용산동－관평동취락군이 지속되는 가운데, 용계동－관저동취락군의 성장이 시작된다. 동취락군은 용계동·관저동·원신흥동 덜레기·상대동(원골)·상대동(중동골·양촌) 취락으로 이루어지며 각 취락은 서로 10km[19] 이내에 인접하여 위치하고 있어 가락동유형 2~6단계에 동일한 취락영역속에서 상호 연관을 갖으며 성장한 것으로 판단된다. 용계동－관저동취락군의 3단계는 취락간의 규모나 중심적인 역할의 모습 등은 나타나지 않는 것으로 판단되며 각각의 영역을 점유하면서 이후 단계의 성장을 준비하는 양상으로 판단할 수 있다. 그런데 각취락내의 주거지 분포 패턴을 보면 용계동이나 관저동취락은 취락의 영역내에 높은 주거밀도를 나타내는 반면 상대동취락군은 넓은 영역에 산재되어 있다. 이러한 점이 이후 동취락군의 영역에서 취락성장의 우열차이가 발생하는 원인으로 생각되며, 결집된 취락의 모습을 나타내는 용계동·관저동취락이 동지역에서 4단계 이후 중심지의 면모를 갖는 것으로 판단된다.

가락동유형 4단계의 취락은 전술한 바와 같이 용계동－관저동취락이 중심을 이루는데, 이 단계부터 용산동－관평동취락군은 서서히 쇠퇴하는 모습을 보인다. 취락의 형태는 1단계로부터 A·B형 취락이 지속된다.

가락동유형 5단계 취락은 용산동－관평동취락군에서는 관평동취락으로 중심이 이동하는 양상이며, 용계동－관저동취락군에서는 관저동취락이 중심을 이루나 용계동취락도 어느 정도의 규모를 나타낸다. 그런데 양 취락은 형태에 있어 상이한 모습을 보인다. 용계동취락이 능선의 정점을 중심으로 5기의 주거지가 선형의 배치를 보이는 선상취락(C형)인데 반하여 관저동취락은 취락 중앙의 쏟地를 사이에 두고 양쪽으로 주거군이 분리되는 모습을 나타낸다. 관저동 5단계의 취락은 주거군의 규모가 소규모인 관계로 B형취락으로 분류될 수 있으나 형태는 다음 단계의 면상취락과 닮아 있다.

---

19) 반경 10km와 관련하여 추연식은 외국의 취락연구방법 등에 대한 글에서 그 사례를 소개하고 있는데 그에 따르면 수렵·채집 단계의 유적은 반경 10km를 상용자원 개척가능영역으로 볼 수 있다고 한다.(추연식 1997) 김장석은 청동기시대 후기 송국리취락의 반경 10km 내에 위치한 공주 안영리유적 등 일군의 유적을 송국리취락과 관련된 저장관련유적으로 살피고 있으며(김장석 2008), 고민정은 남강유역의 대평리취락을 중심으로 반경 10km와 20km의 범위로 연관성을 논하고 있다.(고민정 2010)

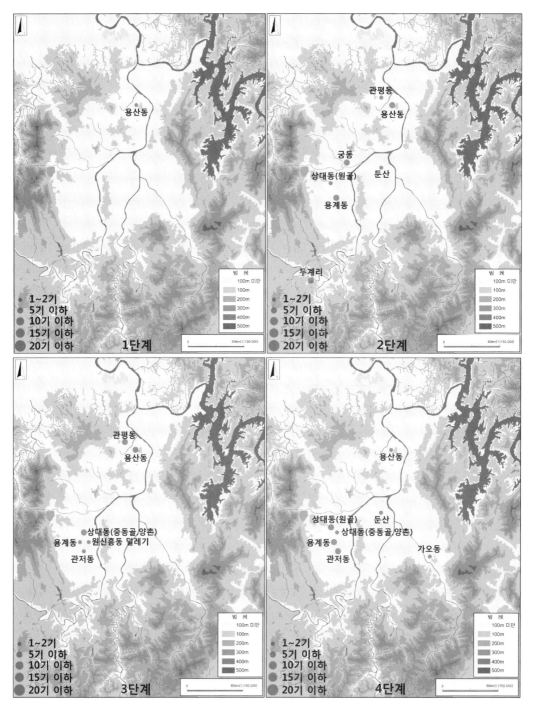

그림 70_갑천유역 1~4단계 취락의 분포

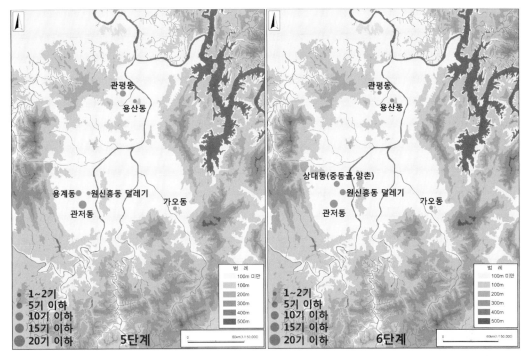

그림 71_갑천유역 5~6단계 취락의 분포

　갑천유역 가락동유형의 마지막 단계는 관저동취락에서 뚜렷하게 관찰된다. 물론 용산동－관평동취락군에서도 지속적으로 주거지가 조성되지만 축소되는 모습이 확연하다. 그리고 용계동유적은 5단계 이후 취락이 중단되며 주변의 취락에 통합되는 것으로 추정된다. 관저동취락은 동단계에 최대 성장기를 이루는데 5단계에 시작된 취락의 구조가 한층 발전된 것으로 판단된다. 취락 중앙의 空地는 광장으로서 양쪽 주거군에 각각 거주하는 세대공동체의 공적 영역으로 추정해 볼 수 있다. 또한 空地 남쪽의 주거군은 주거지가 반원형으로 배치되고 그 내부로 세대공동체 고유의 소광장이 있는데, 이러한 모습을 통해 중층구조의 취락운영방식을 추정해 볼 수 있다. 즉 혈연에 기반한 세대공동체는 독립적인 방식으로 소단위의 취락을 운영해나가면서 전체 취락단위 공동체로서의 위치도 동시에 갖는 것으로 판단할 수 있다.

표 70_갑천유역권 가락동유형 취락 단계별 석기 출토 현황

기종	벌채		가공			수렵				상징의례				수확구			석기가공	방직구		어구	식량가공		굴지	未製	미상	석재
기능	석부		목재가공			석촉				석검			장신	석도			지석	방추차		어망	고석	갈판	굴지			
단계	합인	기타	편인	주상	석착	삼	이	일	기	二	一	기		주	어	기		석	토							
1																	1	1		1		1				
2	8		1		1	4		2	2	2		2		2		5	19	2	1		1	2	1	7	23	32
3	8	1	1			4	2	5	2	1	3	7	1/1환			1	10			1	2	2	1	17	7	14
4	5	3	1		3	1	4	2	8	3		2		2		6	25	4			1.요	1		32	9	4
5	4		1		1	1	1	1	2	1	1		1환	3	1	2	16	8	4	2		4		12	11	7
6	3							1					1환			5	8		1		2마	1		4	2	3

표 71_갑천유역 가락동유형 단계별 주거지 면적의 도수

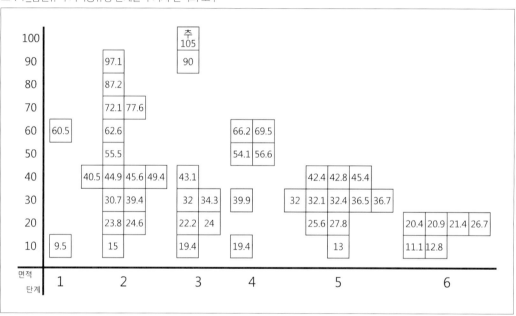

　　다음으로 갑천유역 가락동유형 취락의 단계별 석기상을 통해 생계방식과 취락 사회의 일단에 접근해보고자 한다. 전체적인 석기의 출토량과 다양성 등을 보면 앞장에서 검토한 미호천유역에 비해 갑천유역은 늦은 단계에서도 비교적 활발한 석기의 제작사용이 나타나고 있다. 전반적으로 3~4단계에 最盛期를 보이고 있으며, 5단계에도 지속되는 모습이다. 석기의 용도에서 벌채구인 합인석부는 역시 후기 단계로 가면서 출토량이 줄어들고 있는데, 역시 밭농사에서 논농사로 전환되는 농경방식과 연동된 변화(손준호 2008)이거나 주거 건축상의 변화에 따른 목재 소모량의 감소(박성희 2012) 등을 주요인으로 생

각해 볼 수 있다. 그러나 목재 가공구인 편평편인석부·석착 등은 별다른 변화상이 간취되지 않으므로 단언하기는 어렵다.

수렵구인 석촉 역시 3~4단계에 많은 출토량을 보이며, 2·5단계에도 비교적 다수 출토된다. 한반도 청동기시대 전기의 생계방식을 농경과 수렵·채집이 동시에 행해지는 혼합경제체계로 이해할 때, 수렵은 중요한 에너지원의 획득방법일 것이다. 특히 3단계에는 수렵구인 석촉류의 조성비가 25%이고 수확구인 석도는 1.9%에 불과하다. 4단계에서도 각각 21.7%, 11.6%의 조성비 차이를 보이고 있는데 석기류의 주거지 출토 맥락을 고려하더라도, 수렵·채집이 당시의 중요한 생계자원 획득의 한축을 담당했던 것으로 볼 수 있다.

그리고 갑천유역권 석기상의 특징이라면 마제석검을 비롯한 상징의례구가 다수 출토되는 점이다. 2단계 석검 4점, 3단계 석검 11점·장신구1점·환상석부 1점, 4단계 석검 5점, 5단계 석검 2점·환상석부 1점, 6단계 환상석부 1점으로 취락내 유력자 또는 수장층의 존재가 상정된다. 용계동취락 2단계 2호주거지는 IIAa2식의 대형주거지로서 면적은 77.6m²이고 이단병식석검이 출토되며, 5단계의 7호주거지에서도 일단병식석검이 출토되었는데 IIIBa2식에 42.4m²의 규모를 나타낸다. 또한 마제석검이 출토되는 주거지는 대부분 다양한 기종의 석기가 다수 공반되는 등의 특징을 보이고 있어 취락내 유력자의 가옥으로 판단할 수 있다. 그러나 6단계의 관저동취락은 환상석부가 출토된 19호주거지의 면적이 12.8m²로 소형이어서 주거지 규모에 따른 위계화를 논하기가 쉽지 않은 것도 사실이다. 주거지의 규모는 2단계와 3단계에서 정점을 이루다가 늦은 단계로 갈수록 소형화되는 모습으로 한 가옥내에 확대가족이 공동으로 거주하던 방식에서 핵가족제의 개별거주방식으로 변화된다는 연구(김승옥 2006)를 참고한다면 반드시 동일한 단계내 주거지 규모의 차이가 주거지간 위계화의 수준을 가늠하는 척도로서 사용되기는 어려울 것이다. 물론 대형의 주거지내에 조금 더 많은 인원이 거주할 수 있고, 당시 사회에서 노동력의 동원이 세대공동체 단위로 이루어졌음을 염두해둔다면 많은 가족을 거느린 공동체의 장이 취락내 최대의 영향력을 확보했을 것이라는 추정도 가능하다.

3) 금강 중류역

금강의 중류역은 넓게 볼 때 대전분지와 청주분지, 세종시, 공주시, 청원군 일원을 포괄하고 있으나 갑천과 미호천 등이 관통하여 흐르는 대전·청주·청원지역을 제외한 금강 본류에 인접한 지역이 해당된다. 특히 가락동유형의 취락이 다수 조사된 세종시 일원

사진 4_연기 송원리유적 전경(일부)

이 중심지역이다.

　금강 중류역에서 정식조사를 통해 확인된 청동기시대의 취락은 현재까지 28개소이
다.(이홍종 2013) 이 중 가락동유형의 취락은 19개소 이상으로 동유형의 최대밀집지역이
며, 송원리·송담리·당암리 소골·장재리취락이 비교적 장기간 존속했던 것으로 볼 수
있다. 그러나 현재까지 정식으로 보고된 취락유적은 11개소에 불과하므로 현시점에서의
구체적인 접근에는 제한이 따를 수밖에 없으며, 보고된 유적을 중심으로 금강 중류역 전
기 취락의 제반 양상을 살펴보기로 한다.

　금강 중류의 가락동유형 취락은 금강 본류 북쪽에 발달한 장남평야와 나성뜰의 배후
에 입지한 송원리와 송담리취락을 중심으로 그 주변에 중소의 취락이 밀집되어 분포하고
있다. 그리고 미호천과 금강이 합류되는 지점의 인근에는 보통리－연기리취락과 용호리
취락이 미호천을 사이에 두고 위치한다. 금강의 남쪽에는 전술한 장재리취락을 중심으로
하여 역시 주변에 소규모 취락이 산재되어 분포한다.

　금강 중류역에서 가락동유형의 1단계는 보통리와 용호리취락에서 확인되는데, 두 유

적의 지정학적 위치를 통해 볼 때 미호천유역으로으로부터 확산되는 결과로 판단할 수 있다. 보통리의 1단계 취락은 점상취락으로 구릉의 정점에 3·4호의 2기가 50m 내외의 거리를 두고 조성되어 있다. 특히 3호주거지에서는 이중구연단사선문과 절상돌대문이 결합된 토기가 출토되었다. 절상돌대문은 일반적으로 미사리유형의 요소로서 판단되는데, 연기 대평리유적과의 연관성도 추정해 볼 수 있다.[20] 용호리취락에서는 2단계의 3호주거지가 2호주거지를 파괴하고 조성되어 그 이전 단계로 판단할 수 있으며 역시 단독점상취락이다.

금강 중류역의 2단계는 본격적으로 취락의 건설이 시작되는데 송원리와 송담리취락이 본격화되는 것을 비롯하여, 제천리와 보통리, 용호리취락에서 그 양상이 확인된다. 특히 송담리취락(28지점)은 동단계의 정점을 이루는데 10기의 주거지가 취락의 영역내에 분산·조성(B형 취락)되어 있으며, 서로 인접한 2기의 주거지가 한 단위의 세대공동체를 이루는 모습도 나타나고 있다. 이와 같은 세대공동체의 모습은 송담리 29-1지점과 보통리취락에서도 확인할 수 있다. 그런데 송원리의 2단계 취락은 송담리취락에 비해 취락의 규모 등이 현저하게 떨어진다. 즉, 3기의 주거지가 단독으로 조성될 뿐 주거군 등의 결집은 나타나지 않는다. 또한 송담리취락에 비해 전체적인 석기의 출토량이 떨어지고 석도 등 특정 기종의 부재 등이 나타나는 점을 통해 볼 때 안정적인 생계경제의 모색을 통한 취락의 지속적 운영보다는 한시적으로 점유되었거나 중심에서 분리되어 새로운 취락 영역을 개척하던 모습으로 파악할 수 있다. 따라서 금강 중류역의 가락동유형 2단계에는 송담리취락이 중심을 이루었던 것으로 판단된다. 다음으로 보통리취락은 1단계에 이어 2단계까지 주거지가 조성되는 것으로 판단되는데, 선상취락에 가까운 형태를 보인다. 또한 2기의 주거지로 이루어진 세대공동체의 모습도 살필 수 있으며, 1단계에 비해 석기의 기종과 수량이 풍부해진다. 그러나 용호리의 취락은 2단계 이후에는 취락의 운영이 중지되며 인근의 연기리취락으로 이동한다. 제천리의 취락은 과거의 조사결과를 통해 2단계에 해당되는 3기의 주거지가 분산되어 조성되어 있어 단기간 점유된 것으로 볼 수 있다. 그러나 연결된 구릉에서 최근 조사된 제천리 감나무골유적을 통해 볼 때 과거의 취락영역이 구릉의 서쪽과 남쪽으로 확대되므로 2단계 이후에도 지속되는 것으로 판단해야 할 것이다.

금강 중류역의 3단계에는 송담리와 송원리취락이 거의 대등한 규모로 확인된다. 송담

---

20) 그러나 보통리 1단계의 절상돌대는 대전 용산동이나 금산 수당리유적의 출토품에서 보이는 뚜렷하게 각목이 시문된 절상돌대와는 구분되며, 오히려 유상돌대에 가까운 편이다.(정원철 2012)

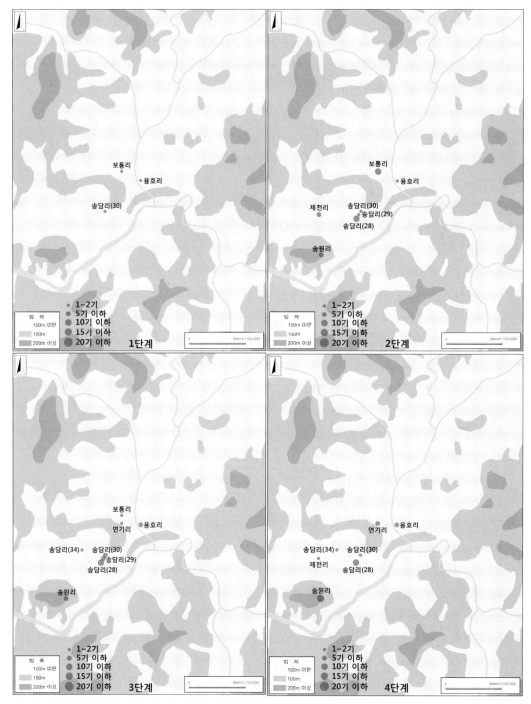

그림 72_금강 중류역 1~4단계 취락의 분포

리취락의 3단계는 분산형 점상취락으로서 주거지는 취락영역내에서 전단계와 유사한 분포 패턴을 보이고 있다. 주거지의 규모는 전단계에 비해 약간 감소하고 있으나 30~40㎡에 집중되고 있어 각 주거지간 면적의 편차는 크지 않다. 그리고 주거군으로 확인할 수 있는 세대공동체의 양상이 뚜렷하지 못한 것도 동단계 송담리취락의 한 특징이다. 또한 송담리취락의 북동쪽에서 확인되는 송담리 29-3지점과 30지점에서도 3단계의 취락을 확인할 수 있는데 각각 3기의 주거지가 분산·조성되어 있는 모습이다. 이러한 점에서 볼 때 송담리취락과 그 주변에 위치한 동단계의 소규모 취락군은 개별 가옥내에 많은 인원이 거주하거나 또는 주거군을 통해 세대공동체를 상정하기에는 무리가 따르며, 주로 2代가 한 가옥에 거주하며 주변으로 취락영역의 개발을 활발하게 펼친 것으로 볼 수 있다. 송원리의 3단계는 취락영역의 북동쪽에 집중되는 모습이며 2기로 이루어진 주거군의 양상도 전단계에 비해 뚜렷하다. 주거군을 이루는 2기의 주거지는 규모에 있어 大小의 차이를 나타내고 있는데 세대공동체의 리더가 거주하던 가옥과 그곳로부터 분가하여 새로운 세대를 구성해가는 모습을 반영하는 것으로 판단된다. 그리고 동단계의 32호주거지에서는 금강유역에서 간헐적으로 확인되는 구순각목공렬문토기가 출토되어 주목되는데 호서 서부지역에서 수입된 외래계의 유물로 추정되며 본격적인 대외교류가 동단계부터 시작되었음을 나타내 준다. 다음으로 용호리취락은 3단계가 중심을 이루고 있다. 취락 내 동 단계의 주거지는 2기가 군집을 이루는데 역시 한 단위의 세대공동체로 추정된다.

금강 중류역의 4단계는 가락동유형 취락의 최대 성장기로 판단할 수 있다. 석기류의 기종과 수량에서 볼 수 있듯이 활발한 석기의 생산을 통해 다양한 생계방식이 모색되었을 것으로 추정된다. 벌채용의 합인석부를 통해 화전경작의 가능성이 상정되고 한편으로는 주거건축용 목재의 확보를 통해 활발한 주거지의 축조가 이루어진 것으로 볼 수 있다. 또한 수렵구인 석촉과 수확구인 석도의 출토량은 전후단계에 비해 다수를 이루고, 어로구인 어망추 역시 금강 중류역의 1~6단계에서 최대를 이루고 있어 농경과 함께 수렵·어로도 생계의 한 축을 담당했을 것으로 판단된다. 그리고 상징의례구로 분류되는 석검의 수량이 다른 단계에 비해 압도적인 점에서 취락내 주거지간의 위계화를 추정해 볼 수 있는데 이러한 점은 취락내 주거지 규모의 편차가 큰 점을 통해서도 일정 부분 살펴볼 수 있다.

송담리의 4단계 취락은 넓은 지형을 점유하던 것에서 점차 그 영역이 축소되는 모습이 뚜렷하다. 또한 2기 단위의 주거군이 세대공동체를 이루는 모습이 다시 나타나고 있다. 따라서 동단계의 취락은 결집력이 강 한 공동체를 이루었을 것으로 추정되는데 전체적으로 분산형점상취락의 형태를 나타내고 있으나 각 주거군이 중앙의 공지를 두고 지형

표 72_금강 중류역 취락 단계별 석기 출토 현황

단계	석부·합인	석부·기타	목재가공·편인	목재가공·주상	목재가공·석착	석촉·삼	석촉·이	석촉·일	석촉·기	석검·이	석검·일	석검·기	장신	석도·주	석도·어	석도·기	지석	방추차·석	방추차·토	어망	고석	마석	갈판	굴지	未製	미상	석재
1	1				1			1	1							1								2	2		
2	8		3			4	3			1	2	2	1환	4	1	3	20	2	6	9	9	1	10		27	36	4
3	3	3	1			1	1							2			34	3	1	1	18				46	38	19
4	14	1	4		2	7	5	1	7	4			12	2	3	7	63	4	7	26	22		6		102	51	2
5	7	1	1	2		1	2	3	1			1		4	1	4	30	3	4	4	4				34	45	
6	3	4	1			1	2	1								1	20	1	2	1	10	1	2		28	15	1

표 73_금강 중류역 가락동유형 단계별 주거지 면적의 도수

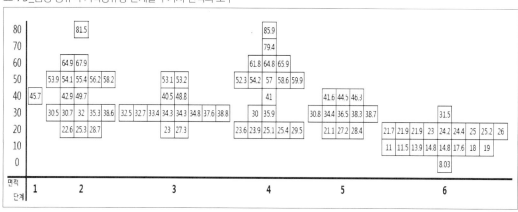

을 따라 타원형으로 조성되어 있어 동단계 단위 취락의 규모를 가늠해 볼 수 있다. 그러나 송원리의 4단계 취락은 반대의 양상이 나타난다. 전단계에 주로 취락의 북동쪽에 밀집되어 주거지가 조성되던 것에서 서쪽과 서남쪽으로 취락의 영역이 확대되고 있는 것이다. 이와 같은 취락영역의 확대는 다수의 주거지 축조로 이어져 주변의 취락을 포함하여 금강유역에서 최대의 규모를 이루고 있다. 또한 2기로 구성된 주거군이 취락의 영역 전체에서 확인되는데 각 세대공동체가 고유의 영역을 점유하며 독립적으로 분포하는 모습이다. 송원리의 취락 입지는 가락동유형의 전형적 양상으로 볼 수 있으나 구릉 주변으로 많은 곡부가 발달되어 있다. 이러한 구릉사이의 곡부 低地는 상부로부터 운반된 퇴적물로 인해 가경지로의 활용도가 구릉에 비해 높은 지역으로 평가된다.(安在晧, 2009)[21] 따

---

21) 또한 동 취락에 대한 이홍종선생님의 敎示에 의거하였다.

라서 송원리의 4단계 취락에서 나타나는 주거군의 분산은 세대공동체별로 주변의 곡부(가경지)에 기반한 생계경제를 영위했을 가능성을 추정할 수 있다.

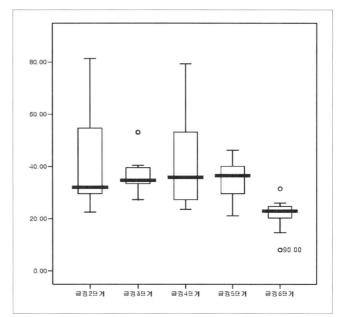
그림 73_가락동유형 단계별 주거지 면적 상자도표

송원리와 송담리취락을 제외한 금강 중류역의 4단계는 연기리와 용호리취락이 있다. 3단계에 시작된 연기리의 취락은 4단계에 본격화되는데 단독점상취락의 형태이며, 역시 다수의 석기제작이 이루어지는 모습을 확인할 수 있다. 용호리취락은 전반적으로 볼 때 각 단계별로 소규모를 이루나 1~5단계에 이르기까지 지속적으로 운영되고 있는 특징이 있다. 용호리취락의 4단계 역시 3기의 주거지가 분산된 단독점상취락의 형태이다. 그런데 연기리와 용호리취락의 4단계 주거지의 면적은 모두 50m² 이상으로 대형급에 해당된다. 양취락보다 규모가 큰 송원리·송담리취락의 4단계 주거지가 소형~대형에 이르는 다양한 면적을 나타내는 것과 차이가 있다. 이것은 규모가 큰 취락의 형성에서 취락내 주거지간의 위계가 나타나는 것과는 다르게, 소형의 취락에서는 주거지간의 위계보다 공동체내의 협업 등을 통한 효율적인 취락운영을 중시했던 것으로 추정해 볼 수 있다.

금강 중류역의 5단계와 6단계는 송원리와 송담리 등 대형 취락을 중심으로 한 전개과정과 특징을 살필 수 있다. 우선 5단계에는 석기의 생산이 전단계에 비해 감소되나 기종의 다양성과 수량에서 동단계의 갑천유역이나 미호천유역의 비해 압도적이다. 석기의 조성비 중 다수를 차지하는 것은 합인석부〉석도〉석촉의 순서로 전단계와 유사한 모습인데 역시 농경과 수렵·채집이 병행된 복합적 생계경제방식을 추정해 볼 수 있다. 주거지의 규모는 전단계에 비해 소형화되는 경향이며, 주거지간 면적의 편차가 크지 않다. 주거건축에서 목재 소요량이 줄어든 중앙1열초석(주혈)구조의 주거지 형식을 고려할 때 5단계에는 가옥의 대형화보다 가족수에 맞는 효율적 건축이 이루어진 것으로 추정해 볼 수 있

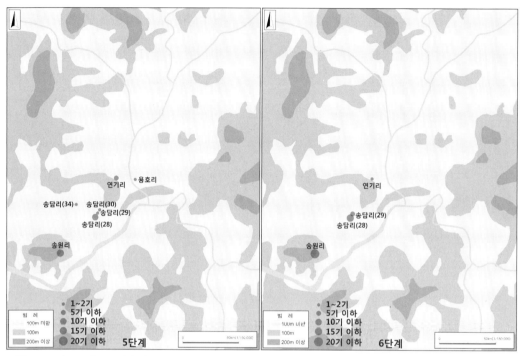

그림 74_금강 중류역 5 · 6단계 취락의 분포

으며, 확대가족제의 점진적인 해체의 모습도 추정된다.

　5단계의 송담리취락은 전단계에 이어 취락영역의 중심부에 주거지가 집중되는데 2기의 주거지가 세대공동체를 이루며 분포되어 있다. 송원리취락은 전단계에 확대된 취락영역이 일부 유지되고 있으나 취락의 중심은 북쪽의 주거지 밀집지역이다. 그리고 주거군의 양상이 뚜렷하지 않고 단독으로 주거지가 조성되는 경우도 다수 확인되고 있다.

　다음으로 금강 중류역의 6단계에는 송원리와 송담리취락을 제외하면 대부분 취락의 운영이 중단된다. 동단계에는 주거지의 소형화 경향이 뚜렷하게 나타나는데 면적의 분포가 대부분 $10\sim30m^2$ 사이에 해당된다. 따라서 동단계에는 확대가족제가 해체되고 핵가족제로 전환되는 모습이 확연하게 나타나는 것이다. 한편 동단계에 석기의 제작 역시 감소되는 모습이 뚜렷한데, 기종과 수량 모두 2~5단계에 비해 현저히 떨어진다.

　6단계의 송담리와 송원리취락은 4단계부터 지속된 취락의 영역이 유지되고 있다. 그런데 2~5단계의 주거군이 2기의 주거지를 단위로 하는데 비해 6단계에는 3기 또는 4기의 주거지로 구성된 주거군이 모습이 확인된다. 이것은 전술한 주거지 규모의 소형화와 맞물리는 결과로서 大小 규모의 주거지 2기로 이루어지는 한단위 세대공동체의 구성원수를 약 15인 내외로 볼 때, 6단계에도 그와 같은 규모를 유지하기 위해 소형화된 주거지 3~4기가 모여 하나의 세대공동체를 이루었던 것으로 판단할 수 있다.

2 취락의 성장

1) 취락의 형성과 발전

금강유역에서 청동기시대 취락의 출현은 앞장에서 살펴본 바와 같이 전기의 이른 단계부터라고 할 수 있으나 지역별로 상이한 모습이 나타난다. 또한 출현 이후의 발전단계는 더욱 뚜렷한 차이를 보이고 있는데 문화의 확산과정과 취락 주변 환경의 차이로부터 비롯된다고 할 수 있다.

표 73_금강유역 청동기시대 전기 취락의 규모에 의한 분류

취락규모	단계	금강중류역	미호천유역	갑천유역
단위취락	1	용호리	강서동, 학소리Ⅰ, 학소리Ⅱ	용산동4
	2	송담리29−1, 송담리30, 용호리	용정동Ⅰ, 용정동Ⅱ, 운동동, 강서동, 학소리Ⅱ, 장관리	상대동원골, 관평동Ⅰ, 둔산, 수당리
	3		용정동Ⅱ, 운동동, 장관리, 신월리	용계동, 상대동, 관저동, 원신흥동(덜), 용산동, 수당리
	4	송담리30	비하동Ⅱ, 풍정리, 신월리	상대동, 둔산, 가오동
	5	송담리29−3, 송담리30, 연기리, 용호리		원신흥동(덜), 관평동Ⅱ, 용산동, 가오동
	6	송담리29−2, 송담리29−3, 연기리	용정동Ⅱ, 비하동Ⅱ, 장관리	상대동, 원신흥동(덜), 관평동Ⅱ, 용산동, 가오동
중위취락	1	보통리		
	2	송원리, 보통리, 제천리		용계동, 용산동, 궁동, 두계리
	3	송담리, 송담리29−3, 송담리30, 송원리, 용호리	비하동Ⅱ, 사양리	관평동Ⅱ
	4	송담리, 연기리, 용호리		용계동, 상대동원골, 관저동
	5		용정동Ⅱ	용계동, 관저동
	6		신월리	
상위취락	1			
	2	송담리		
	3			
	4	송원리		
	5	송담리, 송원리		
	6	송담리, 송원리		관저동

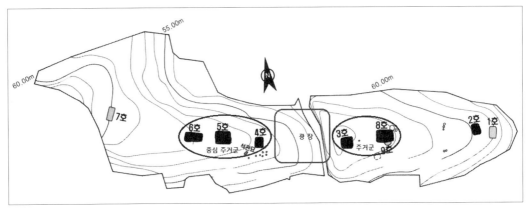

그림 75_비하동Ⅱ 3단계 취락의 주거군과 空地

금강유역 1단계의 취락은 지역을 막론하고 제한적인 양상이지만 비교적 미호천유역에서 뚜렷한 편으로 이 지역에 가락동유형의 양상이 초현한 것으로 판단된다. 취락은 1~2기의 주거지로 구성되어 단위취락으로 판단할 수 있으며, 주거지의 규모로 볼 때 복수의 세대가 한 가옥내에 거주할 수 있으므로(宋滿榮 2010, 李亨源 2013) 동단계의 주거지 1기는 한 단위의 세대공동체에 대응하는 것으로 볼 수 있다. 따라서 1단계에는 금강유역의 전역에 걸쳐 1~2단위의 세대공동체가 산발적으로 단위취락을 형성하는 양상으로 파악할 수 있다. 청동기시대 전기 금강유역에서 주류를 이루는 가락동유형의 출자문제는 논외로할지라도 새롭게 금강유역에 출현한 집단은 대규모의 이주에 의한 양상이 아니라 혈연에 기반한 소규모 세대공동체가 상정될 수 있으며, 이후 동지역에 확실한 정착과 발전의 과정을 이루는 여명기로서 1단계의 특징으로 정의할 수 있다.

금강유역의 2단계는 외래의 문화가 재지화되는 과정이며 또한 본격적인 확산의 모습이 나타나고 있다. 미호천유역의 청주분지 서남쪽에 위치한 강서동취락에서 북쪽의 비하동Ⅱ취락과 동북쪽의 용정동과 운동동취락으로 확산되며, 학소리취락에서 북쪽으로 확산되어 진천지역에도 청동기시대 전기의 취락이 등장한다. 그러나 미호천유역은 2단계에 들어서도 단위취락 이상으로 취락의 규모가 성장하지 못하고 소규모 세대공동체 중심의 취락만이 확인되는 양상이다. 미호천유역의 중위취락은 3단계에 출현하는데 비하동Ⅱ취락이 대표적이다. 비하동Ⅱ취락에서는 8기의 청동기시대 전기 주거지가 조사되어 소규모에 해당되지만 3~6단계까지 취락이 운영되고 있어 용정동Ⅱ·신월리취락과 함께 미호천유역에서 비교적 장기간 존속한 취락으로 판단할 수 있다. 비하동Ⅱ의 3단

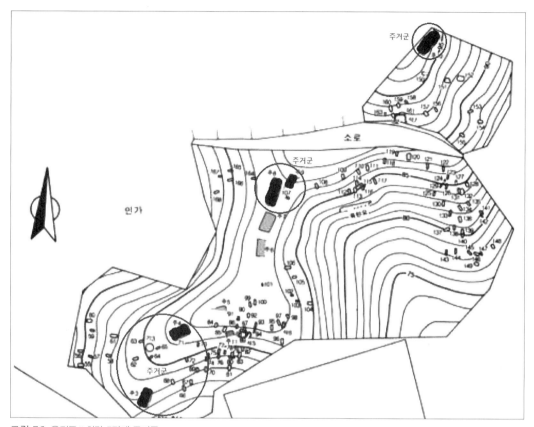

그림 76_용정동 II 취락 5단계 주거군

계 취락은 6기의 주거지로 구성되어 있으며, 취락영역의 중앙에 공지를 두고 좌우에 각각
한 단위의 주거군이 위치한다. 서쪽의 주거군은 3단계에서 최대의 규모(37.5m²)인 5호주
거지를 중심으로 양쪽에 소규모인 4호와 6호주거지가 조성되어 있다. 5호주거지에서는
비교적 다양한 문양이 시문된 토기류와 함께 풍부한 석기 출토량을 나탄내고 있어 주거
군 내에서의 위치를 가늠해 볼 수 있다. 한편 공지 동쪽의 주거군은 규모가 큰 8호주거지
(36.2m²)와 작은 3호주거지가 결합되어 한 단위의 세대공동체를 이루고 있다. 비하동 II
취락 3단계의 중심주거군은 3기의 주거지로 구성된 공지 서쪽의 주거군으로 추정되지만
위세품 또는 상징의례구(孫晙鎬 2008)로 판단되는 이단병식석검[22]과 장신구가 출토된 8

---

22) 청동기시대 주거지에서 출토되는 석검은 파손품이 주를 이루고 있는데, 이와 같은 점을 통해 생활용구로서
   의 가능성도 제시되었다.(李榮文 1997)

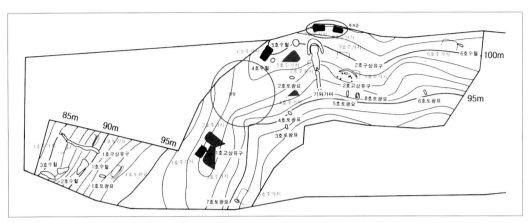

그림 77_신월리취락 6단계의 주거군과 空地

호주거지가 비하동Ⅱ취락 3단계의 수장 또는 유력자의 가옥일 가능성도 있다. 한편 동단
계 취락영역의 공간범위는 주거지의 분포상황을 고려할 때 약 150m 정도이다.

　미호천유역에서 3단계의 비하동Ⅱ취락 이후 중위취락은 5단계의 용정동Ⅱ취락을 통
해 살펴볼 수 있다. 용정동Ⅱ취락은 11기의 주거지가 확인되는데 2～6단계에 걸쳐 취락
이 운영된 것으로 판단되며, 이 중 5기의 주거지가 동단계를 이루고 있다. 주거군은 3개
가 확인되는데 동단계 취락영역의 공간범위로 판단되는 약 200m 정도에 60～70m의 간
격을 두고 분포되어 있다. 취락내에서 광장으로 추정되는 空地는 지형을 고려할 때 중앙
의 주거군과 남쪽 주거군사이에 발달한 평탄한 대지로 판단할 수 있다. 그러나 3개의 주
거군이 거의 등간격을 이루며 취락내에 위치하고, 주거지의 규모나 출토유물에서 위계의
요소 등이 확인되지 않으므로, 각 세대공동체는 혈연기반의 독립적 단위취락을 이루며
생활을 영위하고, 협업 등이 요구될 경우 전체 취락의 일원으로 참여하는 느슨한 결집도
를 갖는 것으로 추정할 수 있다.

　미호천유역의 청동기시대 전기의 마지막에 나타나는 중위취락으로 진천 신월리취락을
살펴볼 수 있다. 신월리의 취락은 3～6단계에 해당되는 9기의 주거지가 확인되며, 6단계의
취락은 4기의 주거지로 구성되어 있다. 주거군은 취락의 북동쪽에 1개만 확인되지만 도로
개설구간의 조사성격을 고려한다면 취락의 영역이 확대될 가능성도 있고, 주거군 역시 추
가 확인의 가능성도 있을 것이다. 현재 취락 영역의 중앙부에는 광장으로 추정되는 空地가
확인되는데, 전체적으로 가장 평탄한 지형이며, 4～6단계의 주거지가 조성되는 과정에서
도 空地로서 지속되는 점을 볼 때 취락내에서 중요한 공간임을 추정할 수 있다.

미호천유역의 청동기시대 전기 취락
은 그 출현과정에서 타지역에 비해 시기
적으로 선행할 가능성도 있고 조금 더 뚜
렷하게 나타나지만 이후 취락 발전의 모
습은 떨어지는 양상이다. 미호천유역의 전
반으로 볼 때 대부분 단위취락 중심의 양
상이 나타나며, 특히 취락의 성장에서 상
위취락으로 발전하지 못하고 중위취락 역
시 제한적으로 확인되고 있다. 이와 같은
모습속에 청동기시대 전기의 늦은 단계로
갈수록 일부 취락을 제외하면 취락의 규모
나 범위가 축소되면서 쇠퇴의 과정을 보이
고 있다. 한편 미호천유역의 개별 취락영
역의 공간범위는 중위취락의 경우 150~
200m 정도이며, 단위취락은 50m 내외로
볼 수 있는데, 취락 주변의 경관요소를 고
려한다면 조금 더 확대될 수 있을 것이다.

다음으로 갑천유역에서 청동기시대
취락의 형성과 발전에 대해 살펴보기로
한다. 갑천유역의 1단계는 용산동취락 4
지점에서 확인되는 60.5m² 정도 면적의
주거지[23] 1기로서, 한 단위의 세대공동체
가 거주했던 가옥으로 판단할 수 있으며,

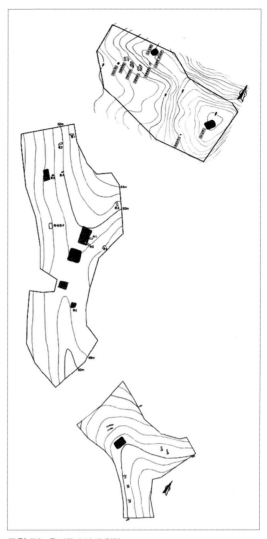

그림 78_용산동 2단계 취락

단위취락으로 구분할 수 있다. 이와 같은 국지적인 모습은 새로운 집단이 동유역에 일시
적으로 출현하였음을 나타내주는 것이며, 새로운 취락 영역의 개척과정이 대규모의 이주
보다는 소규모의 세대공동체 단위로 이루어진 양상을 보여주는 것이다. 즉, 정착과정상
의 불안정한 요소와 외부의 위협요인에 효과적으로 대처하기 위해 강한 유대감으로 형성

---

23) 용산동 4지점의 5호주거지는 내부에 노지나 기타 주거지로 판단할 수 있는 요소가 확인되지 않는다.

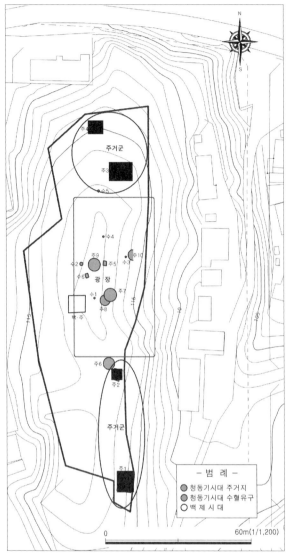

그림 79_두계리취락 2단계 주거군과 空地

된 혈연기반의 세대공동체가 더 유리
했을 것으로 추정할 수 있는 것이다.

갑천유역의 2단계 취락은 중위취
락으로 용계동·용산동·궁동·두
계리취락, 단위취락으로는 상대동원
골·둔산취락 등이 해당된다. 대표
적인 갑천유역의 중위취락인 용산동
의 2단계 취락은 발굴조사의 과정에
서 분리되었으나, 원래 4지구·5지
구·충남대 조사구역이 연결되는 구
릉지형으로서 단일한 취락영역으로
판단할 수 있다. 용산동취락의 동단
계 주거지 4기는 40~45㎡의 면적으
로 거의 비슷한 규모를 나타내며, 취
락의 영역내에서 서로 약 50m 정도
의 간격을 두고 독립적으로 위치하
고 있다. 이러한 취락내 주거지의 분
포상을 통해 볼 때 전체 취락의 공간
범위는 약 200m 정도이며, 각 주거
지는 독립적인 소규모의 세대공동체
를 이루었을 것으로 추정되고, 공동
체간의 결집도는 낮았을 것으로 볼
수 있다. 한편 용산동취락은 4지점을
중심으로 1~2단계의 취락이 운영되

다가 3단계 이후 서쪽의 2지점으로 취락이 이동하는 모습이 나타나고 동쪽의 6지점에도
확산된다. 다음으로 두계리취락은 취락 중앙의 空地를 두고 북쪽과 남쪽에 2기의 주거지
로 구성된 주거군이 확인된다. 각 주거군은 중형과 소형의 주거지 각 1기로 구성되어 있
어 확대가족과 핵가족이 결합된 세대공동체의 모습을 상정할 수 있으며, 취락 중앙의 공
지는 광장 또는 공공의 영역으로 추정된다. 취락영역내 주거지의 분포를 통해 볼 때 전체
취락공간은 약 150m 정도이나 조사범위의 제한으로 영역이 확대될 가능성도 있다.

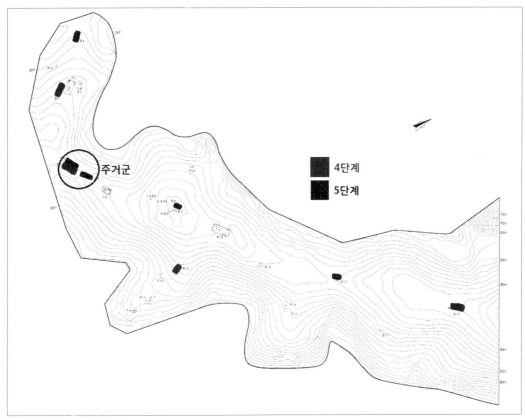

그림 80_용계동취락 4 · 5단계 주거지 분포

　갑천유역 3단계의 중위취락은 관평동취락이 대표적이며, 그 외의 대부분의 취락은 단위취락의 양상을 보이고 있다. 관평동취락은 갑천유역 1 · 2단계의 중심을 이루는 용산동취락의 북서쪽에 입지하고 있으며, 그 사이에는 관평천과 소규모 평야가 발달해 있다. 취락은 전체적으로 10기의 주거지가 조사되었는데 3~6단계까지 존속하였으며, 3단계의 취락 이후에는 주로 단위취락의 양상이다. 그런데 前述한 2단계의 용산동취락은 인접한 구릉으로 새로운 취락영역을 개척하지만 취락의 규모는 중위취락에서 단위취락으로 축소되는데, 이러한 점으로 볼 때 일시적으로 취락의 중심이 관평동취락으로 이동했을 가능성도 생각해 볼 수 있다.

　갑천유역 4단계 이후에는 중위취락이 갑천 중하류의 용산동─관평동취락군에서 중상류의 용계동─관저동취락군으로 옮겨지는 양상이다. 즉, 용계동 · 상대동원골 · 관저동취락 등의 중위취락이 반경 5km안에 밀집되고 있으며, 개별 취락단위에서도 4단계 이상으로 장기간 존속되는 취락(용계동·관저동취락)이 출현하고 있다. 특히 용계동취락에서는 4~5단계에 취락성장의 정점을 이루는 것으로 판단되며, 관저동취락에서는 5~6단계에 정점을 이룬다. 우선 4단계의 용계동취락은 주거군을 이루지 않고 4기의 주거지가 직경 약 400m 정도에 독립적으로 분포하고 있다. 그러나 동단계에 해당되는 주거지의 규모가 대부분 50㎡ 이상으로서 각 주거지는 한 단위의 세대공동체가 거주할 수 있는 면적이며 따라서 4개의 세대공동체가 독자적 생계방식을 모색한 느슨한 취락공동체군으로 판단된다. 그리고 4단계 취락을 구성하는 주거지간의 위계차는 거의 확인할 수 없는데 출토유물상의 뚜렷한 특징이 간취되지 않고, 주거지 규모의 편차도 크지 않기 때문이다. 한편 용계동의 4단계 취락과 같이 중대형 이상의 주거지가 취락의 영역에서 독립적을 분포하는 양상은 상대동원골의 4단계 취락에서도 동일한 양상을 보이고 있다. 즉, 갑천 중상류 4단계 중위취락의 일반적 구성으로 판단할 수 있는데, 중대형 규모 이상의 주거지에 대응하는 한 단위 세대공동체의 양상도 4~5개로 유사하고, 상대동원골 4단계 취락 영역의 공간범위도 약 400m로 용계동취락과 비슷한 양상이다. 그러나 관저동의 4단계 취락은 각 주거지가 독립적으로 분포되어 있는 양상은 유사하지만, 주거지의 규모는 확연하게 작은 편이다. 또한 취락 영역의 공간범위도 직경 약 150m 정도로서 위의 양취락보다 소규모이다. 따라서 4단계 갑천 중상류 청동기시대 전기 취락 사회의 발전은 용계동과 상대동원골취락을 중심으로 이루어졌으며, 취락내 각 세대공동체의 결집도는 낮았을 것으로 추정된다.

갑천 중상류의 5단계에도 용계동취락은 지속되고 있으나 이후 6단계에는 취락의 운영이 중단된다. 그리고 4단계에 용계동취락과 대등한 규모를 보였던 상대동원골의 취락은 4단계에 취락의 운영이 중단되는 것으로 나타난다. 용계동의 5단계 취락은 5기의 주거지로 구성되는데, 취락영역의 공간범위는 전단계와 큰 차이가 없으나, 주거지의 규모가 전단계에 비해 소형화되며, 취락의 중심부에는 중대형의 주거지 2기가 주거군을 이루고 있다. 이와 같이 주거군을 이루고 있는 용계동 취락의 중심에는 지속적으로 주거지가 축조되고 있어, 주거의 입지로 선호되어온 것을 알 수 있으며, 약 40㎡ 이상의 주거지 2기가 동위치에서 주거군을 이루는 모습을 통해 취락내 유력집단의 출현을 추정해 볼 수 있다. 특히 주거군을 이루는 7호주거지에서는 일단병식석검과 함께 용계동취락의 全段階에서 가장 많은 석기가 출토되어 위의 추정을 뒷받침한다.

갑천유역의 6단계에는 각지의 취락이 대부분 쇠퇴의 과정을 나타내고 있는데, 단위취락을 이루며 갑천유역의 각지에 산발적으로 분포하고 있다. 그러나 관저동의 6단계 취락

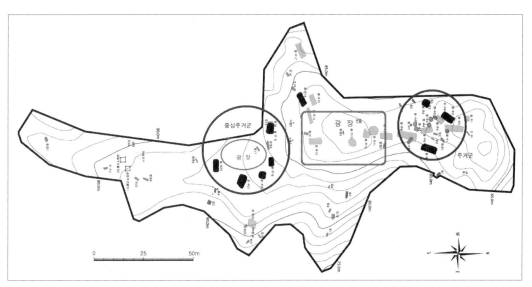

그림 81_관저동취락 6단계 주거군과 空地

은 상위취락으로서 동단계에 취락 성장의 정점을 이루고 있다. 이것은 용계동취락의 운영이 중단되는 시점에 재지계 집단이 관저동취락에 결집된 것으로 추정되는데, 취락의 규모는 직경 150m 정도이지만 중앙의 空地를 기준으로 남쪽에는 5기의 주거지가 半圓狀으로 배치된 중심주거군이, 북쪽에는 3기의 주거지로 구성된 주거군이 각각 위치하는 특징이 있다. 6단계의 주거지는 대부분 소형화된 핵가족의 가옥으로 판단할 수 있는데, 관저동의 5단계 취락에서부터 시작된 세대공동체 규모의 확대가 완성된 형태로 나타나는 것이 관저동 6단계 취락 중심주거군의 양상일 것이다. 동단계의 취락은 중층의 구조를 갖는 것으로 판단되는데 중심주거군은 독자적인 광장을 보유하면서, 세대공동체 단위의 취락을 운영하고, 전체 취락수준의 운영은 취락 중앙의 空地를 중심으로 2개의 주거군이 협력을 통해 이루어나갔을 것으로 추정할 수 있다.

갑천유역의 청동기시대 전기 취락은 최초 갑천 중하류의 용산동취락을 중심으로 국지적인 형성을 이루는데, 이것은 금강수계망을 따라 문화가 확산되는 과정을 반영하는 것이다. 이후 미호천유역과 같이 재지화의 과정을 밟으면서 갑천유역 각지로 확산되고, 이러한 과정속에서 단위취락과 중위취락으로 발전하게 된다. 이후 갑천의 중하류에서 중상류로 문화의 중심이 이동하는 것으로 판단되는데, 전반적으로 볼 때 4단계에 취락의 최대 성장기를 이루는 것으로 판단되며 직경 400m 정도의 공간범위를 갖는 취락도 등장하게 된다. 그런데 이와 같은 취락의 성장은 대부분 5단계를 기점으로 쇠퇴하기 시작하지만,

중층의 구조를 갖는 관저동취락에 결집하여 상위취락을 형성하는 모습도 확인되고 있다.

마지막으로 금강 중류역은 초현기에 미호천을 경유하여 문화가 유입된 것으로 판단되지만 이후에는 금강 본류라는 환경을 기반으로 뚜렷한 취락의 성장세를 나타내고 있다. 즉, 1단계에 미호천과 금강이 합류되는 지점인 보통리와 용호리취락 중심에서 2단계에는 주변의 평야지대와 하천을 취락 입지의 배후로 확보한 금강 본류 인근의 송담리로 확산되어 상위취락을 이루는 모습이다. 송담리의 2단계에는 취락 중앙에 대형 주거지 1기와 소형주거지 2기로 이루어진 중심주거군이 위치하고 있다. 특히 대형의 15호주거지는 81.5㎡의 면적으로 20人 이상이 거주할 수 있는 확대가족의 가옥으로 그 자체로 세대공동체를 이룰 수 있는 규모이며, 송담리 2단계 취락집단의 首長이 거주하던 곳으로 추정할 수 있다. 그리고 15호주거지 양쪽에 조성된 13・21호의 소형주거지는 약 25㎡ 이하로서 대형주거지에서 분가하여 새로운 세대를 이루는 주거지로 추정된다. 한편 송담리취락의 중심주거군이 위치한 지역은 6기의 주거지가 중복된 곳으로서 장기간 주거지의 입지로서 선호된 지역으로 볼 수 있으며, 전체 취락의 영역에서도 중앙부에 해당되는 지역이다. 그리고 중심주거군의 서북쪽과 남동쪽에는 각각 약 200m 정도의 거리를 두고 2기의 주거지로 구성된 주거군이 위치하고 있다.24) 이렇게 볼 때 송담리취락 2단계의 전체 공간범위는 약 400m 이상이다. 그러나 중심주거군과 기타 주거군간의 거리가 200m로서 중심의 세대공동체와 주변의 세대공동체는 혈연 등에 의한 직접적인 유대관계보다는 비교적 느슨한 취락공동체를 이루었을 것으로 추정된다.

송담리취락 이외에 금강 중류역의 2단계에는 단위취락으로 용호리・송담리 29-1지점・송담리 30지점, 중위취락으로는 보통리・송원리・제천리취락 등이 있다. 이 중 보통리취락은 금강 중류역에서 가장 빠른 단계부터 취락이 시작되고 있으며 1・2단계의 취락규모는 중위취락으로 동일하다. 그러나 보통리취락의 경우 2단계 이후에는 취락의 운영이 중단되는데, 송담리취락으로 흡수되었거나 인접한 연기리취락으로의 이동을 추정할 수 있다.

금강 중류역의 3단계에는 均質的인 취락의 발전이 이루어지는 것으로 판단되는데 동단계에 단위취락이 확인되지 않는 점과 2단계에 상위취락을 이루던 송담리취락이 3단계

---

24) 송담리취락 2단계의 서북쪽에 위치한 주거군에는 본 논문의 3-2장에서 2단계로 분석한 32호주거지(ⅡAa1식)도 포함될 가능성이 있으나 동주거지는 토기상이 불분명하고 주거지 장축방향이 차이가 나타나므로 보류한다. 또한 남동쪽 주거군에서 북쪽으로 50m 정도 떨어져 위치하는 2호와 54호주거지에서 2호주거지의 연대가 소급될 수 있다면 한 단위 주거군의 상정 가능성도 있다.

에서 중위취락의 수준으로 하향되는 것에서 그와 같은 모습을 살필 수 있다. 송담리의 3단계 취락에서는 2개의 주거군이 취락의 중심에서 서쪽과 남쪽으로 치우쳐 확인되며, 2단계에 비해 취락의 영역이 축소되는 양상이다. 송원리의 취락은 2단계에서부터 운영이 시작되어 점차 규모가 커지는 방향성이 나타나는데, 3단계에는 취락영역의 북동쪽에서 3개의 주거군이 확인된다. 이 3개의 주거군이 위치한 지역은 송원리취락 전체의 최대 주거 밀집지역으로서 동취락의 중심지로 판단할 수 있다. 송담리와 송원

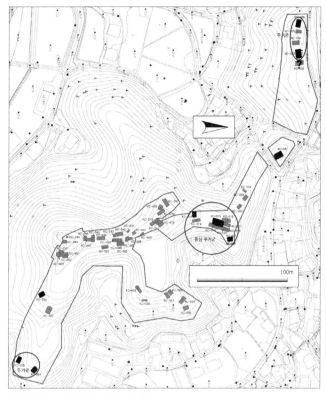

그림 82_송담리 2단계 취락 주거군 분포

리취락 외에 3단계의 중위취락으로는 송담리29-3지점·송담리30지점·용호리취락 등에서도 확인되고 있다. 이와 같이 3단계에 나타나는 취락 발전의 균질성은 외부로부터 금강유역으로 유입된 문화가 안정적인 정착을 이루어낸 결과이며, 이후의 취락 성장을 위한 토대가 구축되었음을 나타내주는 것이다.

　　금강 중류역의 4단계에는 취락의 규모가 다시 나뉘어지는데 상위취락의 송원리취락, 중위취락의 송담리·연기리·용호리취락, 단위취락의 송담리30지점취락 등이다. 송담리의 취락은 2단계에서 상위취락의 모습을 나타낸 후 4단계까지 중위취락이 유지된다. 4단계의 송담리취락은 2개의 주거군을 포함하여 8기의 주거지가 확인되며, 취락영역의 공간범위는 반경 200m 정도로서 2단계의 절반으로 축소된다. 이와 같은 취락영역의 축소는 주변의 소규모 취락에 대한 송담리취락의 영향력 감소라는 부정적 측면이 있는 반면에, 취락 내적으로는 각 세대공동체간의 동질성을 높이고, 결속력의 강화라는 차원에서 오히려 취락 성장의 동력이 한층 증가된 것으로 평가할 수 있다. 송원리의 4단계 취락은 2·3단계로부터의 점진적 발전의 결과로서 상위취락을 이루게 된다. 취락영역의 공간범

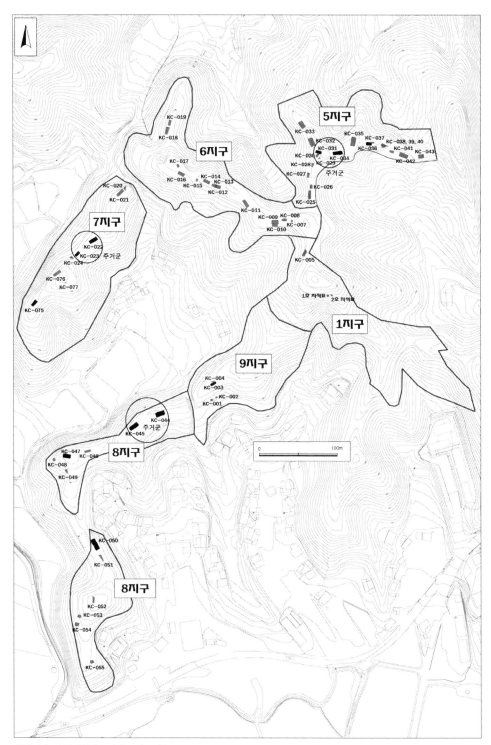

그림 83_송원리취락 4단계 주거군의 분포

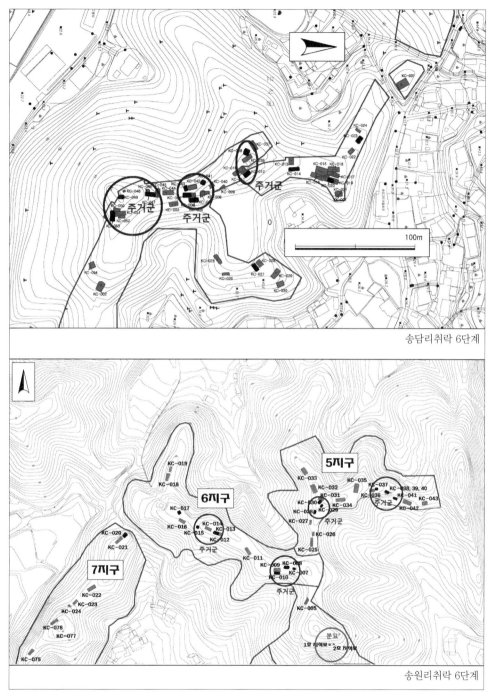

송담리취락 6단계

송원리취락 6단계

그림 84_송담리 · 송원리취락 6단계 주거군의 분포

위가 3단계에는 반경 약 250m 정도인데 비해 4단계에는 반경 약 600m로 2배 이상 확대되어 확연한 규모의 증가를 보인다. 이와 같은 취락규모의 증가는 전술한 바와 같이 전체 취락내 세대공동체간의 결속력 저하로 이어질 가능성이 있다. 이러한 가능성을 구체적으로 나타내주는 것이 취락내 주거군의 분포상이다. 4단계 송원리취락의 주거군은 취락영역의 북동쪽, 서쪽, 남서쪽에서 각 1개가 확인된다.

주거군은 중대형주거지 1기와 소형주거지 1기로 구성되며, 각 주거군의 주변에는 1∼3기의 주거지가 독립적으로 분포되어 있다. 전체 취락의 영역에서 주거군은 삼각의 분포를 나타내고 있는데, 이 때 각각의 주거군과 그 주변의 주거지로 이루어지는 소규모취락은 상위취락인 송원리 4단계 취락내에서 일정한 공간범위를 갖는 중위취락으로 구분할 수 있고, 각 주거군은 중위취락내의 유력집단(세대공동체)으로 판단할 수 있다. 따라서 송담리 4단계의 취락구성은 3개의 중위취락이 전체 취락의 영역내에 독자적인 영역을 구축하며 기본적인 생계를 영위하는 한편, 전체 취락단위에서의 공동체적 질서에 부응하는 중층의 구조를 나타내는 것으로 판단할 수 있다.

금강 중류역의 5단계와 6단계는 중위취락이 확인되지 않고 일부 단위취락을 제외하면, 상위취락인 송담리와 송원리에 취락의 성장이 집중되고 있다. 송담리의 5단계 취락영역은 반경 약 200m 정도로서 4단계의 취락영역이 유지되며, 주거군도 3개 이상 확인되고 있다. 상위취락에서 취락영역의 감소와 이에 따른 주거밀도의 증가는 전술한 바와 같이 취락구성원간의 유대감과 동질성의 향상을 통해 뚜렷한 공동체적 정체성 확립의 動因으로 추정할 수 있다. 이와 같은 양상은 6단계에도 지속되는 한편 한 단위의 주거군이 4기의 주거지로 구성되는 등 확대된 세대공동체의 모습도 확인할 수 있다. 송원리의 5단계 취락은 4단계를 계승하여 전체 취락의 영역은 유지되지만, 중심적 거주영역은 북동쪽의 주거밀집지역에 집중되는 양상이다. 또한 주거군 역시 동지역에서만 확인되고 있어이 지역을 중심으로 공동체적 결집이 이루어졌음을 추정할 수 있다. 이와 같은 모습은 6단계에 더욱 뚜렷해지는데, 3기의 주거지로 구성된 주거군 4개가 북동쪽 지역에 밀집되어 확인되는 점이다. 따라서 송원리취락은 이 일대를 중심으로 최대의 취락 성장을 이룬 것으로 볼 수 있다.

2) 취락의 성격

일반적으로 중심취락 또는 거점취락의 개념과 그 성격에 대한 접근은 각 연구자들마다 상이하지만(李弘鍾 2005, 裵德煥 2005, 安在晧 2009, 宋滿榮 2010, 李秀鴻 2012, 兪炳琭 2013, 李映澈 2013, 李東熙 2013)일반적으로 대규모 취락, 잉여생산물의 보관을 위한 굴립주건물의 축조, 대형 분묘를 포함한 위계화된 분묘(군), 교역과 교류의 중심지, 청동기 등 위세품의 존재, 首長으로 표현할 수 있는 유력개인 또는 유력개인이 소속된 집단의 존재 등을 중심으로 특징을 살필 수 있다. 그리고 이러한 요소들이 대부분 청동기시대 후기의 취락에서 나타나는 것으로 이해하는 것이 공통적인 견해일 것이다. 따라서 본 논문의 주제인 금강유역 청동기시대 전기 단계에서 중심취락의 설정에는 難點이 많다. 취락의 규모를 통한 접근은 어느 정도 해결의 실마리를 제공해주지만, 독립된 저장시설이 없는 주거지별 저장체계, 확실한 분묘의 不在, 미미한 교역이나 교류상, 위세품의 상대성 등에서 제한적일 수 밖에 없다. 그러나 앞장에서 검토한 바와 같이 지역단위에서 취락의 규모와 성장과정의 상이성은 각 취락별로 차별성을 갖기에 충분하다고 판단되며, Ⅲ-1장에서 제시한 제한적 중심취락의 요소를 갖는 금강유역 전기 취락의 면모에 대해 검토하고자 한다.

우선 Ⅲ-1장에서 제시한 중심취락의 요소로는 ①취락의 장기존속성, ②취락의 광역성, ③동일한 단계에 해당되는 다수의 주거지로 이루어진 복수 주거군의 존재, ④외래계 문물의 존재, ⑤주변 환경을 포함한 지리적 위치 등이 있다. 그런데 이와 같은 요소를 전부 갖춘 취락의 양상을 확인하기는 어려우며, 셋 이상의 요소가 반영된 취락을 금강유역 청동기시대 전기의 중심취락으로 상정하기로 한다.

취락의 장기존속(安在晧 2009)은 중심취락의 상정에 있어 가장 중요한 요소이다. 장기존속취락은 특정의 지형면이 반복적으로 점유되는 과정에서 주거지간의 중첩이 다수 나타나거나 한정된 범위내에 주거의 밀집도가 높은 취락으로 볼 수 있다. 또한 고고학적 편년에서 단절없이 넓은 시간폭을 포괄하는 취락 역시도 장기존속의 취락으로 판단할 수 있다. 취락의 장기존속이라는 것이 일정한 패턴 없이 비의도적인 결과로 나타날 가능성도 간과할 수 없지만, 수대에 걸쳐 지속적인 취락 입지로 선정된 것에는 뚜렷한 요인이 있을 것이다. 즉, 주변환경에 따른 생계경제상의 이점, 양호한 조망권, 교통이나 교역의 要地, 외적인 위험요소에 효과적으로 대처할 수 있는 방어적 측면 등을 고려해 볼 수 있다.

취락의 광역성은 동시기에 포함될 수 있는 취락 구성요소의 공간적 범위로 설정될 수 있다. 취락이 성장하는 과정에서 주거지 등 관련 유구가 다수 조성되며, 이에 수반하여 더 넓은 공간의 필요성이 증대될 것임은 자명한 사실이다. 또한 취락의 성장은 인구의 증가를 초래할 것이며, 이는 생계경제운용의 압력으로 작용하여 더 많은 생계자원의 수급을 위한 여러 가지 방안이 모색될 수밖에 없다. 따라서 취락의 공간적범위는 일차적으로 거주역과 그 주변을 둘러싼 지형경관이 포함될 수 있으나 일상적인 자원의 개척영역(Site Exploitation Territory)을 포함하게 되면 더 넓은 취락의 영역이 설정될 수 있다.(추연식 1997) 그러나 청동기시대 전기사회에서 취락의 광역성은 취락구성원간의 유대감이나 결속력을 저하시킬 가능성이 있기 때문에 오히려 주거의 밀집도를 높여 안정된 취락체계를 이루었을 가능성도 있다. 실제로 앞장에서의 분석 결과 상위취락인 송담리·송원리·관저동의 6단계 취락에서는 그 공간범위가 이전에 비해 줄어들고, 주거군 또는 주거의 밀집도가 증가하는 것으로 나타나고 있어, 청동기시대 전기의 늦은 단계에는 취락의 집약화가 이루어진다고 볼 수 있다.

다수의 주거군 또는 주거지의 조성은 인구의 증가라는 측면에서 중심취락의 요소로 간주될 수 있다. 취락의 구성원의 수는 취락이 잠재적 또는 실제 보유한 노동력과 비례할 수 있기 때문에 단위지역에서 여러 취락들간에 생산력의 우열차가 발생할 수 있고, 갈등의 해결시에도 유리할 가능성이 높을 것이다. 또한 중심지로의 인구집중은 필연적으로 나타나는 현상이므로 이와 같은 요소도 중심취락의 설정에 이용될 수 있을 것이다.

외래계의 문물은 취락의 대외적 역량을 추정하는 지표로 활용될 수 있다. 주변지역 또는 집단과의 교역이나 교류는 취락의 안정적인 정착과정 이후에 나타나는 특징으로 판단할 수 있는데, 한반도 서북지역으로부터 주민의 직접적인 이주가 상정(김장석 2001)되는 금강유역 청동기시대 전기의 취락은 1~2단계에 이와 같은 정착과정을 거쳐 3단계 이후부터 외래계의 문화가 수용되기 시작한다. 그런데 외부와의 교류는 모든 취락에서 나타나는 양상이 아니고 특정의 취락에서 나타나며, 그와 같은 취락에서도 일부의 주거지에 한정되어 외래계의 문물이 확인되고 있다. 이와 같은 취락 또는 취락내의 집단은 외래문화의 수용과 이를 주변으로 전달하는 매개의 역할을 한 것으로 판단되며, 이를 통해 주변지역에 영향력을 행사하였을 것으로 추정된다. 따라서 외부와 교역이나 교류를 주도하는 개인 또는 집단이 상정될 수 있고, 그와 같은 역량을 보유한 취락이 지역단위에서 중심의 위치를 갖는 것으로 판단할 수 있을 것이다.

끝으로 지리적 위치 또는 지정학적인 위치는 취락의 입지·대외교류와 관련이 있다. 대규모 취락의 운영에는 많은 자원을 필요로 할 것이며, 이와 같은 자원의 확보를 위해 최적의 입지를 고려했을 것으로 판단할 수 있다. 그러나 한편으로는 최적의 입지에 조성된 취락이 대규모 또는 중심취락으로의 성장 가능성이 높을 것이라는 점도 간과할 수 없다. 다음으로 단위지역에서 대외교류를 주도한 집단은 교통상의 거점(이홍종 2005)에 위치할 가능성이 있다. 금강유역 청동기시대 전기 취락의 입지가 대부분 하천에 인접한 점을 통해 水運에 의한 교류상을 추정할 수 있으며, 따라서 이와 같은 지역에 입지한 취락에 외래계의 문물이 확인될 경우 중심적 역할을 갖는 취락으로 상정할 수 있다.

표 74_취락의 규모와 중심취락의 설정

지역	단계별 취락	규모 \ 요소	①	②	③	④	⑤	계
금강중류	송담리 2	상위	●	●	●			3
	송담리 5		●	?	●			2
	송담리 6		●	?	●			2
	송원리 4		●	●	●	●	●	5
	송원리 5		●	●	●		●	4
	송원리 6		●	●	●			3
	보통리 2	중위				●	●	2
	송원리 2		●				●	2
	송담리 3		●	●	●			3
	송담리(30) 3		●					1
	송원리 3		●		●	●	●	4
	용호리 3		●				●	2
	송담리 4		●		●			2
	용호리 4		●				●	2
미호천	비하동II 3	중위	●		●			2
	용정동II 5		●		●			2
	신월리 6		●		●			2
갑천	관저동 6	상위	●	?	●			2
	용산동 2	중위					●	1
	관평동 3						●	1
	용계동 4		●	●	●			3
	관저동 4		●					1
	용계동 5		●	●				2
	관저동 5		●		●			2

이상에서 검토한 중심취락의 요소를 통해 금강유역 중심취락의 양상을 살펴보기로 한다.

금강유역의 전기 취락 중에서 상위와 중위로 분류되는 취락에 대해 중심취락의 요소를 적용하여 분석한 결과 상위취락인 송담리 2단계·송원리 4~6단계, 중위취락인 송담리·송원리 3단계, 용계동 4단계취락에서 3개 이상의 중심취락 요소를 확인할 수 있다. 한편 송담리의 5·6단계 취락과 관저동 6단계 취락의 경우에는 그 영역이 150~200m 정도로 전단계에 비해 축소되어 중심취락으로의 상정에 제한이 따른다. 그러나 전술한 바와 같이 중심취락으로 판단할 수 있는 송원리 5·6단계에 이미 취락 영역 축소의 경향이

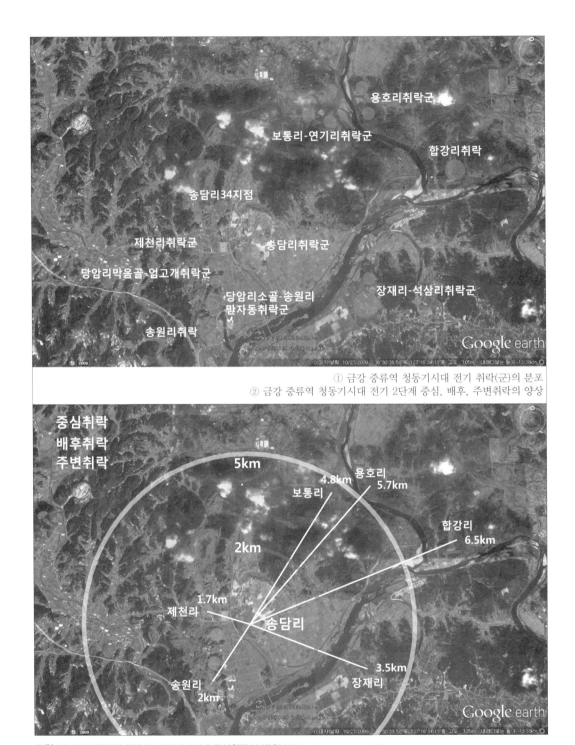

① 금강 중류역 청동기시대 전기 취락(군)의 분포
② 금강 중류역 청동기시대 전기 2단계 중심, 배후, 주변취락의 양상

그림 85_금강 중류역 취락 분포(①)와 2단계 중심취락 분석(②)〈원도 : Google earth〉

나타나는 것과 함께 결집된 주거군이 확인되므로 비슷한 단계인 송담리 5 · 6단계와 관저동 6단계 취락 역시 ②번 요소의 결여에도 불구하고 중심취락의 기능을 갖는 것으로 판단하고자 한다.

그렇다면 중심취락의 상정과 관련된 몇가지의 문제를 금강유역에서 확인되는 양상을 통해 살펴보도록 하자. 우선 금강 중류역 일원에서는 현재까지 보고된 최대 규모의 취락인 송담리 · 송원리취락을 필두로하여 금강 남안의 장재리취락(전기 주거지 28기), 당암리 소골—송원리 만자동취락군(전기 주거지 19기), 당암리 막음골—엄고개취락군(전기 주거지 20기), 미호천 東岸의 용호리취락군과 합강리취락(전기 주거지 7기) 등의 조사예가 알려져 있다. 이러한 취락유적은 [그림 104-①]에서 볼 수 있듯이 금강과 미호천, 그리고 전월산과 원수산 등의 자연경계에 따라 취락 또는 취락군의 영역을 구분할 수 있으며, 중심과 배후 그리고 주변의 관계 설정도 이러한 환경에 영향을 받았을 것으로 볼 수 있다. 즉, 금강 북안에 위치한 여러 취락군 중 보통리—연기리취락군은 중심취락인 송담리취락 등과 5km 이내의 거리에 위치하고 있으나 전월산 · 원수산 등의 산지에 막혀 가시권(허의행 2013)내에 들어오지 않고, 장재리—석삼리취락군 역시 3.5km 이내에 위치하지만 금강을 왕복하는 일상적 생활반경은 상정하기 어려울 것이다. 따라서 이와 같은 자연경계와 취락간의 거리(金範哲 2005)를 고려하여 중심 · 배후 · 주변취락의 관계를 살펴볼 수 있다.

[그림 104-②]는 금강 중류역의 2단계에 나타나는 중심취락과 배후취락 그리고 주변취락의 모습을 정리한 것이다. 상위취락인 송담리의 2단계취락은 이후 장기존속하는 동 취락의 본격적 개시를 나타냄과 동시에 광역적인 주거지의 분포가 나타나며 중심주거군—일반주거군으로 구분할 수 있는 3개의 주거군이 취락영역내에 위치하고 있다. 그리고 송담리취락의 반경 2km[25] 이내에는 송담리 29-1 · 송원리 · 제천리 · 당암리 소골 · 송원리 만자동 · 당암리 막음골취락 등의 같은 단계 취락이 위치하고 있다. 그런데 이와 같은 취락은 모두 주거지 2~3기로 이루어진 단위취락이며, 주거군을 통한 세대공동체의 모습도 확인되지 않고 단독으로 주거지가 조성되는 양상이다. 또한 주거지의 규모로 추정할 수 있는 취락구성원의 수는 중심취락인 송담리의 경우 약 80人 이상으로 산정되는데 비해 대부분의 취락은 약 10~30人 내외이다. 이와 같은 구성원 또는 인구의 數는 취

---

25) 허의행은 천안지역의 취락유적에 대한 가시권 분석결과를 바탕으로 반경 2km 내에 위치한 취락들은 서로간의 인지가 가능하다고 지적하고 있다.(허의행 2013)

락의 여러 가지 외적 역량을 나타내줄 수 있다. 단적으로 볼 때 人口數와 노동력은 비례할 것이므로 취락간 생산력의 우열을 반영할 것이며, 중심취락에서 주변의 취락으로 생산물이 공급될 가능성도 고려할 수 있을 것이다. 그러나 한편으로는 비교적 다수의 인구가 집중되는 중심취락에서 생계자원의 개척 필요성이 지속적으로 증대되었을 가능성이 높기 때문에 반대의 경우가 발생할 수도 있을 것이다. 그런데 이러한 일상적인 자원의 확보를 위해 주변 지역으로 활동의 범위를 넓혀가는 과정에서 주변 소규모 단위취락의 존재가 인식되었을 것이고 갈등이든 호혜적인 교류협력이든지간에 직·간접적인 관계가 형성되었을 것이다. 또한 중심에서 분리되어 독자적인 단위취락을 구축해 나가는 경우에도 중심취락으로부터의 영향은 지속적으로 유지되었을 것이기 때문에 중심취락의 외곽에 존재하는 이와 같은 취락을 배후취락으로 상정할 수 있을 것이다. 즉, 배후취락은 중심취락의 일정 정도 거리(반경 2km) 이내에 위치하면서 중심취락과 직·간접적인 관계를 형성하는 취락이며, 이때의 관계는 수직적인 관계와 수평적인 관계를 모두 포함할 수 있고 취락간의 거리나 상대적인 접근성 등에 의해 구분될 수 있을 것이다. 주변취락은 넓게 볼 때 배후취락을 포함하여 중심취락의 외곽에 존재하는 모든 취락으로 규정할 수 있다. 중심과 주변의 관계는 상하의 수직적 관계로 인식되며 주변은 중심의 통제하에서 취락이 운영되지만, 한편으로는 자원이나 재화의 공급 등으로 인해 주변취락의 영향력이 증대되어 중심취락을 제어할 가능성도 있고, 그러한 영향력을 기반으로 다음 단계에 중심취락으로 성장해 나갈 잠재력을 축적할 수도 있을 것이다.(武末純一 2013) 구체적으로는 송원리 2단계와 3단계의 전개속에서, 배후취락으로부터 중심취락으로 성장해나가는 과정을 통해 그와 같은 양상의 일단을 살필 수 있을 것이다. 그런데 이 책에서의 주변취락은 중심취락의 통제하에 위치하는 취락이 아닌 독자적 영역을 구축하고 생산과 소비에 있어 중심취락 등에 의존하는 것보다 완결적(禰宜田佳男 2013) 성격을 갖는 취락을 의미하며, 특히 자연경계에 의해 동단계 중심취락과 뚜렷하게 구분되는 일군의 취락으로 설정할 수 있다. 금강 중류역에서 이와 같은 주변취락으로는 보통리취락을 비롯하여 미호천 東岸의 용호리·합강리취락, 금강 南岸의 장재리취락이 있다.

금강 중류역의 3단계에는 前述한 바와 같이 대부분 중위취락으로 성장하며, 이에 따른 취락성장의 균질성이 나타나고 있다. 그러한 과정에서 전단계의 중심취락인 송담리취락이 지속적으로 유지되고 있는 가운데, 배후취락이었던 송원리취락은 이 단계에 이르러 중심취락으로 성장하는데, 취락 서쪽의 산지 자원의 활용과 곡간평탄지에 대한 가경지의 확보를 그 동력으로 추정할 수 있다. 특히 송원리취락의 3단계에는 본격적으로 외래계의 문화가 수입되기 시작한다. 그렇다면 중심취락인 송담리·송원리취락에서 나타나는 대표적인 외래계 문화의 제양상에 대해 간략하게 검토하기로 한다.

송담리·송원리취락에서 확인되는 외래계의 문화는 무시설식노의 수용에 따른 b式爐址付住居址의 출현과 평지식노 단독 설치 주거지로의 발전, 유물에 있어 구순각목공렬문토기(그림 102-21), 흔암리식토기(그림 102-13), 대부발(그림 102-16), 유경식석검(그림 102-17) 등이 있다.

우선 재지계의 가락동유형 주거지 전통에 외래계의 평지식노가 수용된 b式 爐址付住居址가 있다.

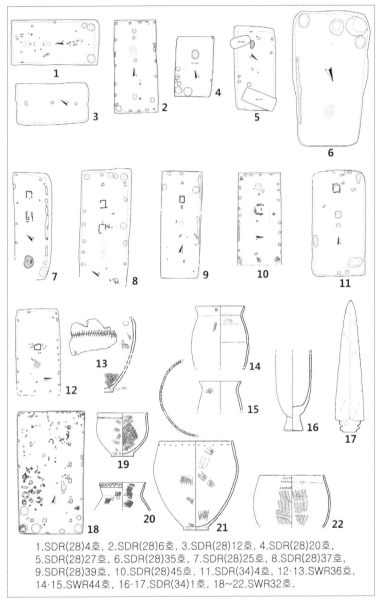

1.SDR(28)4호, 2.SDR(28)6호, 3.SDR(28)12호, 4.SDR(28)20호,
5.SDR(28)27호, 6.SDR(28)35호, 7.SDR(28)25호, 8.SDR(28)37호,
9.SDR(28)39호, 10.SDR(28)45호, 11.SDR(34)4호, 12·13.SWR36호,
14·15.SWR44호, 16·17.SDR(34)1호, 18~22.SWR32호.

그림 86_외래문화의 양상

동형식의 주거지는 음성 하당리유적과 보은 상장리유적 등 가락동유형 분포권의 외곽에서 주로 확인되었던 것이며, 그 출현은 청동기시대 전기 4단계의 늦은 시점으로 판단된다. 이와 같은 형식의 주거지는 최근 실시된 일련의 조사에서 그 예가 증가하고 있는데, 특히 금강 중류역의 송담리·송원리·장재리취락 등 대규모 취락에 집중되는 특징이 있다. 다음으로 평지식노가 단독으로 설치된 장방형 또는 세장방형주거지는 호서 서부지역의 주거문화가 병천천-미호천 등의 수계망을 따라 금강 본류로 유입된 이후 송담리·송원리취락에 수용된 것으로 추정된다.(羅建柱 2006) 이러한 (세)장방형주거지는 병천천 서안의 쌍청리유적에서도 확인되며, 금강 본류를 거쳐 갑천유역의 대전 용산동유적과 가오동유적 등에 파급되었으며, 특히 관저동취락의 6단계는 동형식의 주거지로만 구성되는 특징이 있다.

구순각목공렬문토기와 흔암리식토기는 금강 중류 일원의 가락동유형 밀집지역을 제외하면 한반도 중부 이남지역에서 광역적인 출토상을 나타내고 있으며, 금강유역과 인접한 호서 서부지역 청동기시대 전기 문화의 영향으로 판단할 수 있다. 금강유역에서의 공렬토기는 대전 신대동과 노은동유적에서 출토예가 확인되고 있다.(李亨源 2009) 흔암리식토기와 대부발, 유경식석검은 금강 중류역의 청동기시대 전기 문화에서 이례적인 것으로 역시 호서 서부지역에서 유입된 것으로 판단된다.

이상에서 볼 때 금강 중류역의 외래계 문화는 2개의 방향으로 나누어 설명할 수 있다. (세)장방형주거지와 공렬토기의 요소는 송담리·송원리취락에 파급된 이후 대전 등 주변지역으로 확산되었을 것이다. 특히 가락동유형 3단계에 수입된 공렬토기는 송원리취락을 거쳐 노은동이나 신대동유적까지 확산된 것으로 판단된다. 이와 같이 외래기원의 문화요소를 금강 중류역 각지의 가락동유형 취락에 파급시키는 매개자의 역할로서 송원리취락 3단계의 특성을 살필 수 있으며, 금강 본류의 수운을 활용한 교역 또는 교류의 중심으로 생각해 볼 수 있다.

흔암리식토기의 출현은 금강유역 4단계에 나타나며 대부발, 유경식석검과 함께 금강중류역에서 이질적인 것으로 송원리취락에서도 한정된 주거지(송원리 36호주거지, 송담리 34-1호주거지)에서만 출토된다. 여기에서 한정된 재화인 외래 물질문화를 독점적으로 소유할 수 있는 유력개인 또는 집단을 상정할 수 있다면 동일 시기 취락내 주거지 또는 주거군간의 위계화 가능성도 제시할 수 있을 것이다. 따라서 대형의 주거지, 풍부하고 다양한 도구와 토기의 보유, 외래계 물질문화의 독점 등이 특정 집단 혹은 개인에게 집중된다면 이를 정점으로 한 수직적 구조가 발생할 수 있을 것이다. 물론 이것을 수장(층)의 출현과 결부시키기에는 시기적인 제한이 있으나, 앞서 설정한 중심취락의 요소로서 송원리나 송담리취락의 위치를 잘 나타내주는 것으로 볼 수 있다.(孔敏奎 2012)

다음으로 금강 중류역에서 취락 성장기의 정점으로 판단되는 4단계의 중심취락과 배후·주변취락에 대해 살펴보기로 한다.

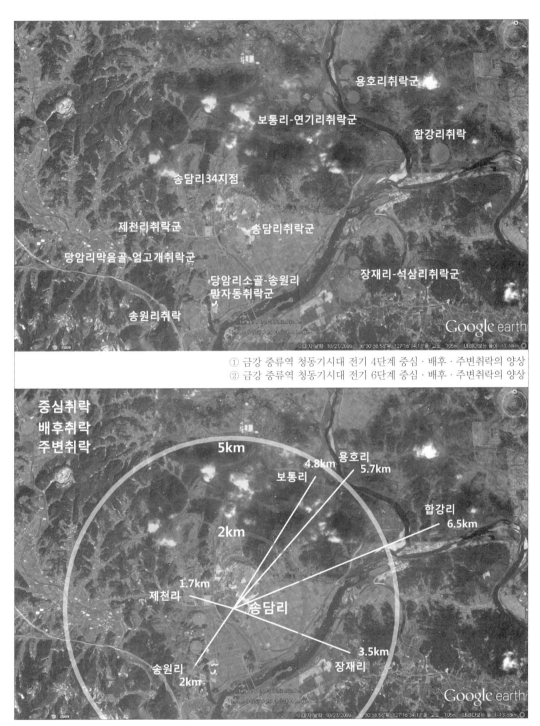

① 금강 중류역 청동기시대 전기 4단계 중심·배후·주변취락의 양상
② 금강 중류역 청동기시대 전기 6단계 중심·배후·주변취락의 양상

그림 87_금강 중류역 4단계(①)와 6단계(②) 중심·배후·주변취락의 분석(원도 : Google earth)

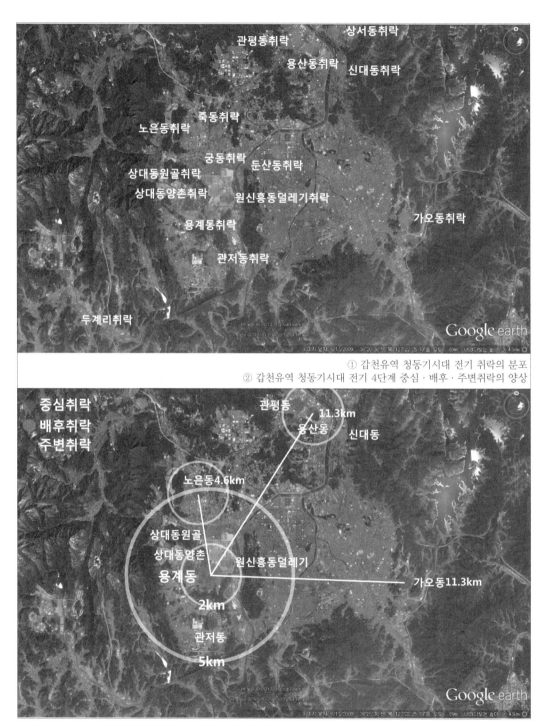

① 갑천유역 청동기시대 전기 취락의 분포
② 갑천유역 청동기시대 전기 4단계 중심 · 배후 · 주변취락의 양상

그림 88_갑천유역 취락 분포(①)와 4단계 중심취락 분석(②)(원도 : Google earth)

금강 중류역 4단계의 중심취락은 송원리취락으로서 앞장에서 설정한 중심취락의 다섯가지 요소가 모두 확인되는 유일한 취락이다. 송원리의 4단계 취락 배후에는 당암리소골－송원리 만자동취락군이 배후취락으로서 위치하며, 당암리 막음골취락도 동일한 것으로 판단된다. 송담리의 취락은 2~3단계에 걸쳐 중심취락이 유지되나 4단계에는 규모 등에 있어 축소되는듯한 모습이 나타나므로, 중심적인 기능의 상정은 어려울 것이다. 그러나 이후 5~6단계에 다시 중심취락으로 발전하고 있으므로 송원리취락과의 관계에 있어서 중심－배후로의 설정은 무리가 따른다. 송담리의 4단계 취락은 일시적인 소강상태로 볼 수 있으며 송담리30지점과 같은 배후취락을 거느린 준중심취락의 성격으로 판단할 수 있다.

　　금강유역의 4단계에는 동단계에 해당되는 배후취락 또는 단위취락이 전단계에 비해 줄어들고 있는데, 중심취락인 송원리취락으로의 집중화 경향으로 판단된다. 또한 동단계부터 시작된 이러한 경향은 이후 5단계를 거쳐 6단계로 갈수록 심화되는 것으로 보이는데 송담리와 송원리취락을 중심으로 취락의 성장이 집중되는 양상과 맞물리는 결과이다. 즉, 송담리와 송원리의 5·6단계에서 확인되는 것과 같이 개별 취락단위에서도 취락 내 특정의 위치에 주거지의 집중화가 나타나며, 지역단위에서도 특정의 취락에 통합되거나 집중되는 현상이 보이는 것은 증가된 노동력의 투입을 통한 안정적 생계자원의 확보와 이를 토대로 한 효율적인 취락의 운영, 그리고 취락구성원간의 결속력 강화 측면에서 조금 더 진전된 취락 사회 발전의 한 단면으로 평가될 수 있다.

　　한편 금강과 미호천이 합류되는 지점에 형성된 용호리 취락은 그 위치상 교역 또는 교류 거점으로서의 성격을 살펴볼 수 있다. 특히 4단계의 6호주거지에서는 18개의 저장수혈의 설치되는데, 금강유역은 물론이고 한반도 청동기시대의 주거지 중 가장 많은 저장수혈이 확인된 주거지로서 주목된다. 前述한 바와 같이 미호천－금강본류－갑천으로 연결되는 문화의 파급과정을 고려하면 용호리취락은 그 위치상 교역 등을 담당하는 전문집단의 취락으로 상정 가능할 것이며, 이홍종에 의해 규정(李弘鍾 2005)된 교통이나 물류기능의 거점취락적 성격을 갖는 것으로 추정할 수 있다.

VI
맺음말

금강유역의 청동기시대 전기 문화는 한반도 북부지역으로부터 파급된 외래기원의 문화를 모태로 하고 있다. 주거지와 토기의 형식에서 확인할 수 있는 이와 같은 모습은 금강유역에 등장하면서 더욱 뚜렷해지며 청동기시대 한반도의 타지역과 비교할 때 강한 지역성을 나타내며 발전하는 양상을 보이고 있다. 이 책에서는 이와 같은 금강유역 청동기시대 전기 취락의 제반 특징에 대해 검토하기 위하여 취락을 구성하는 기초단위인 주거지와 출토 유물에 대한 분석을 실시하고, 분석된 결과를 통해 상대편년을 실시한 후, 이를 기반으로 취락의 단계별 구조분석과 변천, 성장과정, 취락의 성격 등에 대한 연구를 실시하였다. 지금까지 이 책에서 검토한 제반 내용들을 논지의 전개 순서에 따라 정리하면 다음과 같다.

II장에서는 토기와 주거지에 대한 검토와 형식의 분류를 실시하고, 그 결과를 기초로 상대편년을 정리하였다. 금강유역 청동기시대 전기의 문화에서 주류를 이루는 토기는 가락동식토기이며, 청동기시대 전기에서도 비교적 빠른 단계에 해당된다고 인식되는 것이 학계의 일반적 경향이다. 가락동식토기는 과거의 대동강유역 계통설에 대한 대안으로 서북한지역 청천강유역 일원 토기문화와의 연관성도 제시되고 있다. 그러나 이 책에서는 취락 분석 기초작업의 일환으로 가락동식토기의 기원문제나 계통에 대한 고찰보다 단계설정을 위한 금강유역에서의 변천과정에 焦點을 맞추어 논지를 진행코자 하였다. 단계설정을 위한 상대편년의 방법론으로 속성배열법의 원리를 채용하여 분석을 실시하였으며, 그 결과 6단계의 상대편년안을 수립하였다.

둔산식주거지에 대한 분석과 연구에서 일차적으로 토기에 대한 상대편년안에 대응하기위해 기존의 둔산식주거지에 대한 형식분류와 변천과정에 대한 거시적인 이해의 틀을 재고하였다. 즉 둔산식−용암Ⅰ식−용암Ⅱ식의 분류와 변천과정의 방향성을 재검토하고 자 주거지의 평면형태, 柱의 구조, 노의 형식과 수량에 의거하여 형식분류를 실시하였다. 그리고 이와 같이 형식분류된 주거지의 형식을 각 취락유적에서 확인되는 주거지간 중복 사례와 토기의 편년을 적용하여 시간적인 선후관계를 설정하였다.

Ⅲ장에서는 금강유역의 각 취락에 대한 미시적인 구조 분석을 실시하였다. 우선 분석 에 앞서 취락의 입지와 형태에 대한 일반적인 검토를 실시하였는데, 취락의 규모에 따른 분류는 기존 학계의 연구성과를 일부 수용하고 필자의 견해를 추가하여 단위취락−중위 취락−상위취락의 세단계로 나누었으며, 취락의 평면형태는 단독점상취락−분산형점상 취락−선상취락−면상취락으로 구분하였다. 그리고 금강유역 청동기시대 전기의 중심취 락과 관련된 문제를 검토하기 위하여, 기왕의 거점취락 또는 중심취락과 관련된 학계의 연구를 검토하였다. 그런데 금강유역의 청동기시대 전기에서 일반적인 중심취락의 개념 을 적용시키기는 어렵다. 그러나 금강유역의 지역단위에서 취락의 발전과 취락간의 관계 를 검토하는 것이 이 책의 핵심사항임을 고려하여 각 취락의 성격을 중심과 배후 그리고 주변의 관계로 설정하여 설명하고자 하였다. 따라서 제한적으로 금강유역의 청동기시대 전기 취락에서 확인할 수 있는 중심취락의 개념은 ①취락의 장기존속성, ②취락의 광역 성, ③동일한 단계에 해당되는 다수의 주거지로 이루어진 복수 주거군의 존재, ④외래계 문물의 존재, ⑤주변 환경을 포함한 지리적 위치의 다섯가지로 제시할 수 있다. 배후취락 은 중심취락의 배후에 위치하는 취락으로서 중심에서 분리되어 독자적인 취락을 형성하 고 있으나 중심취락과 직·간접적인 영향관계에 있는 취락이다. 주변취락은 중심취락의 반경 5km 내외의 거리에 위치하는 단위취락 또는 중위취락으로서 소비와 생산을 위주로 한 자기완결적 취락이지만 중심취락 등으로부터 재화의 일부분을 필요로 하는 취락으로 규정할 수 있다.

이상과 같이 취락의 형태 등에 대한 기존의 연구성과를 정리하고 재해석하여 기본적 인 분석의 틀을 마련하고, 2장에서 실시한 분석결과와 상대편년을 적용하여 청동기시대 전기의 금강유역을 미호천·갑천·금강중류역의 지역권으로 구분한 후 각 지역에서 조 사된 개별 취락유적에 대한 미시적인 구조 분석과 주거지에 대한 단계설정을 실시하여 각 단계별 취락상을 명확히 구별하였다.

Ⅳ장에서는 금강유역 취락의 지역별 변천과, 취락의 형성과 발전, 취락의 성격에 대해 2장과 3장의 분석과 검토결과를 토대로 연구를 실시하였다. 지역별 변천의 양상에 있어

미호천유역의 가락동유형 취락은 청주분지를 중심으로 하여 성장하였으며, 강서동－비하동취락군, 용정동－운동동취락군이 대표적이다. 강서동－비하동취락은 강서동취락에서 미호천유역 최초로 주거지가 조성되기 시작하여 2단계를 지나면서 중단되고 비하동취락으로 취락의 중심이 이동하는 것이다. 그러나 비하동취락은 3단계에 정점을 이룬 후 서서히 쇠퇴의 과정이 나타난다. 용정동－운동동취락군은 용정동취락에서 2단계에 시작되어 3단계까지 운동동취락을 아우르는 광역의 취락영역을 이루다가 5단계에 정점을 이루게 된다.

　미호천유역 청동기시대 전기 취락의 각 단계에서 가장 활발한 석기의 제작사용이 확인되는 시기는 3단계로서 수렵구와 벌채구의 점유율이 높다. 이와 같이 3단계와 4단계에 수렵구가 높은 점유율을 나타내는 것은 취락의 최대 성장기에 단위취락별 인구증가에 따른 적극적 식량자원의 확보와 관련이 있을 것이며, 3단계 벌채구의 증가 역시도 취락의 성장과 관련이 있을 것이다. 미호천유역권에서 비교적 장기 존속하거나 규모가 큰 취락인 비하동취락이나 용정동취락의 경우 배후에 부모산과 상당산이라는 큰 산지가 위치하여 이를 이용하기 용이한 지리적 이점도 취락의 입지선정에 중요한 요인으로 작용했을 것이다. 즉, 1~2단계 강서동취락에서 3단계 이후 비하동취락으로의 이동이 상정될 수 있다면 이러한 산지를 이용한 자원의 확보 또는 화전농경의 가경지 활용과 연관시켜 볼 수 있을 것이다.

　갑천유역에서는 중상류 서쪽 일원의 용계동－관저동취락군과 갑천 중하류의 용산동－관평동취락군이 대표적인 청동기시대 전기 취락에 해당된다. 갑천유역에서 가락동유형의 출현은 미호천과 금강 본류를 거쳐 파급되는 것이며 초현기에는 용산동취락에서 제한적으로 확인된다. 이후 갑천 중하류의 용산동－관평동취락군을 중심으로 한 취락의 전개과정이 나타나지만 4단계 이후에는 용계동－관저동취락군으로 그 중심이 이동하는 것으로 나타나고 있다. 한편 갑천유역의 취락에서 확인되는 주거지의 규모의 변화는 2단계와 3단계에서 정점을 이루다가 늦은 단계로 갈수록 소형화되는 모습으로 한 가옥내에 확대가족이 공동으로 거주하던 방식에서 핵가족제의 개별거주방식으로 변화된다는 연구를 참고한다면 반드시 동일한 단계내 주거지 규모의 차이가 주거지간 위계화의 수준을 가늠하는 척도로서 사용되기는 어려울 것이다.

　갑천유역 취락의 단계별 석기의 출토량과 다양성 등을 보면 미호천유역에 비해 늦은 단계에서도 비교적 활발한 석기의 제작·사용이 나타나고 있다. 전반적으로 3~4단계에 最盛期를 보이고 있으며, 5단계에도 지속되는 모습인 것이다. 석기의 용도에서 벌채구인 합인석부는 역시 후기 단계로 가면서 출토량이 줄어들고 있는데, 역시 밭농사에서 논농사로 전환되는 농경방식과 연동된 변화이거나 주거 건축상의 변화에 따른 목재 소모량의 감소 등을 주요인으로 생각해 볼 수 있다. 그리고 갑천유역권의 석기상의 특징을 부언하자면 마제석검을 비롯한 상징의례구가 다수 출토되는 점이다.

금강 중류에는 북쪽에 발달한 장남평야와 나성뜰의 배후에 입지한 송원리와 송담리취락을 중심으로 그 주변에 중소의 취락이 밀집되어 분포하고 있다. 금강 중류에서는 2단계에 본격적으로 취락의 건설이 시작되어 송원리와 송담리취락을 비롯하여, 제천리·보통리·용호리취락 등이 있다. 특히 송담리취락은 2단계의 정점을 이루는데 10기의 주거지가 취락의 영역내에 분산·조성된 취락이며, 서로 인접한 2기의 주거지가 한 단위의 세대공동체를 이루는 모습도 일부 나타나고 있다. 3단계에는 송담리취락과 함께 송원리취락도 거의 대등한 규모로 확인되며 주변의 취락상은 전단계와 큰 변화없이 유지된다. 다음으로 4단계는 취락의 최대 성장기로 판단할 수 있는데 석기류의 기종과 수량에서 볼 수 있듯이 활발한 석기의 생산을 통해 다양한 생계방식이 모색되었을 것으로 추정된다. 그리고 상징의례구로 분류되는 석검의 수량이 다른 단계에 비해 압도적인 점에서 취락내 주거지간의 위계화를 추정해 볼 수 있다.

금강 중류역의 5단계와 6단계는 송원리와 송담리 등 대형취락을 중심으로 한 전개과정과 특징을 살필 수 있다. 5단계에는 석기의 생산이 전단계에 비해 감소되나 기종의 다양성과 수량에서 동단계의 갑천유역이나 미호천유역의 비해 압도적이다. 석기의 조성비 등을 통해 농경과 수렵·채집이 병행된 복합적 생계경제방식을 추정해 볼 수 있다. 주거지의 규모는 전단계에 비해 소형화되는 경향이며, 주거지간 면적의 편차가 크지 않다. 주거건축에서 목재 소모량이 줄어든 중앙1열초석(주혈)구조의 주거지 형식을 고려할 때 5단계에는 가옥의 대형화보다 가족수에 맞는 효율적 건축이 이루어진 것으로 추정해 볼 수 있으며, 확대가족제의 점진적인 해체의 모습도 추정할 수 있다. 6단계에는 송원리와 송담리취락을 제외하면 대부분 취락의 운영이 중단된다. 동단계에는 주거지의 소형화 경향이 뚜렷하게 나타나는데 확대가족제가 해체되고 핵가족제로 전환되는 모습이 확연하게 나타나는 것이다. 한편 동단계에 석기의 제작 역시 감소되는 모습이 뚜렷한데, 기종과 수량 모두 2~5단계에 비해 현저히 떨어진다.

다음으로 취락의 성장과정에서 각 지역별 취락의 출현과 발전에 대한 검토를 실시하였다.

미호천유역의 청동기시대 전기 취락은 그 출현과정에서 타지역에 비해 시기적으로 선행할 가능성도 있고 조금 더 뚜렷하게 나타나지만 이후 취락 발전의 모습은 떨어지는 양상이다. 미호천유역의 전반으로 볼 때 대부분 단위취락 중심의 양상이 나타나며, 특히 취락의 성장에서 상위취락으로 발전하지 못하고 중위취락 역시 제한적으로 확인되고 있다. 이와 같은 모습속에 청동기시대 전기의 늦은 단계로 갈수록 일부 취락을 제외하면 취락의 규모나 범위가 축소되면서 쇠퇴의 과정을 보이고 있다. 한편 미호천유역의 개별 취락영역의 공간범위는 중위취락의 경우 150~200m 정도이며, 단위취락은 50m 내외로 볼 수 있다.

다음으로 갑천유역의 청동기시대 전기 취락은 최초 갑천 중하류의 용산동취락을 중심으로 국지적인 형성을 이루는데, 이것은 금강수계망을 따라 문화가 확산되는 과정을 반영하는 것이다. 이후 미호천유역과 같이 재지화의 과정을 밟으면서 갑천유역 각지로 확산되고, 이러한 과정속에서 단위취락과 중위취락으로 발전하게 된다. 이후 갑천의 중하류에서 중상류로 문화의 중심이 이동하는 것으로 판단되는데, 전반적으로 볼 때 4단계에 취락의 최대 성장기를 이루는 것으로 판단되며 직경 400m 정도의 공간범위를 갖는 취락도 등장하게 된다. 그런데 이와 같은 취락의 성장은 대부분 5단계를 기점으로 쇠퇴하기 시작하지만, 6단계에도 중층의 구조를 갖는 관저동취락에 결집하여 상위취락을 형성하는 모습이 확인되고 있다.

마지막으로 금강 중류역에서 청동기시대 취락의 출현은 미호천과 금강이 합류되는 지점을 중심으로 확인되지만, 갑천유역과 같이 국지적 양상으로 판단할 수 있다. 그러나 2단계부터 상위취락인 송담리를 중심으로 취락의 본격적 성장이 확인되는 점은 타지역과 비교되는 특징으로서 취락 입지의 기반이 되는 하천의 규모가 타지역에 비해 압도적인 점을 직접적인 성장의 원인으로 지적할 수 있다. 3단계의 금강 중류역은 취락 성장의 균질성이 나타나는 특징이 있다. 동단계는 외부로부터 파급된 문화가 금강유역 전역에서 재지화되는 시점으로 파악되는데, 송담리취락에 집중되는 전단계와는 다르게 주변으로 확산되면서 대부분 중위취락을 형성하고 있다. 이와 같이 각 취락별로 성장의 동력이 분산되지만, 4단계에 이르러 상위취락인 송원리로 다시 집중된다. 송원리취락은 이후 6단계에 이르기까지 지속적으로 상위취락을 유지하는데, 특히 금강유역 일원에서 전기의 취락이 대부분 쇠퇴 또는 소멸되는 6단계에서도 송담리와 함께 상위취락을 유지하고 있다. 한편 4단계에 정점을 이루는 송원리의 취락은 공간범위가 직경 600m 정도로서 금강유역 최대규모를 이루는데, 3개의 중위취락이 통합된 취락공동체를 이루고 있다. 끝으로 금강 중류역의 마지막단계가 되면 취락의 영역이 축약되어 주거밀도가 높아지는데, 상위취락을 유지하는 송담리·송원리취락의 공간범위가 직경 약 150~200m 정도이며, 갑천유역의 6단계 상위취락인 관저동취락도 직경 150m의 공간범위를 나타내고 있다. 이와 같이 취락영역이 줄어드는 점은 대외적 취락 영향력의 감소가 예상되지만, 오히려 취락내 구성원간의 유대감과 동질성의 향상을 통해 효과적이고 집중화된 취락의 운영이 가능해진 것으로 판단되며, 3단계부터의 지속적인 성장과정을 통해 완성을 이룬 취락으로 평가될 수 있을 것이다.

취락의 성격 또는 기능과 관련하여 금강유역의 전기 취락 중 상위와 중위취락에 대해 중심취락의 요소를 적용한 결과 상위취락인 송담리 2단계·송원리 4~6단계, 중위취락인 송담리·송원리 3단계, 용계동 4단계취락을 중심취락으로 판단할 수 있다. 또한 송담리의 5·6단계와 관저동 6단계 취락은 비록 취락 영역이 축소되나 송원리 5·6단계 나타나는 취락 영역 축소 경향과 주거군이 결집되는 모습을 통해 중심취락으로 판단할 수 있다.

금강유역에서 최대규모를 이루는 송담리·송원리취락의 주변에 중·소규모의 취락이 산재해 있는데 중심취락으로부터 일상적 생활반경인 5km 이내에 위치하고 있음에도 불구하고 산지에 막혀 가시권영역에 포함되지 않거나, 하천이라는 자연경계에 의해 일상적 생활반경의 상정이 어려운 취락의 존재를 통해 배후·주변취락의 관계를 살펴볼 수 있다.

중심취락으로의 성장과정에서 나타나는 여러 요인들에 의해 주변 영역을 개척하거나 점유하는 과정에서 단위취락과 일정한 관계가 형성될 것이고, 중심에서 분가하여 독자적 취락을 형성하는 경우에도 중심취락으로부터의 영향은 지속적으로 유지되었을 것이다. 본 논문에서는 중심취락의 반경 2km 이내에 존재하는 취락을 배후취락으로 상정하였는데, 중심취락과 수직적·수평적 관계를 형성하는 취락이며, 취락간의 거리나 상대적인 접근성 등에 의해 친밀도 등 중심과의 관계가 설정될 수 있다. 주변취락은 중심취락의 통제하에 있는 취락이 아닌 독자적 영역을 구축하고 생산과 소비에 있어 중심취락 등에 의존하는 것보다는 소규모일지라도 완결적 성격을 갖는 취락을 의미하며, 자연경계에 의해 중심취락과 구분되는 일군의 취락으로 설정할 수 있다.

금강유역의 각 단계 중심취락 중 특히 최대 취락성장기인 4단계의 송원리취락에서는 배후취락이 줄어드는데 중심취락으로의 집중화 경향으로 판단된다. 이와 같은 경향은 5단계를 거쳐 6단계로 갈수록 심화되는 것으로 나타나며 송담리·송원리취락을 중심으로 취락의 성장이 집중되는 양상으로 볼 수 있다. 결론적으로 송담리·송원리의 5·6단계에는 개별 취락단위에서 취락내 특정의 위치에 주거지가 집중되거나 지역단위에서도 특정의 취락에 통합되는 모습을 살필 수 있는 것이다. 이러한 양상은 증가된 노동력의 투입을 통한 안정적 생계자원의 확보와 이를 바탕으로 한 효율적인 취락의 운영, 그리고 취락구성원간의 결속력 강화 측면에서 진전된 취락 사회 발전의 한 단면으로 평가될 수 있다.

參考文獻
참고문헌

1. 단행본

국립김해박물관, 2005, 『전환기의 선사토기』.

김권구, 2005, 『청동기시대 영남지역의 농경사회』, 학연문화사.

김용남·김용간·황기덕, 1975, 『우리 나라 원시집자리에 관한 연구』, 사회과학출판사.

吳洪晳, 1994, 『취락지리학-농어촌의 지역성격과 재편성』, 교학연구사.

이홍종, 1996, 『청동기사회의 토기와 주거』, 서경문화사.

林炳泰, 1996, 『韓國 靑銅器文化의 硏究』, 學硏文化社.

추연식, 1997, 『고고학 이론과 방법론』, 학연문화사.

韓國考古學會, 1994, 『마을의 고고학』第18回 韓國考古學全國大會 發表要旨.

_____, 2010, 『개정신판 : 한국고고학강의』, (주)사회평론.

한국청동기학회, 2012, 『청동기시대 광역편년을 위한 조기~전기문화 편년』, 제6회 한국청동기학회 학술
　　　대회, 한국청동기학회.

韓日聚落研究會, 2013, 『韓日聚落研究』, 서경문화사.

홍경희, 1999, 『촌락지리학』, 법문사.

황기덕, 1984, 『조선의 청동기시대』, 사회과학출판사.

都出比呂志, 1989, 『日本農耕社會の成立過程』, 岩波書店.

2. 국문 논문

고민정, 2010, 「남강유역 청동기시대 후기 취락구조와 성격」, 『嶺南考古學』54, 嶺南考古學會.

孔敏奎, 2003, 『무문토기문화 가락동유형의 성립과 전개』, 숭실대학교 석사학위논문

_____, 2005a, 「中部地域 無文土器文化 前期 環濠聚落의 檢討-淸原 大栗里 環濠聚落의 性格」, 『硏究論文集』創刊號, 中央文化財硏究院.

_____, 2005b, 「中部內陸地域 可樂洞類型의 展開」, 『송국리문화를 통해 본 농경사회의 문화체계』고려대학교 고고환경연구소 학술총서 제1집

_____, 2011, 「금강 중류역 청동기시대 전기취락의 검토」, 『韓國靑銅器學報』8, 韓國靑銅器學會.

_____, 2012, 「錦江中流域靑銅器時代前期集落의 成長」, 『日韓集落の硏究』最終報告書, 日韓集落硏究會.

_____, 2014a, 「錦江流域 屯山式住居址 再檢討」, 『湖西考古學』30, 湖西考古學會.

_____, 2014b, 「靑銅器時代 前期 可樂洞類型 聚落의 變遷」, 『韓國靑銅器學報』第14號, 韓國靑銅器學會.

權五榮, 1995, 「三韓社會 '國'의 구성에 대한 고찰」, 『韓國古代史硏究』10.

_____, 1997, 「한국 고대의 취락과 주거」, 『韓國古代史硏究』12.

金奎正, 1999, 「湖南地域의 靑銅器時代 住居址」, 『호남지역의 청동기문화』第7回 湖南考古學會 學術大會 發表要旨.

_____, 2007, 「청동기시대 중기설정과 문제」, 『한국청동기학보』창간호, 한국청동기학회.

김권구, 2001, 「영남지방 청동기시대 마을의 특성과 지역별 전개양상」, 『한국 청동기시대 연구의 새로운 성과와 과제』, 충남대학교박물관.

金權中, 2008, 「江原 嶺西地域 靑銅器時代 住居址와 聚落 構造의 變遷」, 『韓日聚落의 硏究-生産遺蹟과 聚落遺蹟』제4회 공동연구회 발표요지, 한일취락연구회.

김도경·주남철, 1999, 「靑銅器時代 움집의 平面과 構造에 관한 硏究」, 『大韓建築學會論文集 計劃系』, 15권6호, 大韓建築學會.

金範哲, 2005, 「錦江 중·하류역 청동기시대 중기 聚落分布類型 硏究」, 『韓國考古學報』第57輯, 韓國考古學會.

_____, 2011, 「靑銅器時代 前期 住居樣相과 家口發達週期-호서지역 驛三洞 및 欣岩里類型 聚落을 중심으로」, 『韓國上古史學報』第72號, 韓國上古史學會.

김병섭, 2003, 『한반도 중서부지역 전기 무문토기에 대한 일고찰 이중구연토기를 중심으로-』, 경상대학교 석사학위논문.

_____, 2009, 「남한지역 조·전기 무문토기 편년 및 북한지역과의 병행관계」, 『한국청동기학보』4, 한국청동기학회.

김승옥, 2006, 「청동기시대 주거지의 편년과 사회변천」, 『韓國考古學報』第60輯, 韓國考古學會.

金壯錫, 2001, 「흔암리유형 재고 : 기원과 연대」, 『嶺南考古學』28號, 嶺南考古學會.

_____, 2003, 「충청지역 송국리유형의 형성과정」, 『韓國考古學報』第51輯, 韓國考古學會

_____, 2008a, 「청동기시대 취락과 사회복합화과정 연구에 대한 검토」, 『湖西考古學』17, 호서고고학회.

_____, 2008b, 「무문토기시대 조기설정론 재고」, 『한국고고학보』46, 한국고고학회.

_____, 2008c, 「송국리단계 저장시설의 사회경제적 의미」, 『한국고고학보』67, 한국고고학회

金正基, 1968, 「韓國竪穴住居址考(一)」, 『考古學』第1輯, 韓國考古學會.

_____, 1974, 「韓國竪穴住居址考(二)」, 『考古學』第3輯, 韓國考古學會.

_____, 1996, 「靑銅器 및 初期鐵器時代의 竪穴住居」, 『韓國考古學報』34輯, 韓國考古學會.

金材胤, 2004, 「韓半島 刻目突帶文土器의 編年과 系譜」, 『韓國上古史學報』46, 韓國上古史學會.

김한식, 2002, 「남부지역 송국리형주거지 연구-남강·보성강유역을 중심으로-」, 『湖西考古學』第6·7合輯, 湖西考古學會.

金賢敬, 2012, 「湖西地域 前期 無文土器 文樣의 編年」, 『韓國靑銅器學報』10號, 韓國靑銅器學會.

金賢植, 2008a, 「호서지역 전기 무문토기 문양의 변천과정 연구」, 『嶺南考古學』44, 嶺南考古學會.

_____, 2008b, 「남한 조기-전기 문화사적 의미」, 『考古廣場』2號, 부산고고학연구회.

_____, 2010, 「蔚山地域 靑銅器時代 聚落과 共同體」, 『靑銅器時代의 蔚山太和江文化』, 蔚山文化財研究院.

金賢峻, 1996, 『靑銅器時代 聚落의 立地條件을 통해서 본 生業 研究』漢陽大學校 碩士學位論文.

羅建柱, 2006, 『前·中期 無文土器 文化의 變遷過程에 대한 考察-牙山灣·錦江流域의 資料를 中心으로-』, 忠南大學校 碩士學位論文.

박성희, 2009, 「청동기시대 조기론에 대한 비판적 접근-돌대문토기를 중심으로-」, 『강원고고학보』12·13, 강원고고학회.

朴性姬, 2012, 「中西部地域 靑銅器時代 前期 住居의 構造 變化와 意味」, 『韓國靑銅器學報』11號, 韓國靑銅器學會.

朴淳發, 1993, 「한강유역의 청동기·초기철기문화」, 『한강유역사』, 민음사.

_____, 1999, 「欣岩里類型 形成過程 再檢討」, 『湖西考古學』創刊號, 湖西考古學會.

_____, 2003, 「渼沙里類型 形成考」, 『湖西考古學』제9집, 호서고고학회.

朴榮九, 2007, 「嶺東地域 靑銅器時代 聚落構造의 變遷」, 『古文化』69, 韓國大學博物館協會.

_____, 2012, 「中部地域 突帶文土器文化의 展開樣相-江原 嶺西地域을 中心으로」, 『韓國上古史學報』75, 韓國上古史學會.

裵德煥, 2005, 「南江·太和江流域의 靑銅器時代 據點聚落」, 『文物研究』9.

裵眞晟, 2007, 「東北型石刀에 대한 小考-東海文化圈의 設定을 겸하여-」, 『嶺南考古學』40號, 嶺南考古學會.

_____, 2009, 「압록강~청천강유역 무문토기 편년과 남한-조기~전기를 중심으로-」, 『韓國上古史學報』64, 韓國上古史學會.

_____, 2012, 「可樂洞式土器의 初現과 系統」, 『考古廣場』11, 釜山考古學研究會.

서국태, 1996, 「팽이그릇문화의 편년에 대하여」, 『조선고고연구』제2호(루계 제99호), 사회과학출판사.

서길덕, 2012, 「청동기시대 저장공의 변천양상」, 『겨레문화연구』창간호, 겨레문화유산연구원.

성정용, 1997, 「大田 新岱洞·比來洞 靑銅器時代遺蹟」, 『호남고고학의 제문제』제21회 한국고고학전국대회 발표요지, 韓國考古學會.

손준호, 2007, 「마제석촉의 변천과 형식별 기능 검토」, 『한국고고학보』62, 한국고고학회.

_____, 2008, 「石器組成比를 통해 본 靑銅器時代 生計와 社會經濟」, 『韓國靑銅器學報』第3號, 韓國靑銅器學會.

_____, 2009, 「湖西地域 磨製石劍의 變化相」, 『湖西考古學』5, 湖西考古學會.

孫晙鎬·中村大介·百原新, 2010, 「복제(replica)법을 이용한 청동기시대 토기의 압흔 분석」, 『야외고고학』8, 한국문화재조사연구기관협회.

宋滿榮, 1995, 『중기 무문토기시대 문화의 편년과 성격-서남한지방을 중심으로』, 숭실대학교 석사학위논문.

_____, 2001, 「南韓地方 農耕文化形成期 聚落의 構造와 變化」, 『한국 농경문화의 형성』제25회 한국고고

학전국대회 발표요지.

_____, 2010, 『韓半島 中部地域 聚落의 發展과 政治體의 成長-青銅器時代~漢城百濟期를 中心으로-』, 崇實大學校 博士學位論文.

安在晧, 1990, 『남한 전기무문토기의 편년-영남지방의 자료를 중심으로』, 경북대학교 석사학위논문.

_____, 1992, 「松菊里類型의 檢討」, 『嶺南考古學』11, 嶺南考古學會.

_____, 1996, 「無文土器時代 聚落의 變遷-住居址를 통한 中期의 設定-」, 『碩晤尹容鎭教授 停年退任紀念論叢』, 碩晤尹容鎭教授 停年退任紀念論叢刊行委員會.

_____, 2000, 「韓國農耕社會의 成立」, 『韓國考古學報』43輯, 韓國考古學會.

_____, 2006, 『青銅器時代 聚落研究』, 釜山大學校 博士學位論文.

_____, 2007, 「編年을 위한 屬性配列法」, 『考古廣場』創刊號, 釜山考古學研究會.

_____, 2009, 「한국 청동기시대 연구의 성과와 과제」, 『동북아 청동기문화 조사연구의 성과와 과제』, 학연문화사.

_____, 2011, 「屬性配列法에 따른 東南海岸圈 無文土器 文樣의 編年」, 『韓國上古史學報』第73號, 韓國上古史學會.

오규진·허의행·김백범, 2005, 「천안 및 아산지역의 청동기시대 취락의 입지분석(I)」, 『발굴사례 연구논문집』2, 한국문화재조사연구전문기관협회.

오규진·허의행, 2006, 「청동기시대 주거지 복원 및 실험-전기 주거지를 중심 으로」, 『야외고고학』창간호, 한국문화재조사연구기관협회.

오원철, 2010, 『송담리·송원리유적 청동기시대 취락검토』, 고려대학교 석사학위논문.

유병록, 1998, 「대구 팔달동 청동기시대 주거유적에 대하여」, 『영남매장문화재연구원 조사연구발표회(제8회)』, 영남매장문화재연구원.

_____, 2013, 「三國時代 嶺南地方의 特殊聚落 檢討」, 『韓日聚落研究』, 韓日聚落研究會.

柳善英, 2012, 『금호강유역 전기 무문토기 편년 연구』, 부산대학교대학원 석사학위논문.

이건무, 2001, 「韓國 青銅器時代의 新 研究 成果와 課題」, 『한국 청동기시대 연구의 새로운 성과와 과제』, 충남대학교박물관.

_____, 2013, 「聚落考古學 斷想」, 『韓日聚落研究』, 韓日聚落研究會.

李基星, 2001, 「無文土器時代 住居樣式의 變化-忠南地方을 中心으로」, 『湖南考古學報』14輯, 湖南考古學會.

李白圭, 1974, 「京畿道出土 無文土器 磨製石器」, 『考古學』3. 韓國考古學會.

李東熙, 2013, 「三國時代 南海岸地域 住居·聚落의 地域性과 變動」, 『韓日聚落研究』, 韓日聚落研究會.

이상길, 2000, 『청동기시대 의례에 관한 고고학적 연구』, 효성카톨릭대학교 박사학위논문.

李秀鴻, 2012, 『青銅器時代 檢丹里類型의 考古學的 研究』, 釜山大學校 博士學位論文.

李榮文, 1995, 「韓國 青銅器時代 研究의 半世紀-研究成果와 課題」, 『韓國考古學의 半世紀』, 第19回 韓國考古學全國大會 發表要旨.

_____, 1997, 「全南地方 出土 磨製石劍에 관한 研究」, 『韓國上古史學報』第24號, 韓國上古史學會.

李宗哲, 2000, 『南韓地域 松菊里形住居址에 대한 一考察』全北大學校 碩士學位論文.

李眞旼, 2003, 『中部地域 無文土器時代 前·中期 文化研究』, 서울大學校 碩士學位論文.

李淸圭, 1988,「南韓地方 無文土器文化의 展開와 孔列土器文化의 位置」,『韓國上古史學報』創刊號, 韓國上古史學會.

李弘鍾, 1988,「일본 초기 수전농경기의 덧띠새김무늬토기」,『史叢』33輯, 高麗大學校 史學會.

_____, 2002,「송국리문화의 시공적전개」,『湖西考古學』第6·7合輯, 湖西考古學會.

_____, 2005,「寬倉里聚落의 京觀」,『송국리문화를 통해 본 농경사회의 문화체계』, 고려대학교 고고환경 연구소 학술총서 제1집.

_____, 2006,「송국리문화의 전개과정과 실연대」,『금강:송국리형 문화의 형성과 발전』, 호남·호서고고 학회 합동 학술대회 발표요지.

_____, 2007,「송국리형 취락의 공간배치」,『호서고고학』17, 호서고고학회.

이홍종·허의행, 2010,「청동기시대 전기취락의 입지와 생업환경」,『한국고고학보』74, 한국고고학회.

_____, 2012,「湖西地域 無文土器의 變化와 編年」,『湖西考古學報』23, 湖西考古學會.

李亨源, 2001,「可樂洞類型 新考察」,『湖西考古學報』4·5합집, 湖西考古學會.

_____, 2002,『韓國 靑銅器時代 前期 中部地域 無文土器 編年 硏究』, 忠南大學校 碩士學位論文.

_____, 2007a,「남한지역 청동기시대 전기의 상한과 하한」,『한국청동기학보』창간호, 한국청동기학회.

_____, 2007b,「湖西地域 可樂洞類型의 聚落構造와 性格」,『湖西考古學』第17輯, 湖西考古學會.

_____, 2009,『韓國 靑銅器時代의 聚落構造와 社會組織』, 忠南大學校 博士學位論文.

_____, 2013,「西北韓地域의 靑銅器時代 聚落에 대하여」,『韓日聚落硏究』, 韓日聚落硏究會.

李熙濬, 2000,「삼한 소국 형성과정에 대한 고고학적 접근의 틀-취락 분포 정형을 중심으로-」,『韓國考古 學報』43, 韓國考古學會.

임병태, 1969,「한강유역 무문토기의 연대」,『이홍직박사 회갑기념 한국사논총』.

_____, 1986,「한국 무문토기의 연구」,『韓國史學』7, 한국정신문화연구원.

임영진, 1985,「움집의 분류와 변천」,『韓國考古學報』第17輯, 韓國考古學會.

鄭元喆, 2012,「中部地域 突帶文土器의 編年 硏究」,『韓國靑銅器學報』11, 韓國靑銅器學會.

鄭澄元, 1991,「初期農耕遺蹟の立地環境」,『韓日交涉の考古學-彌生時代編-』, 六興出版社.

鄭漢德, 1995,「東아시아의 環濠聚落」,『蔚山 檢丹里마을遺蹟』, 釜山大學校博物館.

_____, 1999,「흔암리유형 형성과정 재검토에 대한 토론」,『호서고고학』창간호, 호서고고학회.

차달만, 1993,「청천강유역 청동기시대 유적들의 연대」,『조선고고연구』제2호, 사회과학원 고고학연구소.

천선행, 2005,「한반도 돌대문토기의 형성과 전개」,『한국고고학보』57, 한국고고학회.

_____, 2007,「無文土器時代의 早期設定과 時間的 範圍」,『韓國靑銅器學報』1, 韓國靑銅器學會.

崔盛洛, 1982,『韓半島 磨製石鏃의 一考察』, 서울大學校 碩士學位論文.

崔鍾圭, 1990,「廣場에 대한 認識」,『歷史敎育論集』13·14, 歷史敎育學會.

崔憲燮, 1998,『韓半島 中·南部地域 先史聚落의 立地類型』, 慶南大學校 碩士學位論文.

하인수, 1992,「영남지방 단도마연토기의 편년」,『영남고고학』10, 영남고고학회.

홍밝음, 2010,「호남지역 청동기시대 전기주거지의 변천과정」,『湖南考古學報』38輯, 湖南考古學會.

洪周希, 2009,「북한강유역 청동기시대 취락의 전개와 석기제작시스템의 확립」,『韓國靑銅器學報』第5號, 韓國靑銅器學會.

許義行, 2011,「호서지역 청동기시대 후기 저장수혈의 양상과 변화」,『嶺南考古學』58, 嶺南考古學會.

_____, 2013,「호서지역 청동기시대 전기 취락 연구」, 高麗大學校 博士學位論文.

현대환, 2007,「청동기시대 방형주거지에 관한 고찰-중서부지방을 중심으로-」, 고려대학교 석사학위논문.

_____, 2112,「금강 중류역 청동기시대 전기 토기의 이해」,『남한지역 초기 무문토기의 지역 양상』, 한국 청동기학회 2012년 토기분과 워크샵.

3. 보고서 · 보고문

강태정·최봉균, 2011,『대전 서남부지구택지개발사업지구내 대전 상대동(중동골·양촌유적(I)』, 百濟文化 財研究院 文化遺蹟 調査報告 第20輯.

國防文化財研究院, 2012,『行政中心複合都市 內 3-3-B地點 燕岐 龍湖里遺蹟』, 學術調査報告 第33冊.

金京鎬·李尙勳, 2006,『淸州 飛下洞 계룡리슈빌아파트 新築敷地內 文化遺蹟 發掘調査 淸州 飛下洞遺蹟』, 調査報告叢書 第26冊, 中原文化財研究院.

김길식·이승훈, 2012,『鎭川 長管里 沙美遺蹟』, 學術叢書 第5冊, 龍仁大學校博物館.

김영국·이경열,「행정중심복합도시 건설부지내 2-2지구 연기 장재리유적」,『호서지역 문화 유적 발굴성과』 제24회 호서고고학회 학술대회, 호서고고학회.

金貞仁, 2008,『청주 비하동 계룡리슈빌II 아파트 사업부지내 淸州 飛下洞遺蹟II(2006년도 發掘調査)』, 調査報告叢書 第66冊, 中原文化財研究院.

金廷鶴, 1963,「廣州 可樂里 住居址 發掘 報告」,『古文化』第二輯, 韓國大學博物館協會.

김화정, 2008,『梧倉-曾坪IC間道路4車路擴·包裝工事區間內 文化遺蹟 發掘調査 梧倉 鶴巢里·場垈里 遺 蹟』, 調査報告叢書 第70冊, 中原文化財研究院.

대전지방국토관리청, 2011,『금강수계 하천기본계획(금강, 미호천, 갑천, 유등천) 보고서』.

박연서·이희준, 2008,『淸州 雲東初·中學校 施設事業敷地內 文化遺蹟 發掘調査 淸州 雲東洞遺蹟』, 調査報 告叢書 第52冊, 中原文化財研究院.

박중균·한선경·한민희, 2009,『진천장관리1-59번지일원공장설립부지내 鎭川 長管里遺蹟』, 調査報告叢書 第86冊, 中原文化財研究院.

朴賢慶, 2010,『대전 원신흥동 덜레기 유적』, (재)충청문화재연구원 문화유적 조사보고 제111집.

백제문화재연구원, 2011,『행정중심복합도시 건설부지내 2-2지구 유적 文化遺蹟 發掘調査 略報告書』.

_____, 2012a,『행정중심복합도시 건설예정지역내 I-4지점 문화유적 발굴조사 약식보고서』.

_____, 2012b,『행정중심복합도시 I-5지점 건설예정지역내 문화유적 발굴조사 약식보고서 - 1~4차 발굴조사-』.

成正鏞·李亨源, 2002,『龍山洞』, 忠南大學校 博物館叢書 第23輯.

오종길·정상훈·최병주·정용준·정선애, 2010,『大田 關雎洞遺蹟』, 百濟文化財研究院 文化遺蹟 調査報告 第 13輯.

오준혁, 2012,「행정중심복합도시 의료복지지역 생활권 5-1·3(시굴2-4지점)내 용호리·합강리유적」,『호서지역 문화유적 발굴성과」제26회 호서고고학회 학술대회, 호서고고학회.

李康承·朴淳發, 1995,『屯山』, 忠南大學校博物館.

李康承 外 5人, 2006,『弓洞』, 忠南大學校博物館叢書 第28輯.

이홍종·강원표, 2001,『경부고속철도 대전·충청권 문화유적 발굴조사 보고서(Ⅰ) 黃灘里遺蹟』, 고려대학교
매장문화재연구소 연구총서 제10집.

이홍종·허의행·조보람·오원철, 2010,『行政中心複合都市敷地 內 1-1地域 燕岐 松潭里·松院里 遺蹟』, 韓國
考古環境硏究所 硏究叢書 第39輯.

이홍종·현대환·양지훈, 2012,『行政中心複合都市敷地 內 3-1-B地點 燕岐 大平里遺蹟』, 行政中心複合都
市 發掘調査報告 9冊·韓國考古環境硏究所 硏究叢書 第49輯.

中央文化財硏究院, 2001,『文白 電氣·電子農工團地 造成敷地내 鎭川 思陽里遺蹟』, 發掘調査報告 第5冊.

_____, 2002,『대덕테크노밸리 事業地區內 大田 官坪洞遺蹟』, 發掘調査報告 第22冊.

_____, 2003,『加午 宅地開發事業地區內 大田 加午洞遺蹟』, 發掘調査報告 第32冊.

_____, 2005a,『清原 大栗-細橋間 道路工事地區內 清原 大栗里·馬山里·楓井里遺蹟』, 發掘調
査報告 第68冊.

_____, 2005b,『鎭川 梨月迂回道路建設區間內 鎭川 新月里遺蹟』, 發掘調査報告 第60冊.

_____, 2006,『清州 江西(1) 宅地開發事業地區內 清州 江西洞遺蹟』, 發掘調査報告 第76冊.

_____, 2008,『大德테크노밸리 3段階 造成事業敷地內 大田 龍山·塔立洞遺蹟』, 發掘調査報告
第118冊.

_____, 2009,『行政中心複合都市敷地 內 1-7地點 燕岐 燕岐里遺蹟』, 發掘調査報告 第161冊.

_____, 2011a,『大田 道安地區 宅地開發事業敷地內 大田 龍溪洞遺蹟』, 發掘調査報告 第179冊.

_____, 2011b,『大田 道安地區 宅地開發事業敷地內 大田 上垈洞원골遺蹟』, 發掘調査報告 第
180冊.

_____, 2011c,『行政中心複合都市 建設敷地 內 遺蹟(2-5地區) 燕岐 洑通里遺蹟』, 發掘調査報
告 第181冊.

車勇杰, 1986, 清州 內谷洞遺蹟 發掘調査報告,『中部高速道路 文化遺蹟 報告書』, 忠北大學校博物館.

忠南大學校百濟硏究所 外, 2002,『錦山 水塘里遺蹟』, 學術硏究叢書 第4輯.

忠清南道歷史文化院, 2007a,『公州 濟川里遺蹟』, 遺蹟調査報告 26冊.

_____, 2007b,『鷄龍 豆溪里遺蹟』, 遺蹟調査報告 27冊.

_____, 2007c,『錦山 水塘里遺蹟』, 遺蹟調査報告 28冊.

忠清南道歷史文化硏究院, 2008,『연기 신흥리유적』.

_____, 2012,『行政中心複合都市敷地 內 3-1-C地點 燕岐 大平里遺蹟』, 行政中心複合
都市 發掘調査報告 10冊, 忠清南道歷史文化硏究院 發掘調査報告 89冊.

韓國文化財保護財團, 2000,『清州 龍岩遺蹟(Ⅰ)』.

4. 日文

酒井龍一, 1982, 「畿內大社會の理論的樣相-大阪灣岸における調査から」, 『龜井遺蹟』, (財)大阪文化財センタ-.

後藤直, 1995, 「青銅器時代の集落と青銅器 副葬墓-立地環境と地域的統合-」, 『東아시아의 青銅器文化-墓制와 住居-』, 文化財管理局 文化財研究所.

大貫靜夫, 1996, 「欣岩里類型土器の系譜論をめぐって」, 『東北アジアの考古學』第二[權域], 東北亞細亞考古學研究會 編.

甲元眞之, 1997, 「朝鮮先史時代の集落構造」, 『住の考古學』, 東京大學考古學研究室五十周年記念.

武末純一, 2010, 「日本의 彌生 據點聚落과 네트워크」, 『青銅器時代의 蔚山太和江文化』, 蔚山文化財研究院.

_____, 2013, 「彌生·古墳時代 聚落構造論 序說」, 『韓日聚落研究』, 韓日聚落研究會.

禰宜田佳男, 2013, 「近畿 彌生時代 據點聚落再考」, 『韓日聚落研究』, 韓日聚落研究會.

附錄
부록

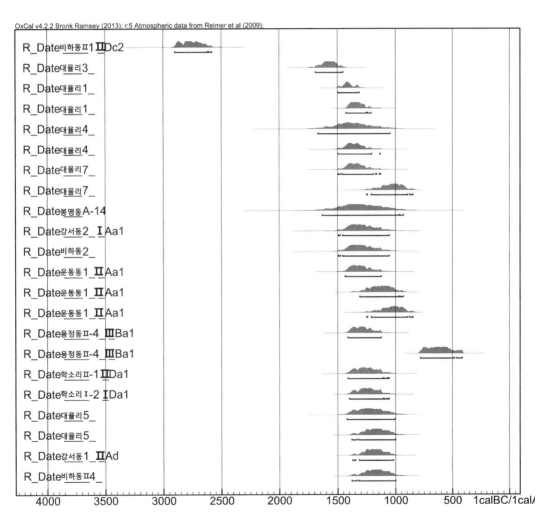

그림 1_미호천유역 둔산식주거지 절대연대 1

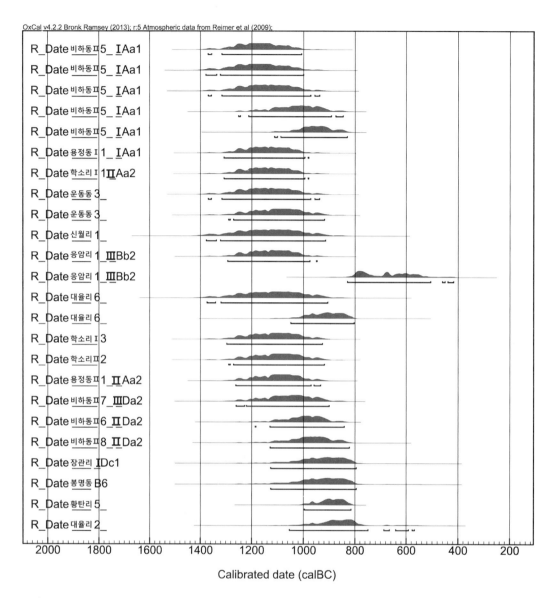

OxCal v4.2.2 Bronk Ramsey (2013); r:5 Atmospheric data from Reimer et al (2009);

R_Date 비하동Ⅱ5_ ⅠAa1
R_Date 비하동Ⅱ5_ ⅠAa1
R_Date 비하동Ⅱ5_ ⅠAa1
R_Date 비하동Ⅱ5_ ⅠAa1
R_Date 비하동Ⅱ5_ ⅠAa1
R_Date 용정동Ⅰ1_ ⅠAa1
R_Date 학소리Ⅰ1ⅡAa2
R_Date 운동동3_
R_Date 운동동3_
R_Date 신월리1_
R_Date 응암리1_ⅢBb2
R_Date 응암리1_ⅢBb2
R_Date 대율리6_
R_Date 대율리6_
R_Date 학소리Ⅰ3
R_Date 학소리Ⅱ2
R_Date 용정동Ⅱ1_ⅡAa2
R_Date 비하동Ⅱ7_ⅢDa2
R_Date 비하동Ⅱ6_ⅡDa2
R_Date 비하동Ⅱ8_ⅡDa2
R_Date 장관리ⅠDc1
R_Date 봉명동B6
R_Date 황탄리5_
R_Date 대율리2_

2000   1800   1600   1400   1200   1000   800   600   400   200

Calibrated date (calBC)

그림 2_미호천유역 둔산식주거지 절대연대 2

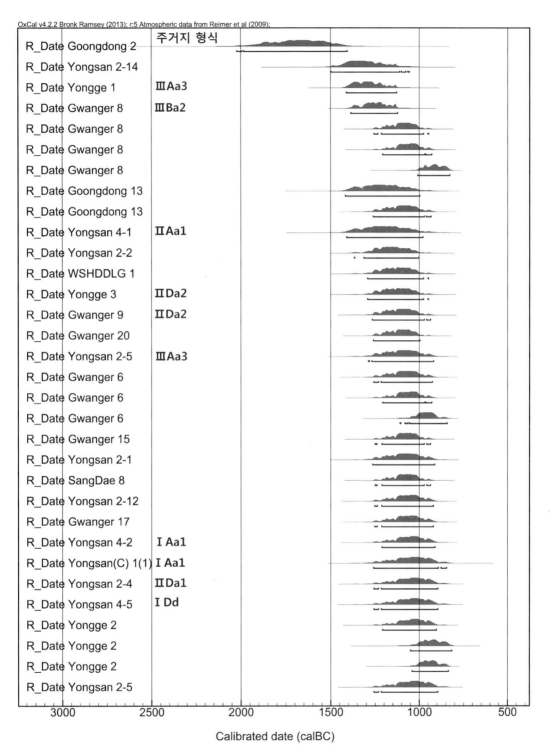

주거지 형식

R_Date Goongdong 2	
R_Date Yongsan 2-14	
R_Date Yongge 1	ⅢAa3
R_Date Gwanger 8	ⅢBa2
R_Date Gwanger 8	
R_Date Gwanger 8	
R_Date Gwanger 8	
R_Date Goongdong 13	
R_Date Goongdong 13	
R_Date Yongsan 4-1	ⅡAa1
R_Date Yongsan 2-2	
R_Date WSHDDLG 1	
R_Date Yongge 3	ⅡDa2
R_Date Gwanger 9	ⅡDa2
R_Date Gwanger 20	
R_Date Yongsan 2-5	ⅢAa3
R_Date Gwanger 6	
R_Date Gwanger 6	
R_Date Gwanger 6	
R_Date Gwanger 15	
R_Date Yongsan 2-1	
R_Date SangDae 8	
R_Date Yongsan 2-12	
R_Date Gwanger 17	
R_Date Yongsan 4-2	Ⅰ Aa1
R_Date Yongsan(C) 1(1)	Ⅰ Aa1
R_Date Yongsan 2-4	ⅡDa1
R_Date Yongsan 4-5	Ⅰ Dd
R_Date Yongge 2	
R_Date Yongge 2	
R_Date Yongge 2	
R_Date Yongsan 2-5	

Calibrated date (calBC)

3000 2500 2000 1500 1000 500

그림 3_갑천유역 둔산식주거지 절대연대 1

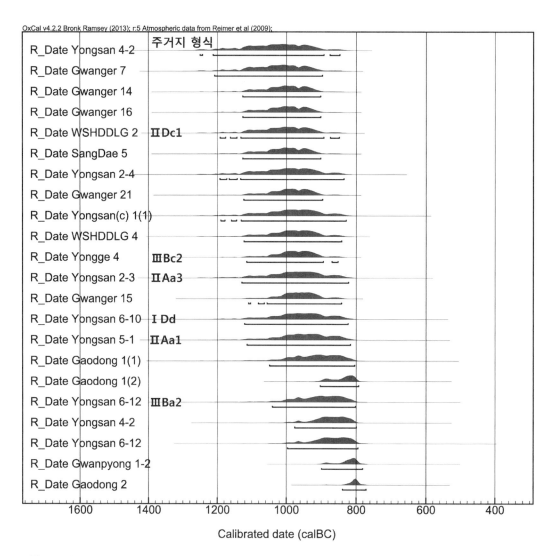

그림 4_갑천유역 둔산식주거지 절대연대 2

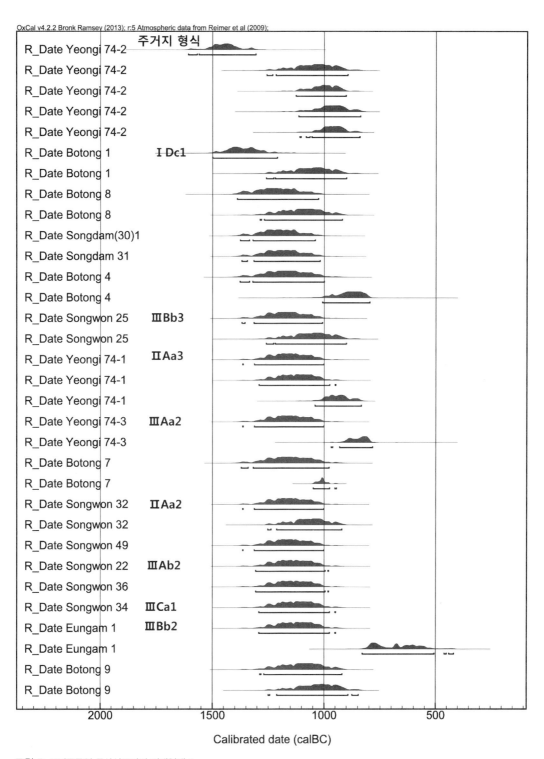

OxCal v4.2.2 Bronk Ramsey (2013); r:5 Atmospheric data from Reimer et al (2009);

그림 5_금강중류역 둔산식주거지 절대연대 1

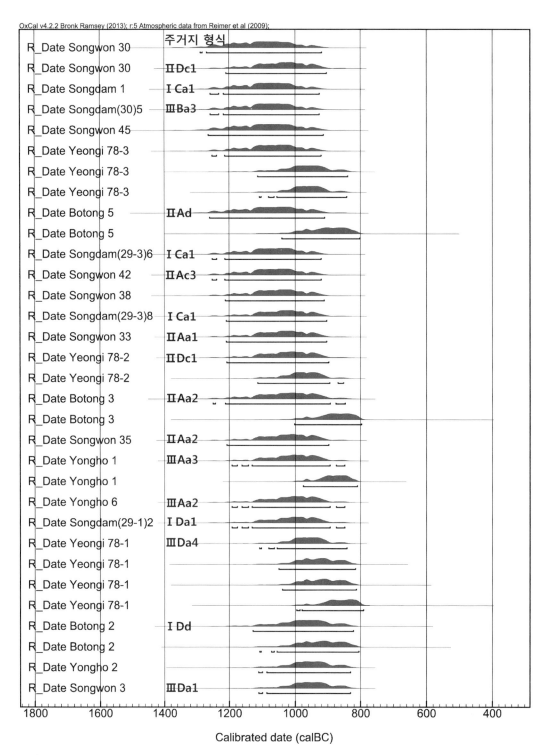

주거지 형식

R_Date Songwon 30

R_Date Songwon 30 ⅡDc1

R_Date Songdam 1 Ⅰ Ca1

R_Date Songdam(30)5 ⅢBa3

R_Date Songwon 45

R_Date Yeongi 78-3

R_Date Yeongi 78-3

R_Date Yeongi 78-3

R_Date Botong 5 ⅡAd

R_Date Botong 5

R_Date Songdam(29-3)6 Ⅰ Ca1

R_Date Songwon 42 ⅡAc3

R_Date Songwon 38

R_Date Songdam(29-3)8 Ⅰ Ca1

R_Date Songwon 33 ⅡAa1

R_Date Yeongi 78-2 ⅡDc1

R_Date Yeongi 78-2

R_Date Botong 3 ⅡAa2

R_Date Botong 3

R_Date Songwon 35 ⅡAa2

R_Date Yongho 1 ⅢAa3

R_Date Yongho 1

R_Date Yongho 6 ⅢAa2

R_Date Songdam(29-1)2 Ⅰ Da1

R_Date Yeongi 78-1 ⅢDa4

R_Date Yeongi 78-1

R_Date Yeongi 78-1

R_Date Yeongi 78-1

R_Date Botong 2 Ⅰ Dd

R_Date Botong 2

R_Date Yongho 2

R_Date Songwon 3 ⅢDa1

1800 1600 1400 1200 1000 800 600 400

Calibrated date (calBC)

그림 6_금강중류역 둔산식주거지 절대연대 2

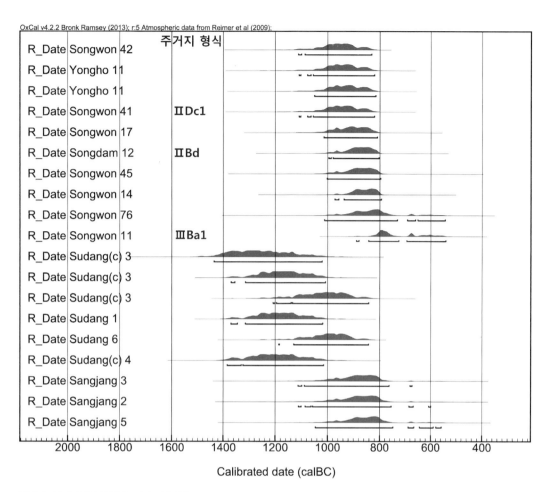

OxCal v4.2.2 Bronk Ramsey (2013); r:5 Atmospheric data from Reimer et al (2009);

그림 7_금강중류역 둔산식주거지 절대연대 3

索　引
찾아보기